HAYMON verlag

Lukas Morscher

Tiroler Alltagsleben im Ersten Weltkrieg

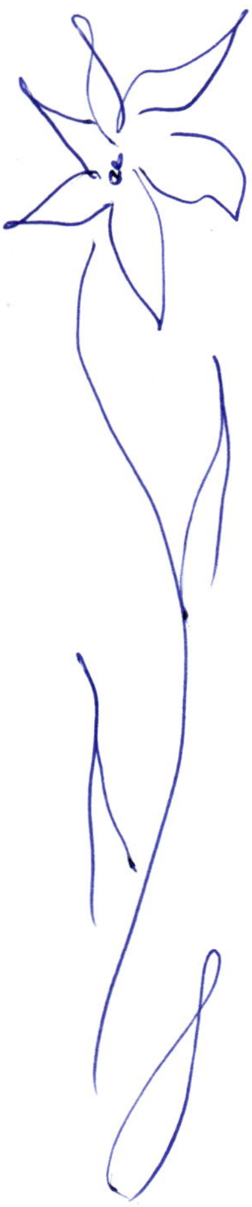

15.05.2021

Liebe Christine!

Zu Deinem 60. Geburtstag alles Liebe und Gute!
Ich hoffe, Du kennst diesen Schmöker noch nicht, und wünsche Dir viel Vergnügen beim Lesen!

Bussi, Annina

Veröffentlichungen des Innsbrucker Stadtarchivs, Neue Folge 55

Gefördert von tirol Unser Land

AUTONOME PROVINZ BOZEN SÜDTIROL PROVINCIA AUTONOMA DI BOLZANO ALTO ADIGE
Deutsche Kultur - Cultura tedesca

Südtiroler KULTURinstitut

Gedruckt mit freundlicher Unterstützung durch die
Kulturabteilungen des Landes Tirol und des Landes Südtirol.

Herausgegeben in Zusammenarbeit mit dem Südtiroler Kulturinstitut.

Auflage:
4 3 2 1
2017 2016 2015 2014

HAYMON verlag
Innsbruck-Wien
www.haymonverlag.at

ISBN 978-3-7099-7155-0

Umschlag- und Buchgestaltung, Satz:
hœretzeder grafische gestaltung, Scheffau/Tirol
Grafische Nachbearbeitung der Abbildungen: Benno Monz
Abbildungen: Wenn nicht anders angegeben, Stadtarchiv/Stadtmuseum Innsbruck
Umschlagbilder: vordere Seite Richard Müller, Postkarte und hintere Seite
Stadtarchiv/Stadtmuseum Innsbruck
S. 67, 86, 97, 164: Innsbrucker Nachrichten
S. 24, 26 ,33, 37, 38 (kleines Bild), 40 (kleines Bild), 46, 59, 63, 71, 72, 73, 85, 119,
123, 151, 156, 160, 188, 193 (kleines Bild), 204, 206, 209, 221, 222, 226: Kurt Klieber
S. 131: Hannelore Michlmayr
S. 70, 109, 127, 134: Richard Müller
S. 111: Arnold Stabinger

Bildnachweis: Trotz intensiver Bemühungen konnten nicht alle InhaberInnen von Bildrechten ausfindig gemacht werden. Für entsprechende Hinweise ist der Autor dankbar.

Gedruckt auf umweltfreundlichem,
chlor- und säurefrei gebleichtem Papier.

VORWORT

Herwig van Staa
Tiroler Landtagspräsident

Bewegte Zeiten

Hatten die Menschen noch mit Freudenskundgebungen die Kriegserklärung Österreich-Ungarns an das Königreich Serbien am 28. Juli 1914 aufgenommen und gehofft, dass die Gegner in einer Art Blitzkrieg rasch besiegt würden, so wurden sie – auch in Tirol – rasch eines Besseren belehrt. Gerade in Tirol zeigten sich die verheerenden Auswirkungen des Krieges auf die Zivilbevölkerung sehr rasch, zumal im Vergleich zu den anderen Kronländern eine überaus hohe Zahl an Wehrfähigen eingezogen wurde, die in der Folge im vorwiegend bäuerlich strukturierten Land bei den Ernten besonders fehlten. Aber auch in den Städten kam es aufgrund der Lebensmittelknappheit und des Arbeitskräftemangels sehr bald zu dramatischen Entwicklungen. Viele Menschen lebten in für heutige Zeiten unvorstellbarer Armut und litten Hunger. Dazu kamen noch die unzähligen Toten an der Front und die verwundeten Soldaten, die oft schwer traumatisiert in ihre Heimat zurückkehrten.

Mein herzliches Dankeschön an Lukas Morscher, der sich im Rahmen seiner *Alltagsleben*-Buchreihe auf bewährte Weise mit dem Alltag in Tirol von 1914 bis 1922 auseinandergesetzt und diese so schwierige, aber auch spannende Zeit auf eindrucksvolle Art und Weise aufgearbeitet hat. Mit bewegenden, ergreifenden und beeindruckenden Geschichten und Bildern aus dem Tiroler Alltag dieser Jahre ist es ihm gelungen, eine faszinierende Dokumentation jener Zeit zusammenzustellen. Es lag diesmal in der Natur der Sache, nicht nur die Alltagsgeschehnisse in der Landeshauptstadt Innsbruck, die auch ein wichtiges Identifikationsmerkmal für Gesamttirol war, genau unter die Lupe zu nehmen. Gerade der Blick auf das gesamte historische Tirol in all seiner Vielfalt kurz vor seinem Zerreißen macht das Buch umso spannender. Die Tatsache, dass der Autor ganz bewusst auch noch die ersten Jahre nach Kriegsende mitberücksichtigt hat, ermöglicht es den Leserinnen und Lesern, einen Blick auf diese gerne vergessenen Aufbaujahre, in denen weiterhin der Kampf ums Überleben im Mittelpunkt stand, zu werfen.

Innsbruck, April 2014

VORWORT

Christine Oppitz-Plörer
Bürgermeisterin und Kulturreferentin der Tiroler Landeshauptstadt Innsbruck

Wie ein Phönix aus der Asche ...

Mit seinen drei bisherigen *Alltagsleben*-Bänden hat Lukas Morscher viel Amüsantes, Skurriles, Bewegendes, Tragisches und Interessantes des Innsbrucker Alltagslebens aus den Jahren 1830 bis 1980 zusammengetragen. Diese Bücher haben in der Innsbrucker Bevölkerung eine sehr wohlwollende Aufnahme gefunden, was mich als Bürgermeisterin besonders freut.

Noch mehr freut mich, dass unser Innsbrucker Stadtarchivar seiner Sache nicht müde wird und Sie, geschätzte Leserin, geschätzter Leser, nun den vierten Band seiner erfolgreichen Reihe in Ihren Händen halten. Den Fokus legt er diesmal auf das gesamte historische Tirol und schildert das harte Leben der Menschen während des Weltkriegs und in den ersten Nachkriegsjahren. Natürlich spart er dabei den Blick auf die Landeshauptstadt nicht aus.

Das Buch endet bewusst nicht mit Kriegsende 1918, sondern zeigt auch die Zeit während der italienischen Besatzung. Plötzlich von Südtirol getrennt, gab es verschiedene Bestrebungen für Autonomie, aber auch Anschluss. Für die Menschen brach damals in so wenigen Jahren die Weltordnung, wie sie sie kannten, zusammen und sie standen plötzlich vor dem Nichts.

Die Geschichten von damals sind oft tragisch, aber stets fesselnd: Durch zahlreiche Waisen und Witwen sah sich Tirol plötzlich mit einem Sozialproblem unbekannten Ausmaßes konfrontiert. Einschränkungen entstanden oft innerhalb weniger Tage. Müller und Bäcker waren von einem Tag auf den anderen kraft ihres Amtes wichtiger als die Hofräte der Landesregierung. Es sind Geschichten aus einer Zeit der Orientierungslosigkeit, die unter die Haut gehen.

Und doch konnte sich unser Bundesland mit vereinten Kräften wieder erholen und stieg schließlich wie der Phönix aus der Asche. Heute können wir uns glücklich schätzen, in einem Land mit einer derartig bewegten Geschichte zu leben.

Im Namen der Stadt Innsbruck bedanke ich mich bei Lukas Morscher für eine weitere faszinierende Alltagschronik in Buchform.

Innsbruck, April 2014

Lukas Morscher
Stadtarchiv/
Stadtmuseum
Innsbruck

Warum dieses Buch?

Die zahlreichen und überaus positiven Rückmeldungen zu den ersten Bänden der „Alltagsleben“-Reihe haben mich (und den Verlag) dazu bewogen, den Band, den Sie nun in Händen halten, in Angriff zu nehmen. Wie auch bei den letzten Büchern hat mir die Arbeit großes Vergnügen bereitet, ich habe enorm viel gelernt. Der Spaß am Recherchieren und Zusammenstellen steht für mich im Vordergrund.

Was die Arbeit an diesem Buch von den anderen unterschieden hat, ist, dass es weniger zu lachen gibt. Die hier dokumentierte Zeit ist von tragischen Ereignissen geprägt, jedoch geht das alltägliche Leben natürlich trotzdem weiter. Es handelt sich wie bei den anderen Bänden auch nicht um ein Geschichtsbuch, sondern um eine Auswahl von Zeitungsartikeln.

Ein Krieg ist mit dem offiziellen Kriegsende nicht einfach vorbei, die folgenden Jahre sind für die Menschen oftmals noch viel schlimmer. Ich habe die Jahre bis 1922 daher miteinbezogen. Niemand erinnert sich heute noch an die bayerische oder die italienische Besetzung Tirols nach 1918, die Hungersnot, daran, wie der Verlust Südtirols die Menschen getroffen hat, die verzweifelten Versuche eines Anschlusses an Deutschland und vieles andere. Ich wollte diese Themen, die ja dann auch die Ausgangslage für den Zweiten Weltkrieg in Tirol bildeten, unbedingt in Erinnerung rufen. Und wenn möglich, immer aus dem Blick des einfachen Durchschnittsmenschen.

Im vorgegebenen Umfang eines Buches das gesamte historische Tirol abzubilden, ist schlichtweg unmöglich. Trotzdem wollte ich zumindest Schlaglichter auf die verschiedenen Orte und Gegenden des Landes werfen. Nur so kann ein Bild der Gesamtsituation entstehen. Niemand ahnt heute, dass es auch auf dem Land Hunger gegeben hat: Menschen, die nicht selbst Flächen bewirtschaften konnten, waren am Land noch schlechter versorgt als in den Städten. Die Kriegsgewinnler, die über Nahrung verfügten, nutzten dies manchmal skrupellos aus. Dass die Verteilung der Zeitungsartikel trotzdem ein gewisses Übergewicht mit Innsbruck hat, liegt daran, dass einerseits die Landeshauptstadt mehr Resonanz in den damaligen Medien gefunden hat und ich mich andererseits wieder für die „Innsbrucker Nachrichten“ als Hauptquelle entschieden habe. Der Südtiroler Landesteil findet darin wenig Berücksichtigung, das Trentino beinahe gar keine. Aber auch Osttirol ist nur dünn vertreten, wobei mich besonders freut, dass es nun einen eigenen Osttirol-Band in der „Alltagsleben“-Reihe gibt, zusammengestellt von Frau Mag. Dr. Gertraud Zeindl. Ich bitte also um Nachsicht, wenn Ihr Ort, Ihr Tal oder Ihre Region nicht in dem Ausmaß verzeichnet ist, wie Sie es sich wünschen würden. Es ist keine Missachtung, sondern es geht in diesem Buch darum, einen Gesamteindruck vom Tirol unserer (Ur-)Großväter und (Ur-)Großmütter zu bekommen. Und vielleicht ist es ja auch ein Ansporn, selbst in alten Zeitungen zu schmökern.

Die Bilder in diesem Buch stammen größtenteils aus der Sammlung des Stadtarchiv/Stadtmuseum Innsbruck und der unglaublichen Privatsammlung von Kurt Klieber. Vor allem die Bilder und Dokumente von Kurt Klieber sind meist bislang unveröffentlichte Unikate und teilweise sensationell. Ich danke ihm dafür ganz herzlich! Alle Bilder stehen in einem Zusammenhang mit den jeweils benachbarten Texten. Manchmal ist diese Brücke nicht auf den ersten Blick erkennbar, aber nehmen Sie sich die Zeit und vollziehen Sie diese nach. In einer Periode, in der es um das nackte Überleben geht, haben nur die Wenigsten die Muße zum Fotografieren. Daher war ich gezwungen, bei der zeitlichen Zuordnung einigermaßen „großzügig“ sein.

An dieser Stelle möchte ich mich bei Mag. Dorothea Zanon vom Haymon Verlag ganz herzlich bedanken. Sie sorgt bereits von Anfang an energisch dafür, dass ich mich an die Vorgaben halte, und unterstützt mich bei der Bildauswahl. Danke nochmals auch an Kurt Klieber, dass er mich vollkommen unkompliziert in seiner Sammlung stöbern und auswählen ließ. Besonderer Dank auch an Benno Monz, der aus reiner Freundschaft seinen Ruhestand vorübergehend verließ, um meine Bilder grafisch aufzubereiten. Eine unglaubliche Leistung hat Frau Vera Hochschwarzer, Satzlabor Innsbruck, vollbracht: Sie hat in kürzester Zeit die Texte auf Papier mit großem Sachverstand in eine Datei verwandelt: Wahre Zauberei!

Daneben haben viele weitere Personen am Entstehen dieses Buches mitgewirkt, auch ihnen sei gedankt.

Der größte Dank aber geht an Sie, geschätzte Leserin, geschätzter Leser, dass Sie das Buch gekauft haben. Es bestätigt Ihr Interesse an dieser Form der Aufbereitung dieses besonderen Themas. Das freut mich sehr.

Innsbruck, Juni 2014

Der Erste Weltkrieg und seine Folgen in und für Tirol

Der US-amerikanische Historiker George F. Kennan hat 1979 den Ersten Weltkrieg als die „Urkatastrophe des 20. Jahrhunderts" bezeichnet. Kaum ein anderes Zitat beschreibt die Bedeutung dieser Tragödie für Europa besser. Besonders für das Gebiet des sogenannten historischen Tirol, also Nordtirol, Südtirol und das Trentino, bedeuteten die Ereignisse des Ersten Weltkrieges eine einzigartige Zäsur.

Mit dem Anschluss Tirols an das internationale Eisenbahnnetz im Jahre 1858 konnte der strukturelle und gesellschaftliche Rückstand des Landes weitgehend aufgeholt werden. Mit den Gästen, die nun rasch und unkompliziert ins Land gelangen konnten, entstand ein neuer Wirtschaftszweig: der Fremdenverkehr. Schnell etablierten sich erste Zentren wie Meran, Gries bei Bozen oder die Dolomiten. Kurz darauf folgten Igls und Kitzbühel. Natürlich florierte dieses Geschäft mit Besuchern aus der ganzen Welt nur im Sommer. Wintertourismus folgte erst mit der Eröffnung der Seilbahnen in den 1920er Jahren. Mit den Gästen aus der weiten Welt kamen auch neue Ideen, Moden und Geisteshaltungen in das Land, die das Verhalten der Bevölkerung beeinflussten.

Die Eisenbahn brachte aber auch wirtschaftliche Veränderungen. Erste Fabriken modernen Zuschnitts entstanden, neue Produkte drängten auf den Markt. Das traditionelle Handwerk wurde von industriell erzeugten Waren schrittweise verdrängt.

Vor allem zwei Klammern hielten diese nicht nur vorteilhaften Prozesse zusammen: ein starrer Katholizismus und eine enorme Loyalität dem Kaiserhaus gegenüber.

In diesem Umfeld bestand die klare Überzeugung, dass der Kaiser den Krieg „selbstverständlich" gewinnen würde. Dass die Tiroler Truppen an der Ostgrenze der Monarchie unter schrecklichen Verlusten eingesetzt wurden, nahm die Bevölkerung weitgehend kritiklos hin. Unter welchen Umständen tausende Männer und Söhne sinnlos ihr Leben verloren, war in Tirol nicht bekannt. Die Aufarbeitung dieses Kapitels der Tiroler Geschichte ist bis heute nicht abgeschlossen.

Es ist anzunehmen, dass unmittelbar vor und zu Beginn des Krieges weiten Teilen der Bevölkerung nicht klar war, welche Dimension der Konflikt annehmen würde – ein Straffeldzug gegen Serbien und ein Krieg des deutschen Kaisers mit Frankreich, mehr nicht. Entsprechend euphorisch wurde der Kriegsbeginn gefeiert. Die Losung „Zu Weihnachten ist der Krieg aus“ machte die Runde. Nur die wenigsten ahnten, dass es viermal Weihnachten werden würde, bis wieder Friede herrschen sollte. Und danach würde die Welt der Tirolerinnen und Tiroler eine völlig andere sein.

Den Kriegseintritt Italiens 1915 verwandelte die Propaganda zu einem „Jetzt erst recht!“, was von der Bevölkerung auch weitestgehend akzeptiert wurde. Die historische Brücke zum Freiheitskrieg 1809 und Andreas Hofer war hier eine oft gebrauchte Metapher. Der Krieg im Hochgebirge gilt bis heute als der höchst gelegene Kriegsschauplatz der Welt. Die unzulängliche Versorgung, die Gefahr durch Lawinen und die mangelnde Ausrüstung waren bald die ärgsten Feinde der Soldaten auf beiden Seiten. Die militärischen Leistungen und die Dauer dieser Auseinandersetzung geben Zeugnis der Verbissenheit, mit der dieser Konflikt ausgetragen wurde.

Der sich schon bei Kriegsende abzeichnende Verlust Südtirols und des Trentino wurde von der gesamten Bevölkerung als überaus schmerzlich und ungerecht empfunden. In ganz Tirol hielt man zahlreiche große Protestversammlungen ab, reichte Petitionen ein, startete Aufrufe, und auch mit anderen Maßnahmen wurde – allerdings vergeblich – versucht, die Aufmerksamkeit der Weltöffentlichkeit auf die Südtirolfrage zu lenken.

Neben der militärischen Niederlage und dem Verlust eines Teiles des Landes wurde wohl auch die italienische Besetzung der Landeshauptstadt Innsbruck und einiger anderer Städte Nordtirols als besonders schmachvolle Erniedrigung empfunden. Das italienische Militär verhielt sich der Zivilbevölkerung gegenüber überaus korrekt und stellte mehrfach Lebensmittellieferungen zur Verfügung. Auch sonst legten die Befehlshaber großen Wert auf eine positive Wahrnehmung der Besatzungsmacht. Gleichzeitig begann in Südtirol eine sehr energische Italienisierungspolitik, die der deutschsprachigen Bevölkerung harte Maßnahmen auferlegte.

Die Bevölkerung Nordtirols hatte vor allem existenzielle Sorgen. Die ohnehin schon schlechte Versorgung mit Lebensmitteln während der Kriegsjahre wurde noch deutlich geringer. Stundenlanges Anstehen für kleinste Rationen war üblich. Manchmal vergebens. Besonders Milch, Brot, Zucker und Fleisch waren kaum zu bekommen. Auch auf dem Land war die Versorgung zum Teil sehr schlecht. Vor allem für diejenigen Familien, die über keine eigenen Möglichkeiten zur Lebensmittelproduktion verfügten, war die Situation bedrohlich. Bis sich in dieser Beziehung wieder normale Verhältnisse einstellen konnten, hat es einige Jahre gedauert.

Die geschwächte Bevölkerung konnte dem Ausbruch der Spanischen Grippe umso schlechter beikommen. In Tirol starben daran einige tausend Menschen binnen weniger Monate.

Das Vertrauen der Menschen in den neuen Staat war nur gering ausgeprägt. Dieser Reststaat, der noch wenige Jahre zuvor das Zentrum eines der mächtigsten Staaten der Welt war, erschien den meisten nicht lebensfähig. Als eine – für viele die einzige – mögliche Lösung galt der wirtschaftliche und politische Anschluss an Deutschland. Eine Idee, die begeisterte Anhänger fand. Am 21. April 1921 fand in Tirol eine entsprechende Volksabstimmung statt, die mit etwa 99 Prozent für einen Anschluss ausging. Dieses Referendum blieb allerdings ohne Konsequenzen.

Durch die desolaten wirtschaftlichen Verhältnisse nach dem Krieg begannen die Preise immer schneller und stärker zu steigen. Die Folge war eine rasant um sich greifende Inflation, die die letzten Reserven der Bevölkerung in kürzester Zeit vernichtete. Erst durch internationale Hilfe und eine Währungsreform konnte vorübergehend eine Stabilisierung der Währung erreicht werden.

Diese Umstände waren Mitursachen des wenige Jahre später folgenden Aufstiegs des Nationalsozialismus in Österreich und Deutschland.

1914

23. JÄNNER »

Oberrasen, 20. Jänner (Rauferei)

Am 19. ds. Monats lieferten Holzfuhrknechte wie gewöhnlich Bretter von Antholz heraus und begegneten in Oberrasen zurückkehrenden Fuhrleuten von Antholz, mit denen sie sofort in Streit und Kampf gerieten. Außerhalb des Dorfes trafen dieselben mit dem Bierführer von Bruneck zusammen, setzten ihm aber ohne namhaften Grund so zu, daß er zum Messer griff und ihnen mehrere leichte Stiche beibrachte. – Am 18. nachts wurde in Antholz ein Bursch nach einer Rauferei über eine Stiege geworfen und starb an den Verletzungen. – Aus Saufereien gibt's Raufereien und zuletzt Laufereien. Und wer trägt die Schuld? «

Pustertaler Bote (Brunecker Zeitung), Nr. 4, S. 14.

20. FEBRUAR »

Wach- und Schließgesellschaft Bozen

Im Monate Jänner wurden von den Wächtern der Wach- und Schließgesellschaft Bozen-Gries als offen gefunden gemeldet: 892 Haustore, 6 Werkstätten, 7 Lagerräume, weiters wurden 10 im Schlosse stecken gebliebene Schlüssel abgegeben. Verkaufs- bezw. Geschäftslokale waren 4 unverschlossen. Wasserläufe wurden 9 verschlossen und an 18 Stellen wurde das Licht ausgeschaltet. Geöffnet wurde 8 Abonnenten. In Stallungen wurden 18 Pferde losgerissen angetroffen und bei 5 Pferden fanden sich anderweitige Unordnungen. Außerdem wurden mehrere Individuen, welche sich in Ställen und sonstigen Räumlichkeiten bei Abonnenten eingeschlichen haben, betreten und weiterbefördert. Anderweitige Meldungen wurden 43 erstattet. « **Bozner Nachrichten, Nr. 21, S. 4.**

Ein Blick auf Wörgl gegen Norden mit dem Pendling. Die Aufnahme dürfte um ca. 1930 entstanden sein.

Bauernhöfe in Eichlwang bei Kufstein um 1920.

7. MÄRZ

Zurückgekehrt

Zur Meldung über das Verschwinden des Schweinehändlers Eisenmann, genannt Fackentod, wird uns von Westendorf berichtet: Der von Kufstein seit 12. Februar abgängige Händler Eisenmann hat hier Schweine gekauft und dieselben am 28. Februar nach Kufstein aufgegeben; derselbe ist nun heil und gesund wieder nach Kufstein zurückgekehrt. IN, Nr. 54, S. 3.

7. MÄRZ

Jung verdorben

Wie man uns aus Kundl schreibt, entwendete die 18jährige Anna Janschitz aus Wörgl am 3. ds. Mts. dort dem Holzhändler Georg Hechenblaikner den Betrag von 950 Kronen und suchte mit der Bahn das Weite. Die bereits vorbestrafte Diebin ist mittelgroß, schlank, trägt vermutlich städtische Kleider, hat blasses nicht unschönes Gesicht; vermutlich wird sie nun das Geld in leichtsinniger Gesellschaft verjubeln. IN, Nr. 54, S. 3.

Dieser Lkw mit der Nummer 14 auf der Beifahrertür könnte ein Auslieferungsfahrzeug der Marke Chevrolet der ETAB (Erste Tiroler Arbeiterbäckerei) um 1920 sein.

12. MÄRZ

Heirat

Nettes Fräulein, 22 J. alt, aus christl. Familie, hübsche Erscheinung, blond, sehr wirtschaftlich erzogen, sucht mangels Gelegenheit zwecks Heirat mit einem soliden christl. Herrn in guter, gesicherter Lebensstellung bekannt zu werden. – Witwer mit einem Kinde nicht ausgeschlossen.

Offerte mit Photographie unter „Glückliches Heim" hauptpostlagernd.

IN, Nr. 58, S. 9.

12. MÄRZ

Heirat!

Welche intell., hübsche, brave Blondine, Erzieherin zc., nicht über 30 J. alt, hat Lust, mit einem Witwer mit Kindern behufs Ehe in Briefwechsel zu treten?

Briefe mit Bild u. Lebenslauf erbeten unter „Guter Kaufmann" hauptpostlagernd Innsbruck. Verschwiegenheit Ehrensache. Scherz verbeten. IN, Nr. 58, S. 9.

12. MÄRZ

Sympathische Witwe,

kommerziell und universell gebildet, 38 Jahre alt, unabhängig, repräsentationsfähig, schöne Figur, gutmütig und akkomodationsfähig, sucht entsprechenden Wirkungskreis hier oder auswärts. Gefl. Zuschriften unter „Geschäftstüchtig" an d. Verwalt. IN, Nr. 58, S. 9.

30. MÄRZ » ## Subventionierung von Lasten-Automobilen

Nach den neu ausgearbeiteten „Bestimmungen für die Subventionierung kriegsbrauchbarer Lastenautomobile" wird die Heeresverwaltung künftighin bestimmte, um den Preis von 26.500 Kronen käufliche, aus einem Motorwagen und Anhängewagen bestehende Motorlastzüge mit einer Prämie von 10.000 Kronen subventionieren, so daß für den Käufer des Motorlastzeuges nur ein bar zu bezahlender restlicher Kaufschilling von 16.500 Kronen verbleibt. [...] « IN, Nr. 71, S. 5.

24. APRIL » ## Opfer des strengen Winters

Aus Achenkirch wird uns unterm 23. d. Mts. berichtet: Durch die ungeheure Schneelawine, die in diesem Winter, wie wir seinerzeit berichtet haben, entlang des Seeberges losgebrochen und zum größten Teile in den See gestürzt ist, sind auch eine Menge Gemsen (die Jäger glauben mindestens 40 bis 50 Stück) zugrunde gegangen. Aus den am Ufer von der Lawine verbliebenen Schneemassen sind bis jetzt sieben Gemsen ausgeapert und dürften noch einige zu Vorschein kommen. Der Großteil wird aber im See begraben sein. « IN, Nr. 92, S. 4.

2. MAI » ## Zur Eröffnung der Haller Alpensöhne-Hütte ...

... erhalten wir folgende Zuschrift: Die Westwand des Haller Zunderkopfes wurde vom untersten Sockel bis zur Gratfortsetzung zum Gipfel im Herbste vorigen Jahres von Julius Mair und Hans Gollner, Mitglieder der Alpensöhne, zum erstenmal durchklettert. Diese Tour ist sehr interessant, ihrer Schwierigkeit wegen aber nur für tüchtige Kletterer zu empfehlen. « IN, Nr. 99, S. 9.

Am Achensee reichen die Felswände teilweise bis direkt ans Wasser, so dass auch Lawinen in den See abgehen können. Diese Aufnahme zeigt wahrscheinlich den Blick gegen Pertisau um 1920.

4. MAI

Blinder Feuerlärm

Aus Fulpmes meldet man uns: Gestern gegen 9 Uhr abends wurden die Bewohner von Fulpmes durch Feuersignale in Schrecken versetzt; in der Richtung gegen Neustift bemerkte man starke Feuerröte. Es war aber nur der Schein des Feuers, das im Kalkofen zu Neder angemacht worden war, ohne daß hievon die Nachbarsgemeinde verständigt worden wäre. Solche Fälle sind übrigens schon mehrere vorgekommen. Man sollte doch einmal energisch verlangen, daß die Kalkbrennerei die Zeiten, wann Feuer gemacht wird, bekannt geben muß, damit unsere Feuerwehr nicht immer unnötig alarmiert wird. IN, Nr. 100, S. 4.

5. MAI

Große Feuersbrunst in Südtirol

Wie uns ein Privattelegramm aus Südtirol meldet, ist im Dorfe Stenico in Judikarien heute nachts ein Brand ausgebrochen, dem fast die ganze Ortschaft zum Opfer fiel. Von den 155 Häusern, welche Stenico hat, sind mehr als neunzig ein Raub der Flammen geworden, über 600 Personen von der 940 Köpfe zählenden Bewohnerschaft sind obdachlos geworden. Das Postamt ist unversehrt geblieben. [...]

Die Ursache des Brandes ist noch nicht bekannt, man vermutet aber, daß das Feuer gelegt worden ist.

Aus Tione kamen zwei Kompagnien des 22. Feldjägerbataillons zur Hilfeleistung. Auch die Feuerwehren des ganzen Bezirkes beteiligten sich mit Erfolg an den Löscharbeiten. Die Häuser des Ortes sind zumeist mit Stroh gedeckt. IN, Nr. 101, S. 7.

Blick auf Fulpmes gegen den Habicht und die Gletscher 1927.

An der Tatsache, dass ein Verkehrsunfall sogleich Schaulustige anlockt, hat sich leider bis heute nichts geändert.

6. MAI

Tiroler Preisranggeln

Aus Steinhaus schreibt man uns: Das hiesige Vergnügungskomitee veranstaltet am 19. ds. Mts. hier ein großes Tiroler Preis-Ringen mit Besten von 280 Kronen. An diesem Ranggelfeste werden Wettkämpfe zwischen Ahrntalern, Zillertalern und Unterinntalern stattfinden. IN, Nr. 102, S. 9.

12. MAI

Amerikanische Gäste in Innsbruck

Gestern abends sind mit einem Sonderzuge 165 amerikanische Hoteliers mit ihren Damen aus Salzburg in Innsbruck angekommen, auf der letzten Etappe der Europareise, welche die Hoteliers zum Studium der Hoteleinrichtungen auf mehreren Kontinenten unternahmen. Die amerikanischen Gäste, welche mit dem Dampfer „George Washington" des Norddeutschen Lloyd am 23. April in Plymouth anlangten, haben bisher London, Ostende, Brüssel, Köln, Frankfurt, Berlin, Wien und Salzburg besichtigt, heute erfolgte ihre Weiterreise nach München, von dort begeben sie sich nach Paris und von Boulogne aus erfolgt dann die Rückreise in die Heimat.

Zu Ehren der Gäste, die um 7 Uhr 15 Min. hier eintrafen, trugen die größeren Hotels und Restaurants Flaggenschmuck. [...] IN, Nr. 107, S. 8.

2. JUNI

Linksfahren in Oesterreich

Ab 1. November wird nach dem „N. Wr. Tagbl." die Fahrordnung in allen Kronländern mit Ausnahme von Istrien und Vorarlberg endlich vereinheitlicht werden. Bekanntlich wurde bisher nur in Niederösterreich, Oberösterreich, Salzburg, Steiermark, Krain, Küstenland, Böhmen, Mähren, Schlesien und Galizien links gefahren, wogegen in Kärnten, Tirol, Triest, Görz, Dalmatien, Istrien und Vorarlberg das Rechtsfahren die Norm bildeten. Nun soll die Fahrordnung „Links fahren" auch in allen jenen Kronländern eingeführt werden, die früher das gegenteilige Prinzip vertraten; allerdings mit Ausnahme von Vorarlberg und Istrien. [...] «

IN, Nr. 123, S. 5.

8. JUNI

» Straßenbau

Aus Olang wird uns berichtet: Der Ort Mitterolang hatte seit dem Bahnbau durch das Pustertal 1872 keinen eigenen Zufahrtsweg zur Station und man konnte nur über Niederolang nach Mitterolang gelangen, was einen Umweg von einer halben Stunde ausmacht. Den Bemühungen des Gemeindevorstehers Josef Egger ist es nun gelungen, die Erbauung einer eigenen Zufahrtsstraße durchzusetzen, so daß nun die Orte Mitter- und Oberolang sowie Geiselsberg direkte und kurze Verbindung mit der Station Olang haben. Gegenwärtig ist die Hälfte der Straße schon vollendet, im Herbste wird sie fertiggestellt sein. Auch soll voraussichtlich nächstes Jahr ein neues Stationsgebäude erstehen. « IN, Nr. 128, S. 5.

12. JUNI

» Zum Scharfschießen am Brenner

... wird uns nachrichtlich mitgeteilt: Am 4. Juni d. J. fand auf dem Kalbenjoche bei Matrei am Brenner ein Scharfschießen der Artillerie statt, wobei 92 scharfe Schüsse abgegeben wurden. Blind gegangene Geschosse, die etwa später aufgefunden werden, dürfen bei Lebensgefahr nicht berührt werden. Vielmehr sollen die Fundorte bezeichnet und dem Kommando des k. u. k. Feldhaubitzen-Regiments Nr. 14 in Innsbruck sofort bekannt gegeben werden. Finderlohn pro Geschoß 1 Krone. « IN, Nr. 131, S. 5.

Zwei Wegmacher mit ihrem Fahrzeug in der Gegend von Amras. Im Hintergrund ist das Plateau der Hungerburg zu erkennen.

Die Auto- und Motorradrennen auf den Zirlerberg waren renommierte Wettbewerbe, die auch Teilnehmer aus weiter Entfernung anzogen.

12. JUNI

Automobilrennen auf dem Zirlerberg

Der Automobilklub für Tirol und Vorarlberg veranstaltet Sonntag den 14. Juni eine Schnelligkeitskonkurrenz auf der Strecke Zirl–Reith, die für die Mitglieder des Automobilklubs für Tirol und Vorarlberg offen ist. Der Start erfolgt um halb 10 Uhr früh in Zirl und die Wagen werden in Intervallen von fünf Minuten, und zwar die stärksten Wagen zuerst, abgelassen. Behufs Aufnahme der Herren Kontrollore finden sich die Fahrtteilnehmer Sonntag um halb 8 Uhr früh beim Café Maria Theresia ein. Die Wertung erfolgt in der Art, daß das Mindestgewicht, welches jeder Wagen in betriebsfertigem Zustand, mit mindestens zwei Personen besetzt, einschließlich Kontrollor haben muß, in Abhängigkeit vom Motorzylinderinhalte festgelegt ist. [...] Zur Sicherung der Rennstrecke wird dieselbe durch Gendarmerie, sowie Mitglieder des Tiroler Radfahrerverbandes und Klubmitglieder besetzt werden und wird das verehrliche Publikum zur Vermeidung von Unfällen höflichst ersucht, den Weisungen der Sicherheitsorgane unbedingt Folge zu leisten. [...] Das Rennen dürfte sich nach den Nennungen zu schließen, sehr interessant gestalten. IN, Nr. 131, S. 11.

15. JUNI

Einbrecher und Diebe

Aus Kitzbühel wird uns gemeldet: In der Nacht vom Samstag auf Sonntag wurde in drei hiesigen Geschäften eingebrochen, nämlich in der Krämerei des Josef Rendl, Stefan Brunner und im Warenhaus „Billigkeit“. Während den Dieben in den beiden ersteren Geschäften nichts Bedeutendes in die Hände gefallen zu sein scheint, ist ihnen im letzteren Geschäfte ein Warenquantum im angeblichen Werte von zirka 1000 Kronen und überdies noch einiges Bargeld zur Beute geworden. [...] IN, Nr. 133, S. 12.

Ein Blick auf das malerische Kitzbühel um 1930.

19. JUNI

Oesterreichisch-deutsche Alpenfahrt Bozen–München

Am kommenden Sonntag, den 21. ds. Mts. gelangt auf der Strecke Bozen–Brenner–Innsbruck–Zirl–Seefeld–Scharnitz–Mittenwald–Walchensee–Kochel–Tölz–Holzkirchen–Sauerlach–München, wie wir bereits berichtet haben, die „Oesterr.-deutsche Alpenfahrt" 260 km, zur Durchführung. Veranstalter ist der Gau 12 Altbayern, des Deutschen Radfahrerbundes in Verbindung mit dem Tiroler Radfahrerverband. Zwischen Start und Ziel liegen zwei gewaltige Steigungen, welche die höchsten Anforderungen an die Rennfahrer stellen: der Brennerpaß mit seiner Höhe von 1370 Metern und der Zirlerberg, der im Seefeldersattel (1180 m) seinen höchsten Punkt erreicht. [...] IN, Nr. 137, S. 11.

26. JUNI

Zur Tagesgeschichte. Österreich-Ungarn

Der Erzherzog-Thronfolger bei den bosnischen Manövern

Aus Metkovic wird unterm 25. Juni berichtet: S. M. S. „Viribus unitis" ist um 5 Uhr früh an der Narentamündung vor Anker gegangen. Erzherzog Franz Ferdinand ging an Bord des Schiffes „Dalmat", woselbst ihm der Landeschef FZM. Potiorek und der Statthalter die Meldungen erstatteten. Hierauf begab sich der Erzherzog nach Metkovic, von wo der Erzherzog und der Landeschef die Fahrt im Hofsonderzuge nach Mostar fortsetzten. Um 8.20 Uhr traf der Erzherzog bei prachtvollem Wetter in Mostar ein. Er wurde dort von der höheren Geistlichkeit aller drei Konfessionen empfangen. Ferner waren beim Empfang die Spitzen der Behörden usw. [...] Auf allen Plätzen und Straßen bereitete ihm die Bevölkerung Ovationen. Der Erzherzog dankte nach allen Seiten grüßend. Die ganze Stadt prangte in reichem orientalischem Flaggenschmuck. Am Bahnhofe zurückgekehrt, verabschiedete sich der Erzherzog von den Dignitären, denen er wiederholt seine Befriedigung über den Empfang aussprach. Um ½10 Uhr setzte sich der Hofzug in Bewegung. « IN, Nr. 143, S. 2.

2. JULI

» Vom Reiseverkehr

Der Zuzug von fremden Reisenden nach Tirol wird stets stärker und reger. Auch der Verkehr in den Tälern nach den Schutzhütten und Alpenhotels ist derzeit ein erfreulich guter. Es sind jetzt beinahe alle Hütten geöffnet und zumeist bewirtschaftet. – Samstag den 4. d. M., Nachmittag, kommt eine englische Reisegesellschaft, aus 50 Personen bestehend, zu längerem Aufenthalte in Innsbruck an. « IN, Nr. 148, S. 2.

Die Verhaftung des Attentäters Gavrilo Princip in Sarajevo unmittelbar nach der Tat.

2. JULI

Aus Bozen berichtet man

Samstag den 27. wurde das Schuljahr 1913/14 an sämtlichen hiesigen Mittelschulen geschlossen. Am Gymnasium der Franziskaner waren zu Beginn 324 Schüler und ein Privatist eingeschrieben, von welchen während des Schuljahres 14 ausgetreten und somit 310 verblieben sind. Hievon waren 263 aus Tirol und Vorarlberg, 38 aus den übrigen Kronländern und 9 Ausländer. Die Muttersprache war bei 285 deutsch, bei 5 italienisch, bei 3 ladinisch und bei 5 slawisch; das Religionsbekenntnis bei 309 katholisch, bei 1 evangelisch. Klassifiziert wurden: 39 als vorzüglich geeignet, 192 geeignet, 20 im allgemeinen geeignet, 49 nicht geeignet. [...] IN, Nr. 148, S. 11.

15. JULI

Die Raiffeisenkasse in Oetz

... welche eine der ersten dieser Kassen ist, die im Lande entstanden, beging letzthin das 25jährige Jubiläum ihres Bestehens. Aus diesem Anlasse gab die Kassenverwaltung einen Bericht über die Hauptergebnisse der geschäftlichen Tätigkeit in den Jahren 1889 bis 1913 heraus. Demselben ist zu entnehmen, daß die Zahl der Mitglieder, welche bei der Kassengründung 36 betrug, im Jahre 1913 auf 176 stieg. [...] IN, Nr. 159, S. 4.

16. JULI

Kohlengasvergiftung

Ein 5 Monate altes Kind, das bei einer Frau in der Leopoldstraße in Pflege war, ist an Kohlengasvergiftung bedenklich erkrankt. Das Kind befand sich in einem an die Küche anstoßenden Raume, da aber der Herd in der Küche mit Kohlen geheizt wurde und aus dem Herde anscheinend Gase entströmten, erkrankte das Kind unter sonderbaren Erscheinungen, die schließlich zur Diagnose Kohlengasvergiftung führten. Der Kleine wurde ins Spital gebracht. IN, Nr. 160, S. 4.

Die Leopoldstraße in Innsbruck gegen Norden mit der Triumphpforte und der bereits elektrifizierten Haller Lokalbahn im Vordergrund.

Blick in eine beschauliche Wirtsstube. Nach zu viel Bier und Wein kann sich das Idyll rasch grundlegend wandeln. Hier das Hotel Alte Post, Zunftstube, in Sterzing 1911.

21. JULI

Brand durch ein elektrisches Bügeleisen

Im Sticklokale des Paramentenmachers Michael Hofer in Brixen entstand am vergangenen Sonntag durch ein elektrisches Bügeleisen Feuer. Da von der Familie Hofer niemand zu Hause war, mußte man die Wohnung aufbrechen, um das Feuer löschen zu können. Man hatte jedenfalls vormittags das elektrische Bügeleisen benützen wollen, doch war am Sonntag von 7 Uhr früh bis 4 Uhr nachmittags seitens des Elektrizitätswerkes zwecks Montage der neuen Freileitung der Betrieb eingestellt worden. Leichtsinnigerweise ließ man nun das Bügeleisen eingeschaltet, so daß, als um 4 Uhr der Betrieb seitens des Elektrizitätswerkes wieder aufgenommen wurde, auch dem Bügeleisen ungehindert Strom zugeführt wurde. Die hiedurch entwickelte Hitze war so groß, daß das Drahtgestell, auf dem das Bügeleisen ruhte, glühend wurde und der Fußboden in Brand geriet. « IN, Nr. 164, S. 5.

22. JULI

Kleine Ursachen ...

Aus Vils schreibt man uns: In Nesselwang im Allgäu kamen am 20. d. M. zwei Taglöhner wegen einer Maß Bier in Streit. Im Verlaufe desselben riß einer der beiden sein feststehendes Messer heraus, bog dem anderen blitzschnell den Kopf zurück und schnitt ihm die Kehle bis an die Wirbelsäule durch, worauf er das Messer fortwarf und sich auf die Ofenbank legte, wie wenn nichts geschehen wäre, während der Verletzte innerhalb von zwei Minuten starb. Der Täter wurde noch am gleichen Tage durch die Gendarmerie festgenommen. « IN, Nr. 165, S. 5.

22. JULI

Ein Meteor

» Aus Landeck schreibt man uns: Am vergangenen Sonntag um 11 Uhr nachts konnte man einen großen Meteor niedergehen sehen. Derselbe nahm die Richtung vom Lechtal gegen das Verwalltal zu; der Schein war so außerordentlich stark, daß die ganze Gegend von Landeck wie durch ein ungeheuer großes magnetisches Licht erleuchtet war. Der Meteor hatte das Aussehen eines langen, spitzigen Kegels. Beim Niedergange war ein förmliches Rauschen vernehmbar. « IN, Nr. 165, S. 5.

28. JULI

Ruhig Blut!

» In diesen ernsten Tagen, da unser Vaterland vor einer so wichtigen Entscheidung steht, liegt es in der Natur der Sache, daß sich in die helle Begeisterung, mit welcher das Volk die kraftvolle entschiedene Haltung der Regierung aufnimmt, da und dort – bei Spargeldeinlegern zc. – auch ein gewisses Gefühl der Beunruhigung bemerkbar macht, das sich hauptsächlich auf die eventuellen wirtschaftlichen Nachteile, die ein Krieg mit sich bringen würde, bezieht und sich in verschiedenen Formen äußert.

Optimistische Propagandakarten beschworen den Sieg und die Einheit des Reiches in enger „Waffenbruderschaft“ mit dem Deutschen Reich.

Demgegenüber sei nachdrücklich darauf hingewiesen, daß zu Befürchtungen in erwähnter Hinsicht gar kein Grund vorhanden ist. Die energische Haltung der Regierung, die Macht unseres Reiches, die Stärke und Tüchtigkeit unserer Armee bürgen hinlänglich für eine für unseren Staat gedeihliche Lösung der gegenwärtigen Verwicklungen, ob sie nun mit dem Schwerte herbeigeführt werden muß oder nicht. [...]

Die Bevölkerung kann der weiteren Entwicklung der Dinge in jedem Falle ruhig entgegensehen! « IN, Nr. 171, S. 10.

29. JULI

» Der unheilvolle Alkohol

Eine Frauensperson, vom Alkoholgenuß stark beeinflußt, hat gestern in der Nähe der Sill Versuche gemacht, sich ins Wasser zu stürzen, man hielt sie aber davon ab. Heute, nachdem die Wirkung des Alkohols verflogen ist, denkt sie wohl anders über ihre gestrigen Absichten. « IN, Nr. 173, S. 3.

29. JULI

» Zur Einweihung der Stiftskirche in Hall

Vom Stadtmagistrate in Hall werden wir um Aufnahme folgender Zuschrift ersucht: Da über Allerhöchsten Wunsch der Besuch Seiner kaiserlichen und königlichen Hoheit des Erzherzog Thronfolger Karl Franz Josef auf unbestimmte Zeit verschoben wurde, soll auch die Einweihung der Stiftskirche den Charakter einer rein kirchlichen Feier erhalten und entfällt sohin jede offizielle weltliche Festlichkeit. Es unterbleibt daher auch die Teilnahme der offiziellen Persönlichkeiten, der Behörden zc. « IN, Nr. 173, S. 3.

Die Haller Stiftskirche vom Standpunkt an der heutigen Bundesstraße nach Mils aus, um 1920/25.

1. AUGUST »

Kundmachung

Auf Grund der kaiserlichen Verordnung vom 20. April 1854, R.-G.-Bl. Nr. 96 wird folgendes verordnet:

Der Verkauf und Ankauf von Lebensmitteln aller Art an und durch Privatparteien, welche den 4tägigen Bedarf der Haushaltung übersteigen, sowie die Weigerung der Lebensmittelverkäufer, Lebensmittel innerhalb obiger Grenzen gegen Barzahlung abzugeben, ist bis auf weiteres verboten und wird an den Zuwiderhandelnden, soweit nicht ein nach dem allgemeinen Strafgesetze strafbarer Tatbestand vorliegt, mit Geldstrafen bis zu 200 Kronen, eventuell mit Arreststrafen bis zu 14 Tagen sowie mit Beschlagnahme der verbotswidrig erworbenen oder zurückbehaltenen Waren geahndet.

Stadtmagistrat Innsbruck
am 31. Juli 1914.
Der 1. Vizebürgermeister: Dr. Erler m. p. « IN, Nr. 178, S. 16.

3. AUGUST »

Ein Wunsch der Bäcker

Die Innsbrucker Bäckergenossenschaft läßt in einer öffentlichen Bekanntmachung an die Bewohnerschaft der Stadt den Wunsch aussprechen, die Konsumenten mögen sich unter den obwaltenden Umständen mit einer einheitlichen und einfachen Brotform begnügen, weil aus ihrem Gewerbe auch viele Militärpflichtige abberufen worden sind. Dieser berechtigte Wunsch der Bäcker ist seit gestern bereits in die Praxis umgesetzt. « IN, Nr. 180, S. 5.

3. AUGUST

Wasser, Bier usw. auf den Bahnstationen!

»... für die einrückenden und durchziehenden Vaterlandsverteidiger, die vor Hitze und Durst fast verschmachten! Große Gefäße mit frischem Wasser, aufgestellt und dieses in Gläsern, Krügen, Kannen, Schöpfern u. dergl. gereicht, ist die größere Wohltat als Tücherschwenken, patriotisches Geschrei und die besten Glückwünsche.« IN, Nr. 180, S. 5.

7. AUGUST

Szenen von der Straße

»Die Vorsichtsmaßregeln, welche von den Behörden gegen Konfidenten und Spione feindlicher Mächte angewendet werden, verhüten manchen Plan der Feinde, denn die Wachsamkeit der Unseren ist groß; dies ist auch nötig und vorteilhaft, aber als eine der Folgeerscheinungen dieser Aufmerksamkeit zeigt sich eine Art von Ueberreiztheit, durch welche die mannigfachsten und abenteuerlichsten Gerüchte entstehen, die sich mit der bekannten Raschheit verbreiten, vermehren und durch die unglaublichsten Zutaten ergänzen. [...] Ein biederer Patriot vom Lande hielt in der Anichstraße eine Frau an mit der Motivierung, er glaube, sie sei eine Serbin. Die Frau erwiderte darauf, sie sei aus Niederösterreich. Der Mann hatte aber die Antwort mißverstanden, denn mit großer Erregung drang er nun auf die Frau ein mit den Worten: „Was sagen Sie, nieder mit Oesterreich!" Man kann sich nun den Auflauf denken; innerhalb weniger Minuten war die Straße angefüllt mit Leuten, die erregt den Vorfall besprechen – der doch so belanglos war.« IN, Nr. 188, S. 2.

Ein Blick gegen Norden von der Bürgerstraße in die Anichstraße auf den ehemaligen Austria-Tanzpalast.

8. AUGUST »

Warnung vor Einbrechern

Da sich gegenwärtig sehr viel lichtscheues Gesindel in der Stadt herumtreibt, das die häufige Abwesenheit vieler Hausbewohner zu Einbruchsversuchen benützt, ergeht die dringende Aufforderung, alle Wohnungen vor dem Verlassen gut abzuschließen. Wenn alle Parteien eines Hauses dieses verlassen, empfiehlt es sich auch, zur Sicherheit die Haustüren zuzusperren. Diese Warnung gilt besonders für die Zeit der morgigen Bittprozession, während der voraussichtlich zahlreiche Wohnungen leer stehen bleiben. « IN, Nr. 190, S. 8.

10. AUGUST »

Die Bittprozession in Innsbruck

Ueber Veranlassung des Dekanats der Pfarre St. Jakob wurde gestern in Innsbruck eine Prozession veranstaltet, um vom Allmächtigen den Sieg für unsere gerechte Sache, für unsere Waffen, um ein gutes Ende dieser schweren Zeiten der Not und Gefahr gegen tückische Feinde zu erflehen.

Es war eine eindrucksvolle Kundgebung vieler Tausende der gläubigen Bewohnerschaft Innsbrucks, die im Vertrauen auf den gerechten Gott und in Verehrung des als wundertätig gepriesenen Gnadenbildes „Mariahilf“, welches den Hauptaltar der Pfarrkirche von St. Jakob ziert, sich der Prozession anschlossen. [...] « IN, Nr. 193, S. 6.

12. AUGUST »

Errichtung eines Hospitales in Innsbruck

An die Bevölkerung der Landeshauptstadt Innsbruck und Umgebung

Unser Vaterland mit seinem treuen Bundesgenossen Deutschland ist von vielen Feinden bedroht; unsere Söhne, Brüder, Väter ziehen ins Feld; gar manche werden die Heimat nimmer wiedersehen, noch viel mehr sinken durch des Feindes Waffen verwundet zu Boden oder liegen durch die Strapazen und Entbehrungen krank darnieder. [...]

Das Rote Kreuz steht da nicht in letzter Linie, das Rote Kreuz in Tirol bietet den passierenden Kranken und Verwundeten in den Krankenhaltstationen Wörgl, Landeck und Bozen Unterkunft für die Nacht, Speisung, ärztliche Behandlung und Aufnahme einzelner Untransportabler zur weiteren Pflege, wie letzteres auch am Hauptbahnhofe Innsbruck vorgesehen ist. Im Pädagogium wird ein großes Spital für 300 Betten eingerichtet. [...] « IN, Nr. 197, S. 5.

13. AUGUST »

Ein serbischer Spion

... wurde am Montag nachmittags mit dem Personenzuge unter militärischer Eskorte von Bozen nach Trient befördert. Der Kerl sah leichenblaß aus und wischte sich – wohl aus Angst – den Schweiß von der Stirne. Das Publikum brach in laute Verwünschungen auf diesen Vaterlandsfeind aus. « IN, Nr. 199, S. 6.

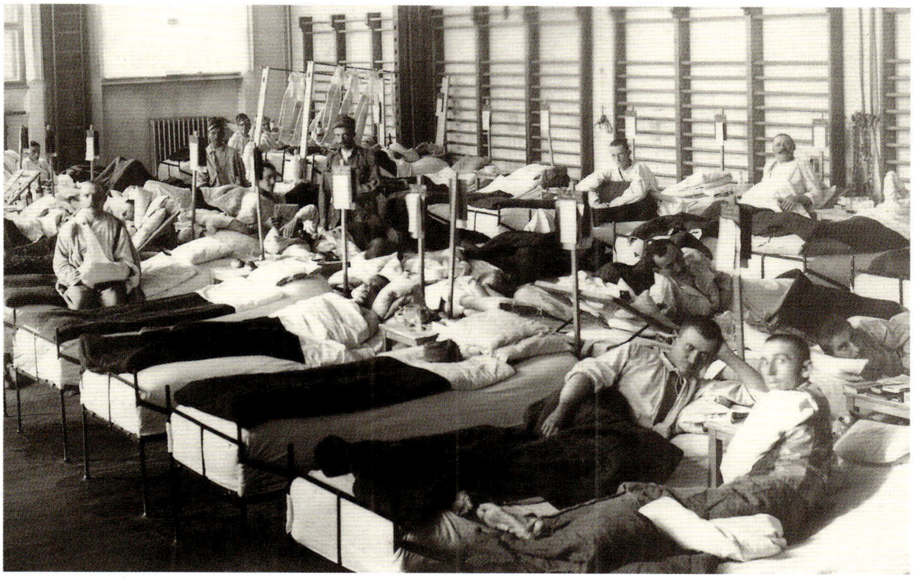

Schon in den ersten Kriegstagen wurden Schulen in Lazarette umgewandelt. Hier zu sehen wahrscheinlich das Pädagogium der Fallmerayerstraße.

17. AUGUST »

Neues Elektrizitätswerk

Aus Freienfeld wird uns mitgeteilt, daß das von den Gemeinden Stilfes-Trens in diesem Jahre zur Ausführung genommene Elektrizitätswerk trotz der ausgebrochenen Kriegswirren und energisches Zusammenarbeiten der liefernden Firmen noch in Betrieb gebracht werden konnte. Vorläufig gelangte eine Turbine der Firma Rüsch-Ganahl mit 140 Pferden zur Aufstellung. Der elektrische Teil, welcher die Versorgung der Orte Stilfes-Trens, Freienfeld, Elzenbaum, Pfulters, Niederried und Bad Möders umfaßt, konnte in 3 Monaten von der A.-E.-G. Union, Elektrizitäts-Gesellschaft Innsbruck, Installationsbureau, Falkstraße 6, hergestellt werden. Der bauliche Teil wurde von der Firma Bosin in Sterzing ausgeführt. « IN, Nr. 205, S. 9.

17. AUGUST »

Beeren und Pilze sammeln!

Beeren und eßbare Pilze sind nicht nur frisch genossen ein vorzügliches, gesundes Nahrungsmittel, sondern dieselben bilden auch im eingesottenen oder anderweitig konservierten Zustande eine unendlich wertvolle Ergänzung der täglichen Nahrung in den langen Wintermonaten.

Zumal infolge des ausgebrochenen Krieges auch für die heimkehrenden verwundeten Brüder Fruchtsäfte jeder Art benötigt werden, kann nicht genug dringend empfohlen werden, eßbare Beeren (wie Heidelbeeren oder Moosbeeren, Preiselbeeren oder Granten, Pfifferlinge, Bratlinge, Birkenpilze, Parapluiepilze, Bärentatzen usw.) in ausgiebigster Weise zu sammeln und zu konservieren.

Am Sammeln dieser nützlichen Bodenprodukte sollen sich nicht nur die Kinder der Landbevölkerung, sowie die freigewordenen Arbeitskräfte beteiligen, sondern es wäre auch der städtischen Bevölkerung, speziell den Kindern, Gelegenheit geboten, sich für die Approvisionierung sowie für die Verwundetenpflege dienstbar zu machen. [...]

Der 1. Präsident des Landeskulturrates für Tirol,
Sektion Innsbruck, Karlstraße Nr. 9:
Schraffl m. p. « IN, Nr. 206, S. 4.

19. AUGUST »

Verwundetentransporte. Jungmannschaft. Achtung!

Die gestern im Rathaushof zur Musterung Angetretenen haben Uebungen im Heben und Tragen von Verwundeten mitzumachen und zwar heute nachm. 4 Uhr die Herren mit den Anfangsbuchstaben im Schreibnahmen von A. bis M., einschließlich, und morgen, Donnerstag, den 20. Aug., nachm. 4 Uhr jene von M. bis Z. – diejenigen, welche keine von diesen beiden Uebungen mitmachen können, versammeln sich Montag, den 24., abends 8 Uhr, im Rathaushof hiezu. – Am Donnerstag, den 20. August, abends 8 Uhr, ist Uebung aller für den Verwundeten-Transport bereiten Mitglieder der Innsbrucker Feuerwehr, welche hiezu in Tuxer und Kappe erscheinen wollen. « IN, Nr. 209, S. 5.

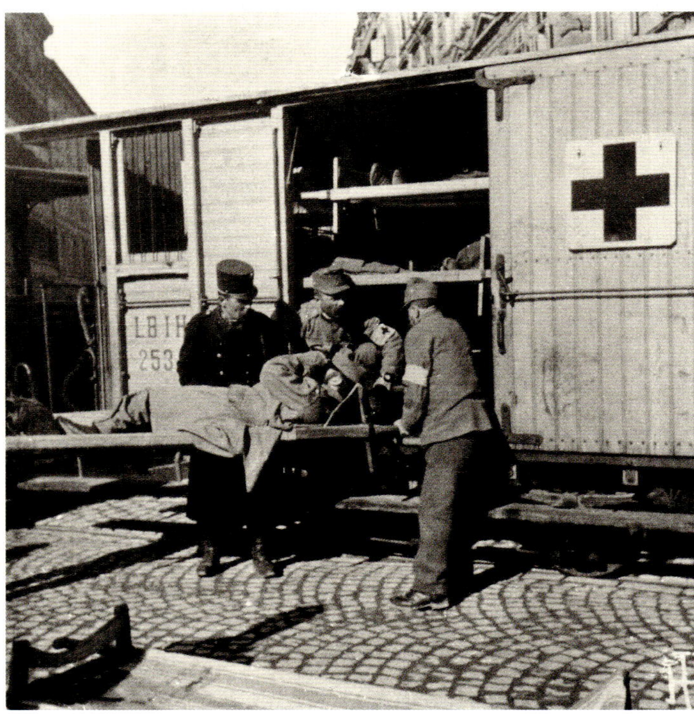

Die Verwundeten, die mit der Eisenbahn ins Hinterland gebracht wurden, wurden unter anderem mit der Lokalbahn auf die einzelnen Lazarette aufgeteilt. Hier eine Aufnahme um 1916 am Hauptbahnhof Innsbruck.

19. AUGUST » **Hund und Katz**

Eine ältere fremde Frau hatte gestern abends am hiesigen Bahnhof eine Katze bei sich, auf welche ein Hund losging. Es gelang der Frau, die Katze vor dem Köter zu schützen, der sie dafür aber arg in die Hand biß. « IN, Nr. 209, S 5.

21. AUGUST » **Für den Verwundeten-Transport**

... ist jetzt die nötige Trägerzahl beisammen, über 200 junge kräftige Leute werden durch die Rettungsabteilung eingeschult. Auch aus den einzelnen Kompagnien der Innsbrucker freiw. Feuerwehr trat gestern abends eine große Anzahl von Mitgliedern zur Uebung mit den Tragbahren an. Für Aufrechthaltung der Ordnung am Bahnhof und bei den Notspitälern während der Transporte sorgen der hiesige Militär-Veteranenverein und die Ordnungsmannschaft der Innsbrucker freiw. Feuerwehr. – Die der Rettungsabteilung zur Verfügung stehenden Transportmittel genügen jedoch zur raschen Leerung eines Verwundetenzuges nicht, weshalb hiemit an die Öffentlichkeit folgende Bitte ergeht: Besitzer von gefederten Handbrückenwagen mögen selbe der Rettungsabteilung leihweise überlassen gegen jederzeitige unversehrte Rückgabe. (Herr Matth. Winkler, „Pietät", stellte bereits 2 Stück zur Verfügung.) Weiter werden die P. T. Hotelbesitzer gebeten, ihre großen Omnibusse fallweise für den Verwundetentransport bereitzustellen, da weitaus mehr als die Hälfte der Ankommenden nicht gehen kann. Anmeldungen von großen Hotelomnibussen und Handbrückenwagen erbittet baldigst schriftlich oder mündlich die Rettungsabteilung. « IN, Nr. 213, S. 6.

28. AUGUST » **Israelitische Kultusgemeinde**

Heute Freitag um 6½ Uhr abends Gottesdienst. « IN, Nr. 226, S. 7.

27. SEPTEMBER » **Schloß Bruck als Unterkunft für Kriegsgefangene**

Wie die „L. Ztg." erfährt, wurde das Schloß Bruck bei Lienz wegen allfälliger Unterbringung von Kriegsgefangenen besichtigt und als geeignet erklärt. Für die Mannschaften soll der Turm hergerichtet werden, während für die Unterkunft von Offizieren der Rittersaal dienen würde. Es sollen über 100 Mann und ein Dutzend Offiziere untergebracht werden. « Bozner Nachrichten, Nr. 198, S. 9.

1. OKTOBER » **„Sell war scho grausli!"**

Im „N. W. Tgbl." schildert ein Offizier den Hergang unserer Kämpfe gegen die Russen und erwähnt dabei auch folgende charakteristische Episode: „Bei diesem Nachtangriff hatte ich ein kleines Erlebnis, das ich seiner Originalität wegen erwähnen will. Ich stieg in der Nähe des gekaperten Trains herum, als ein Zugsführer von den Kaiserjägern auf mich zuschritt. Er hatte die Bluse weg und das Hemd in Fetzen zerrissen. Er sprach mich in seinem Tiroler Dialekt an: ‚Sell war scho grausli! Hatt' ich an auf der Spieß'n (Bajonett) ... stechen fünf auf mi ein, und ich krieg dir den Bampst (damit meinte er den Russen) nöt abi!' Dabei zeigte er mir nicht weniger als fünf Stiche, die man ihm zugefügt hatte.“ «

Bozner Nachrichten, Nr. 201, S. 7.

2. NOVEMBER »

Betrügerische Herauslockung von Gold gegen Eisenringe

Es wird aufmerksam gemacht, daß sich in Innsbruck und auswärts Personen herumtreiben, welche Gold sammeln und dagegen Eisenringe geben. Von der Hauptsammelstelle, Maria Theresienstraße 33, werden wir ersucht, dies mit dem Bemerken zu veröffentlichen, daß derartige Fälle sofort der Polizei angemeldet werden sollen. Zu einer Sammlung von Haus zu Haus ist niemand befugt. «

IN, Nr. 347, S. 7.

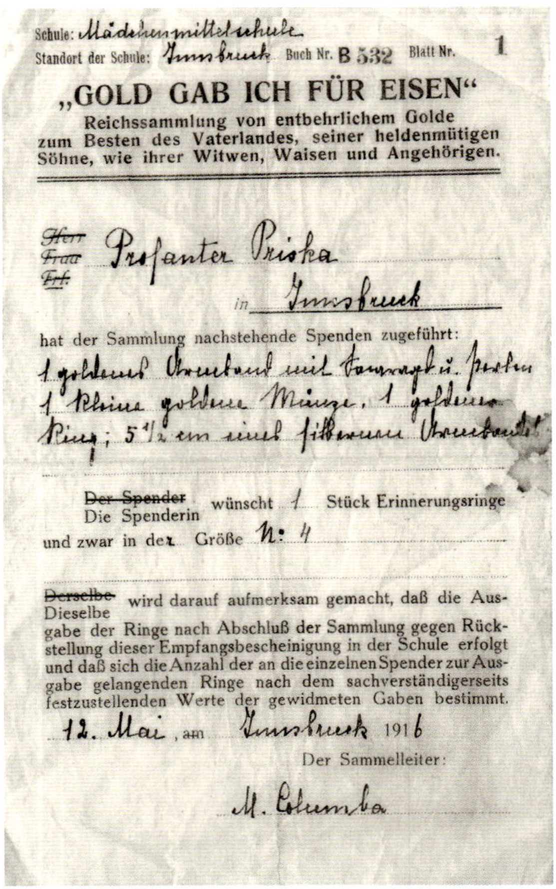

Schule: Mädchenmittelschule
Standort der Schule: Innsbruck Buch Nr. B 532 Blatt Nr. 1

„GOLD GAB ICH FÜR EISEN“
Reichssammlung von entbehrlichem Golde zum Besten des Vaterlandes, seiner heldenmütigen Söhne, wie ihrer Witwen, Waisen und Angehörigen.

~~Herr~~ Frau ~~Frl.~~ Profanter Priska
in Innsbruck

hat der Sammlung nachstehende Spenden zugeführt:
1 goldenes Armband mit Smaragd u. Perlen 1 kleine goldene Münze, 1 goldener Ring; 5½ cm einen silbernen Armband

~~Der Spender~~ Die Spenderin wünscht 1 Stück Erinnerungsringe und zwar in der Größe N: 4

~~Derselbe~~ Dieselbe wird darauf aufmerksam gemacht, daß die Ausgabe der Ringe nach Abschluß der Sammlung gegen Rückstellung dieser Empfangsbescheinigung in der Schule erfolgt und daß sich die Anzahl der an die einzelnen Spender zur Ausgabe gelangenden Ringe nach dem sachverständigerseits festzustellenden Werte der gewidmeten Gaben bestimmt.

12. Mai, Innsbruck 1916
Der Sammelleiter:
M. Columba

Die wichtigste „patriotische“ Sammlung war „Gold gab ich für Eisen“, im Rahmen derer zur Finanzierung des Krieges Goldschmuck von den Bürgern gespendet und dafür Eisenschmuck als „Ersatz“ erstattet wurde.

Hier posiert im Jahr 1915 ein Trupp Soldaten vor dem Eisenbahnviadukt in Innsbruck, das damals noch nicht zugebaut war.

3. NOVEMBER »

Die Namloser und der Kanonendonner

Innsbrucker Blätter wollten ihren Lesern die Unmöglichkeit glaubwürdig erscheinen lassen, daß man in Tirol, und zwar in Vent im hinteren Oetztale und auch in Namlos im Namlosertale, einem Seitengebiete des Lechtales, den Kanonendonner von den Schlachtfeldern in Frankreich herüberhöre. Da hat nun als Antwort auf diese törichte Annahme ein Mitarbeiter des „Tir. Grenzb.", der mehrere Jahre in Namlos war, eine ulkige, also recht passende Antwort darauf seinem Blatte zukommen lassen. Er schreibt uns hiezu, daß die Namloser unseren übrigen Alpenbewohnern überhaupt weit „voraus" sind; so hörte er dort erzählen, daß einmal ein Bauer, der über das Joch nach Imst auf einen Markt fuhr, einen Stuhl mitnahm, damit er dort niedersitzen könne, da er glaubte, wenn er ins Wirtshaus gehe, müsse er den Stuhl mitbringen. [...] Daß die Namloser den Kanonendonner wirklich gehört haben, wird jetzt niemand mehr bezweifeln und es kann versichert werden, so schreibt er, daß sie den Einsturz des Eiffelturmes in Paris sicher nicht überhören werden. [...] « IN, Nr. 349, S. 8.

3. NOVEMBER »

Ein Gspassiger

Aus dem Ennebergtale schreibt man uns: Von hier rückten kürzlich fünf Rekruten ein, einer von ihnen aber lief nach ein paar Tagen wieder in seine Heimat zurück, weil ihn das Heimweh plagte. Der Bursche getraute sich aber nicht direkt zu seinen Eltern zu gehen, sondern verbarg sich in der Nähe des Ortes in einem Heustadel, von wo aus er seinen Bruder, der in einem hiesigen Gasthause bedienstet ist, verständigen wollte. Der Flüchtling schlich sich in der Nacht zum Gasthause, wo sein Bruder bedienstet ist, band einen Brief an ihn an eine Laterne, welche der Bruder immer benützte, wenn er in den Stall geht, und schlich sich wieder in sein Versteck zurück. Sein Bruder fand natürlich den Brief und ging gleich zu den Eltern, um es ihnen mitzuteilen. Diese wollten nun den Sonderling aus dem Versteck holen, er ging ihnen aber nicht mit. Die Eltern verständigten hierauf die Gendarmerie, welche ihn dann einlieferte. Der eigenartig veranlagte Mensch machte es an mehreren Dienstplätzen so ähnlich und lief nach zwei bis drei Tagen wieder davon, angeblich weil ihn das Heimweh so sehr quälte. « IN, Nr. 349, S. 8.

Das Burgriesenhaus, damals Gasthof zum Burgriesen, in der Innsbrucker Hofgasse um 1910.

4. NOVEMBER »

Das Opfer eines Leichtsinnigen

Auf Obstresten ausgeglitten und gestürzt ist gestern abends in der Hofgasse eine Frau. Da sie auch noch eine Flasche bei sich trug, welche infolge des Falles zerbrach, erlitt sie Schnittwunden an den Händen. Zum übrigen Schreck kamen auch noch Verletzungen beider Knie und das alles nur eines leichtsinnigen Obstessers wegen. Dieser grobe Unfug des Wegwerfens von Obstschalen auf der Straße hat schon manches Unglück verschuldet. In Schule und Haus sollte dagegen gepredigt werden. « IN, Nr. 351, S. 7.

6. NOVEMBER »

Diebstähle

In Innsbruck wurden unlängst aus unversperrter Wohnung dem Sigmund Turnwalder 300 K gestohlen. – In Brixlegg hat kürzlich nachts ein Dieb außer einem Geldbetrag noch eine Schachtel Kubazigarren, eine Schachtel Brasil-, 1½ Schachteln Drama-, Memphis-, Sport- und andere Zigaretten, 1½ Schachteln ungarische Zigaretten, zwei Pakete ungarischen Rauchtabak, 100 Stück Virginier, 100 Briefmarken zu 5 und 80 zu 10 h, 8 Stück Tabakpfeifen und 20 Stück Sacktücher entwendet. – In der Gemeinde Kirchbichl wurde aus dem mit einem Eisenschuber verriegelten Schweinestalle des Bauern Georg Lintner in Oberndorf ein halbjähriges Schwein im Werte von 52 K gestohlen. « IN, Nr. 355, S. 7.

20. NOVEMBER »

Steckbrief

Das Kreisgericht Bozen hat gegen die 36 Jahre alte Musikerin (Zigeunerin) Johanna Baumann aus Vöcklabruck in Oberösterreich wegen Verbrechens der Verleumdung einen Steckbrief erlassen. « IN, Nr. 381, S. 7.

4. DEZEMBER »

Bautätigkeit am „Unteren Felde" in Hötting

Trotz der schlechten Verhältnisse unter welchen insbesondere das Baugewerbe in diesem Jahre zu leiden hatte, wurden am „Unteren Felde" in Hötting 13 Villen-Neubauten aufgeführt. [...] Das Wandeln auf dieser Straße ist jetzt auch ein Hochgenuß: Zu Füßen die Stadt oft im brodelnden, feuchten Nebelmeer, hier oben gleißender und wärmender Sonnenschein und darin tanzender Mückenreigen. Dazu die prächtige und ungehinderte Rundsicht. Kein Wunder, wenn manchem Besucher der Wunsch ins Herz zieht, auf diesem schönen Fleck Erde sich dauernd niederlassen zu können. « IN, Nr. 407, S. 7.

Gasthof „Drei Grafen" in Kirchbichl in Tirol um 1930/40.

5. DEZEMBER »

Unhaltbare sanitäre Zustände

Man schreibt uns: Die Gemeinde Ellbögen, welche zum Sanitätssprengel Matrei gehört, hatte schon zu Friedenszeit große Mühe einen Arzt zu rufen, da bis Matrei zwei Gehstunden sind und keine Telephonverbindung besteht. Heute ist es noch viel schlimmer. Starb da am Mittwoch ein Mann ohne ärztliche Behandlung; er konnte bis Montag nächster Woche nicht beerdigt werden, weil kein Arzt zur Totenbeschau zu finden war. Die Gemeinden Igls, Patsch, Ellbögen, Pfons, Matrei, Navis, Mühlbachl, Schönberg, das halbe Silltal ist ohne Arzt, trotzdem Wartgeld gezahlt wird. Für alle diese Gemeinden wäre ein Arzt gewiß nicht zu viel, weil am Lande auch Schwerkranke sind, die ärztlicher Hilfe bedürftig wären. «

IN, Nr. 409, S. 7.

9. DEZEMBER »

Ein guter Einfall

Ein stiller Wohltäter des Verwundeten-Spitales in der Handelsakademie überraschte die Insassen dort am vergangenen Samstag Nachmittag mit der Veranstaltung eines Konzertes. Militärmärsche, Opernarien und Duette, gesungen von Caruso, Sleczak, dem verstorbenen Demuth und den bedeutendsten Wiener Hofopernsängerinnen, wechselten ab. Freilich kam dies erlesene Konzert nur mit Hilfe eines ausgezeichneten Grammophons zustande. Die Freude und Aufmerksamkeit der Zuhörer war eine große und dankbar riefen sie zum Schlusse: „Wiederkommen". Auch andere Besitzer solcher Instrumente können sich um die Unterhaltung unserer armen Verwundeten durch derlei Vorträge verdient machen. In Wien haben es die Hofopernsänger und -sängerinnen persönlich übernommen. « IN, Nr. 415, S. 7.

Ein Blick auf St. Peter in Ellbögen um 1930.

Für die Soldaten an der Front waren Feldpostbriefe die einzige Verbindung zu Heimat und Familie.

15. DEZEMBER »

Der häßliche Wind

... entführte gestern beim Löwenhaus einem Bauernburschen seinen neuen Plüschhut mit Gemsbart, den er sich eben um teures Geld gekauft hatte, weit hinein in die Fluten des Inns. – Eine 75 Jahre alte Witwe überraschte gestern nachmittags am Margarethenplatze ein heftiger Windstoß. Die gebrechliche Greisin fiel zu Boden und erlitt eine schmerzhafte Prellung an deren Hüfte; sie mußte im Rettungswagen in ihre Wohnung gebracht werden. « IN, Nr. 426, S. 7.

18. DEZEMBER »

Zwei Liebesgaben-Diebe

Die bei der Statthalterei Innsbruck angestellten Amtsdiener Wilhelm Bohunek und Alois Badstuber sind verhaftet worden, weil sie von den bei der Statthalterei verwahrten und von dieser gesammelten Liebesgaben ihnen am besten geeignete Sachen zu sich genommen haben. Bohunek ist schon seit ungefähr 30 Jahren bei der Statthalterei als Diener angestellt, der andere dient dort seit etwa 2 Jahren. Badstuber wird als der Verführte und als das Werkzeug des Bohunek betrachtet, dies entschuldigt aber nicht im geringsten die empörende und verwerfliche Handlungsweise auch nur eines der beiden Männer. Bohunek befindet sich in Haft. « IN, Nr. 432, S. 6.

18. DEZEMBER »

Ein Milchpantscher

Der seinerzeit wegen Wässerung der Milch angezeigte Bauer Joh. Seiler in der Höttingerau wurde wegen dieser Lebensmittelfälschung zu 30 Kronen Geldstrafe und dessen Knecht zu drei Tagen Arrests verurteilt. Hoffentlich dienen solche Bestrafungen für andere als warnendes Beispiel. « IN, Nr. 432, S. 6.

Blick auf „Unsere liebe Frau im Moos“ bei Sterzing um 1930.

18. DEZEMBER »

Wasserdichte Feldpostschachteln

Dieselben sind sehr empfehlenswert zum versenden von Liebesgaben an unsere im Felde stehenden Soldaten. Diese wasserdichten Feldpostschachteln sind komplett zusammengestellt, so daß man nur die Adresse darauf zu schreiben hat, und sind in verschiedenen Größen in H. Mahl's Buchhandlung in Bruneck erhältlich. « Pustertaler Bote (Brunecker Zeitung), Nr. 51, S. 203.

24. DEZEMBER »

Unfall beim Abschiednehmen

Aus Sterzing schreibt man uns vom 22. d. M.: Gestern Nachmittag verunglückte der Landsturmmann Zugsführer Josef Keim, der nach Innsbruck einberufen wurde, im Pflerscher-Tunnel. Da Keim dort immer seinen Posten hatte, wollte er wahrscheinlich seinen dort stehenden Kameraden noch Abschied zuwinken. Er ist dabei auf der Plattform ausgeglitten und vom fahrenden Zuge gestürzt. Keim erlitt starke Kopfwunden und wurde gleich in häusliche Pflege in seine Heimat Sterzing überführt. « IN, Nr. 443, S. 7.

31. DEZEMBER »

Unsere brave Jugend

Aus Hall berichtet man uns vom 30. d. M.: Die Soldaten, der heute abgegangenen Marschkompagnie des 4. Tir. Kaiserj.-Reg. erhielten von den Schülern der Knabenvolksschule je eine Tafel Schokolade, 1 Landjäger, 10 Zigaretten und Zünder. Die Knaben haben die Spenden durch eine Sammlung unter sich aufgebracht und auch selbst verteilt. « IN, Nr. 450, S. 6.

1915

13. JÄNNER »

Opferstockdiebstahl

In der Herzog-Friedrich-Straße fand man in der vergangenen Nacht eine Opferbüchse aus schwarz gestrichenem Blech, ungefähr 12 Zentimeter in Breite und Höhe messend; das Schloß war aufgebrochen. Offenbar rührt die Büchse von einem Diebstahle her. « IN, Nr. 21, S. 5.

20. JÄNNER »

Verlängerung der Arbeitszeit in einzelnen Betrieben

Nach einer Verlautbarung der Statthalterei für Tirol und Vorarlberg, womit die im dritten Quartale 1914 an fabriksmäßig betriebene Gewerbeunternehmungen in Tirol und Vorarlberg auf Grund der Gewerbeordnung bewilligten, bezw. auf Grund früherer Bewilligung von denselben angemeldeten Verlängerungen der elfständigen Arbeitszeit verlautbart werden, erhielten folgende Betriebe die Bewilligung zur Ueberstundenarbeit: Franz Baurs Söhne, G. m. b. H., Loden- und Schafwollwarenfabrik, Mühlau, 70 Arbeiter und Arbeiterinnen; Josef Müller u. Co., Ziegelwerk, Hopfgarten, 40 Arbeiter; Philipp Suchard, Schokoladefabrik in Bludenz, 81 Arbeiter; Gebrüder Sannwald, Wolldeckenfabrik, Hörbranz, 28 Arbeiter; Julius Maggi, G. m. b. H., Nahrungsmittelfabrik, Bregenz, 30 Arbeiter; Gebrüder Sannwald, Wolldeckenfabrik, Hörbranz, 114 Arbeiter und Arbeiterinnen; J. Mößmer u. Co., Nachfolger, Tuchfabrik, Bruneck, 16 Arbeiter und Arbeiterinnen; Herburger u. Rhomberg, Weberei in Dornbirn, 122 Arbeiter; M. J. Elsinger u. Söhne, Leinenweberei in Telfs, 130 Arbeiter. Die genannten Firmen hatten vorwiegend Kriegslieferungen auszuführen. « IN, Nr. 34, S. 5.

25. JÄNNER »

Im Dusel

Ein angetrunkener Landsturmmann kam heute nach Mitternacht in seine militärische Unterkunft in der Neurauthgasse. Er klopfte an, da ihm aber nach seinen Begriffen nicht rasch genug aufgemacht wurde, stieß er die Füllung der Haustüre ein, natürlich nicht ohne den solche Handlungen begleitenden Lärm. Einen andern Mann in der Unterkunft beschimpfte und bedrohte der gewalttätige, durch den allzureichlichen Alkoholgenuß zu Gewalttaten fähige Landsturmmann in einer solchen Weise, daß der Bedrohte nach einer ihm zunächst stehenden Flasche griff und diese dem Beduselten auf den Kopf schlug. Der Hieb war ziemlich kräftig. Der Verletzte wurde dann von der Polizei zur Rettungsstelle die Rathause gebracht und dann der Militärbehörde übergeben. « IN, Nr. 43, S. 7.

Westmeiers Gasthaus zum Stiegele in der Neurauthgasse in Wilten um 1912.

10. FEBRUAR »

Urlaube für Militärpersonen bei Todesfällen von Verwandten

Von amtlicher militärischer Seite wird uns mitgeteilt: Das Kriegsministerium beziehungsweise das Ministerium für Landesverteidigung hat die Militärkommandos ermächtigt, im eigenen Wirkungskreise den in ihrem Bereiche stationierten Militärpersonen im amtlich nachgewiesenen Falle des Ablebens oder der lebensgefährlichen Erkrankung ihrer allernächsten Verwandten (Gattin, Kinder, Eltern, Geschwister, Großeltern) kurze Urlaube nach Zulässigkeit des Dienstes zu erteilen. [...] « IN, Nr. 72, S. 7.

12. FEBRUAR »

Auf Abenteuer

Ein Bauernknecht aus Platt in Passeier, der in den letzten Tagen in Innsbruck weilte, geriet hier, zufälligerweise natürlich, in liederliche Gesellschaft, die er in Wirtshäusern antraf. Er ließ einige Liter Bier auffahren, denn der Passeirer war seiner Gesellschaft gegenüber, einem polizeibekannten Taglöhner und seiner Zuhälterin, nicht bloß gastfreundlich, sondern auch galant; dies betrifft natürlich nur den weiblichen Teil der Gesellschaft. In einem der Wirtshäuser schlief der Knecht auf einige Augenblicke ein und dies wurde von seinen teilnahmsvollen Begleitern benützt, um ihm die Uhr aus der Tasche zu ziehen. Als der Passeirer den Abgang seiner Uhr bemerkt hatte, eilte er zur Polizei um dies anzuzeigen. Die Polizei traf die beiden des Taschendiebstahls verdächtigten Personen in einem Wirthause in der Hofgasse und nahm sie mit. Auf dem Wege zum Hauptwachzimmer warf der Zuhälter die dem Bauern gestohlene Uhr fort. Die zwei Personen wurden verhaftet. «

IN, Nr. 76, S. 7.

4. MÄRZ

Bitten aus einem Reserve-Spital

Edle Menschenfreunde werden innigst gebeten, die in liebevoller Weise einst gespendeten, aber leider schon vollständig verausgabten Widmungen für das Reserve-Spital „Gewerbe-Schule, Anichstraße" zu erneuern, da der frische und hohe Krankenbelag der öffentlichen Wohltätigkeit dringend bedarf. Auch um kroatische und polnische Bücher wird gebeten. IN, Nr. 113, S. 6.

15. MÄRZ

Bitte für die seuchenkranken Krieger

Wenn auch von Seite der Bevölkerung für die Verwundeten in Innsbruck durch Zuwendung von Liebesgaben aller Art hocherfreulicherweise sehr viel geschieht, so gibt es doch eine Gattung von den hieher überführten kranken Kriegern, welche entweder ganz vergessen sind, oder denen ängstlich ausgewichen wird, obwohl sie eigentlich die Bedauernswertesten von Allen sind: die Seuchenkranken, die an Ruhr, Typhus und dergleichen Infektionskrankheiten leidenden Verwundeten. Und gerade diesen unverschuldet Schwerkranken und Genesenden, welche von allem Außenverkehr im hiesigen Garnisonsspital vollkommen abgeschlossen sind und die nur die tägliche Diät erhalten, tut Anteilnahme an ihrem herben Geschick doppelt not! Diese Braven erhalten wenig oder nichts von den Liebesgaben, welche in andere Spitäler gebracht werden. [...] IN, Nr. 132, S. 7.

Zimmer mit bettlägrigen Kriegsverletzten in einem Innsbrucker Reservespital – vermutlich ein Klassenzimmer entweder in der Müllerstraße 38 oder im Pädagogium.

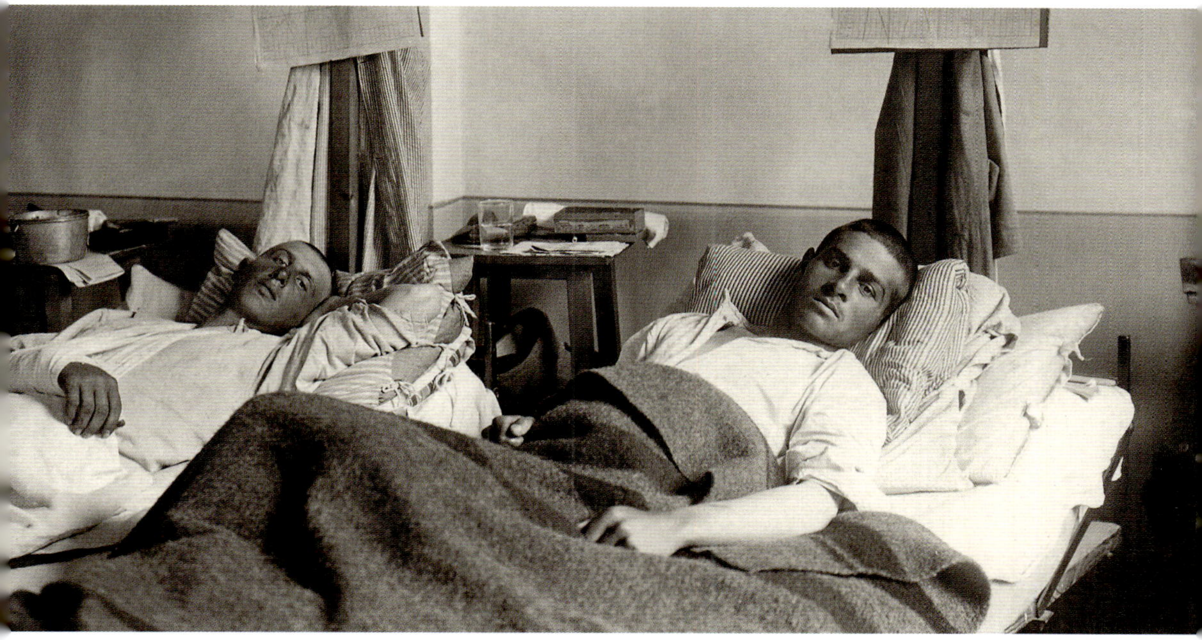

24. MÄRZ

Der Rechenhof

... ist um diese Zeit ein beliebtes Ausflugsziel, es ist aber infolge der Verhältnisse nötig geworden, daß sich jetzt ein jeder Gast selbst mit Brot versorgt.
Freundlichst zum Besuche einladend
Speckbacher, Besitzer. IN, Nr. 149, S. 11.

3. MAI

Drei russische Offiziere entwichen

Aus Zell a. Z. wird uns unterm 2. Mai berichtet: Am 1. d. M. um 10 Uhr abends entwichen drei russische Offiziere aus der Offiziersstation in Kriml. Alle drei haben kurz gestutzte Schnurrbärte, kurzgeschorenes Haar und sprechen nicht deutsch. IN, Nr. 218, S. 7.

4. MAI

Der „Eiserne Blumenteufel"

Die Soldatenfigur „Der Eiserne Blumenteufel", nach dem Gedanken des Majors Franz Höringer und nach den Skizzen des Prof. Egger-Lienz vom Grödner Schnitzer Unterjäger Ennrich verfertigt, ist nun vollendet und am 12. ds. M. soll in feierlicher Weise die Nagelung der Figur erfolgen. Dieser Akt wird im Säulengange (Erdgeschoß) des Landhauses erfolgen. IN, Nr. 220, S. 6.

Das Bild zeigt eine Westansicht vom Rechenhof in Arzl bei Innsbruck. Das Gasthaus verfügt über einen verglasten Festsaal, der an das Gasthaus 1906 angebaut wurde. Im Vordergrund eine große Wiese, auf der Kinder spielen, sowie ein Gastgarten mit Tischen, Bänken und zahlreichen Gästen. An der Fassade Spaliere für Obstbäume.

5. MAI

Unsinnige Gerüchte

Gestern abends gab es in unserer Stadt wieder einmal eine große, aber ganz unberechtigte Aufregung: Die Nachricht von dem glänzenden Siege der Verbündeten in Galizien war den Leuten in den Kopf gestiegen und gewissenlose Menschen benützten diese empfängliche Stimmung, um allen Leichtgläubigen einen riesigen Bären aufzubinden. Die neuesten amtlichen Angaben der Heeresleitungen über das bisherige Ergebnis des Sieges, welche von den hiesigen Amtsblättern veröffentlicht wurden, waren dem Publikum zuwenig – man steigerte daher die Zahl der Gefangenen, der eroberten Geschütze usw. ins Unermeßliche und nannte dabei die „allerneuesten und ganz genauen" Ziffern, um dadurch den Anschein zu erwecken, als ob diese Nachricht wirklich aus amtlicher, verläßlicher Quelle stammte. Einer erzählte es dem andern und jeder glaubte es mit einer Inbrunst, gegen die alle Vernunftsgründe machtlos waren. Wer an der Wahrheit des Gerüchtes zu zweifeln wagte, der konnte sogar einer saftigen Grobheit gewärtig sein, und wenn das noch immer nichts half, so wurde der allerletzte und beste Trumpf ausgespielt, indem man erklärte: „Ich habe die amtliche Meldung mit eigenen Augen gesehen!" [...] IN, Nr. 221, S. 6.

5. MAI

Vom deutschen Konsulat in Innsbruck

Der königlich preußische Justizrat Felix Schürmann ist zum Verweser des kaiserlich deutschen Konsulates in Innsbruck ernannt worden.

IN, Nr. 221, S. 6.

Blick auf Bruneck im Pustertal um 1910/20. Links am Bildrand die Pfarrkirche zu „Unseren Lieben Frau" (Mariä Himmelfahrt), in der Mitte der Schlossberg mit dem Schloss Bruneck und im Hintergrund die Berge.

6. MAI

Mißbrauch der Wohltätigkeit

Aus Kufstein wird uns unterm 5. d. M. geschrieben: Am 3. Mai wurde von der städtischen Sicherheitswache ein gewisser Josef Seiwald aus Brixen i. Th., Metzger von Beruf, dem k. k. Bezirksgerichte Kufstein wegen verbotener Rückkehr eingeliefert. Er wird sich aber nicht nur wegen des genannten Deliktes zu verantworten haben, sondern Seiwald hat sich auch anders verfehlt. Er focht nämlich viele Häuser ab und gab den Parteien an, daß er bereits im Felde gestanden und verwundet worden sei, er müsse wieder einrücken usw. Viele Leute schenkten diesem Märchen Glauben und gaben dem Seiwald Geldmittel. Bei demselben wurde ein Geldbetrag von 9 Kronen vorgefunden. « IN, Nr. 224, S. 7.

8. MAI

Die Lebensmittelversorgung

Aus Bruneck berichtet man: Die Approvisionierung der Stadt Bruneck mit den notwendigsten Lebensmitteln hat die Stadtgemeinde in die Hand genommen und die Vorkehrungen finden allgemeine Anerkennung. Es sind an gewissen Tagen am Stadtmagistrate verschiedene Sorten Mehl, Grieß, Hülsenfrüchte und Kartoffeln zu nicht allzuhohen Preisen zu haben und der Andrang der Käufer ist stets ein sehr großer. Bürgermeister Schifferegger gibt sich große Mühe, diese Artikel in größeren Partien zu bekommen und so den Bewohnern Brunecks in der schweren Zeit, welche alle Völker Oesterreichs jetzt durchzumachen haben, wenigstens die notwendigsten Nahrungsmittel zu verschaffen. Ihm gebührt Dank und Anerkennung der Bewohner Brunecks. « IN, Nr. 228, S. 7.

23. MAI

Der Bundesgenosse als Feind

„Freiwillig nicht einen Zoll!“

Von G. d. J. Franz Freiherr v. Schönaich, Kriegsminister a. D., Wien, 23. Mai.

Schlechte Pfingsten? Nein. Wir wollen uns durch nichts die Freude über den in langen und heißen Kämpfen errungenen schönen Erfolg trüben lassen und begrüßen als Soldaten die Wendung, welche der Treubruch Italiens herbeigeführt hat. Der Alpdruck, der auf unserem Gemüte lastete, ist behoben. Die Monarchie hat ihre volle Entschlußfreiheit wieder gewonnen und wer patriotisch fühlt, kennt nunmehr keine andere Losung als: Freiwillig nicht einen Zoll österreichischen Gebietes! [...] Und darum: Frohe Pfingsten! IN, Nr. 255, S. 1.

24. MAI

Der Treubruch ohnegleichen

Nach der Kriegserklärung Italiens – Deutschland betrachtet auch seinerseits das Bündnis für zerrissen – Gleichzeitige Abreise des österr.-ungarischen und des deutschen Botschafters aus Rom – Das Rotbuch unseres Kabinettes

Krieg mit Italien! Der Pfingstmontag, 23. Mai, des Jahres 1915 ist nun zum welthistorischen Datum geworden. An diesem Tage geschah es, daß Italien, mit dem wir seit über 32 Jahren im Dreibunde freundschaftlich vereint gewesen, uns in einer Zeit, da wir die Ehre unseres Vaterlandes gegen sieben Angreifer zu verteidigen haben, in den Rücken fiel und sich offen auf die Seite unserer Feinde stellte. Gestern hat der italienische Botschafter am Wienerhofe, Herzog von Avarna, unserem Minister des Aeußern die Kriegserklärung überreicht und seine Pässe zurückverlangt. [...] IN, Nr. 256, S. 1.

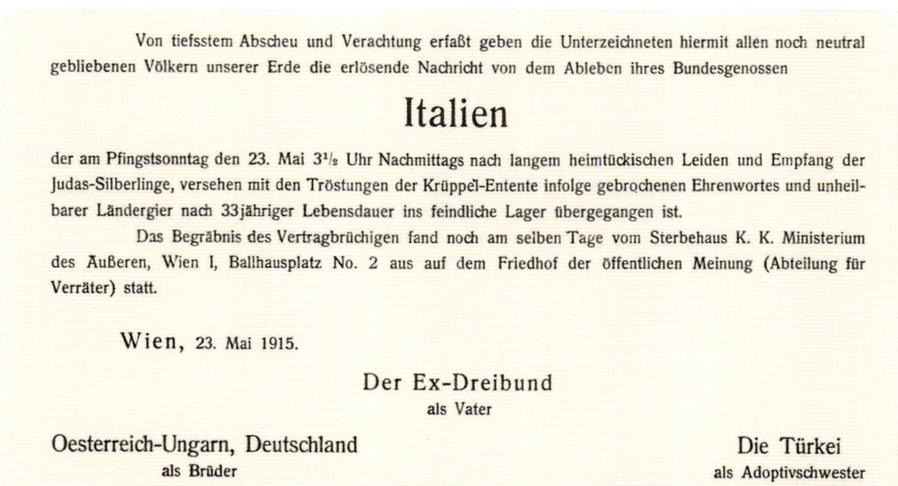

Von tiefsstem Abscheu und Verachtung erfaßt geben die Unterzeichneten hiermit allen noch neutral gebliebenen Völkern unserer Erde die erlösende Nachricht von dem Ableben ihres Bundesgenossen

Italien

der am Pfingstsonntag den 23. Mai $3^{1}/_{2}$ Uhr Nachmittags nach langem heimtückischen Leiden und Empfang der Judas-Silberlinge, versehen mit den Tröstungen der Krüppel-Entente infolge gebrochenen Ehrenwortes und unheilbarer Ländergier nach 33jähriger Lebensdauer ins feindliche Lager übergegangen ist.

Das Begräbnis des Vertragbrüchigen fand noch am selben Tage vom Sterbehaus K. K. Ministerium des Äußeren, Wien I, Ballhausplatz No. 2 aus auf dem Friedhof der öffentlichen Meinung (Abteilung für Verräter) statt.

Wien, 23. Mai 1915.

Der Ex-Dreibund
als Vater

Oesterreich-Ungarn, Deutschland
als Brüder

Die Türkei
als Adoptivschwester

25. MAI

Abreise des italienischen Konsuls

Der Vertreter des italienischen Konsulates in Innsbruck, Generalkonsul Titus Chiovenda, und sein Sekretär und Vizekonsul Attilio Bolza haben gestern Innsbruck verlassen und sind über den Arlberg in die Schweiz gereist. Die Familien der beiden haben Innsbruck schon vor längerer Zeit verlassen. Das Amtsschild des Konsulats ist am Sonntag abends entfernt worden. IN, Nr. 257, S. 7.

27. MAI

Die ersten Gefechte an der Tiroler Grenze

Die Bedeutung der ersten italienischen Bewegungen – Die Beschießung von Venedig – Eine neue „Enthüllung" Barzilais – Erklärungen Tiszas im ungarischen Abgeordneten- und Magnatenhaus

Der Bericht unseres Generalstabes über die Kämpfe an der Grenze. // Wien, 26. Mai. (Amtlich.) In Tirol rückte eine feindliche Abteilung in Condino (Judikarien) ein. // Am Padonpaß, nordöstlich der Marmolata, flüchteten die Italiener bei den ersten Schüssen. // An der kärntnerischen Grenze wiesen unsere Truppen mehrere Angriffe unter bedeutenden Verlusten der Italiener ab. // Westlich Ploecken floh der Feind und ließ seine Waffen zurück. // Im küstenländischen Grenzgebiet haben sich bisher noch keine Kämpfe entwickelt.

Der Stellvertreter des Chefs des Generalstabs: FML. v. Höfer

IN, Nr. 261, S. 1.

Heuernte in Tirol. Ein doppelspanniges Pferdefuhrwerk führt die Tagesernte in den Heustadel. Im Hintergrund sind auch die steilen Wiesen bepflanzt.

28. MAI

»Zur Einbringung der Heuernte

Die Gemeindevorstehung Hötting gibt bekannt: Jene Grundbesitzer, welche das Mähen der Wiesen wegen Mangels an Arbeitskräften nicht selbst besorgen können, werden aufgefordert, sich bei der Gemeindevorstehung zu melden, welche dann diese Arbeit mittelst Maschinen gegen Vergütung veranlassen wird. Auch wäre der eventuelle Bedarf an erwachsenen Schulknaben zur Verwendung bei der Heuernte, dort anzumelden. « IN, Nr. 263, S. 9.

28. MAI

»Die Kursaison in Meran

... schließt mit der Besuchsziffer von 13.000 Kurgästen. Von der Herausgabe der letzten Nummer der Kurzeitung, in der gewöhnlich ein Ueberblick über die abgelaufene Kurzeit gegeben wurde, mußte wegen der Kriegserklärung Italiens abgesehen werden. Obgleich die heurige Besuchsziffer nur kaum ein Drittel der vorigjährigen beträgt und der Kurort dadurch schwer geschädigt erscheint, hatte er den Kriegsrekonvaleszenten doch weitgehendste Begünstigungen gewährt und auch sonst in Werken der Kriegsfürsorge sich opferwillig betätigt. « IN, Nr. 263, S. 9.

Eine Wagenführerin und eine Schaffnerin auf der Lokalbahnlinie Innsbruck–Hall i. T. Wahrscheinlich 1917.

1. JUNI

Deutscher Tee

Aus dem Vortrage des Herrn Gfall sen., bringen wir nachträglich das Hauptsächlichste. Herr Gfall, der seine Entdeckung gründlich untersucht und erprobt hat, empfiehlt auf Grund seiner Erfahrungen, statt der Verwendung des teuren russischen bezw. chinesischen Tees die großzügige Pflege des heimischen Weißdornstrauches, aus dessen Blättern ein sehr guter Tee gewonnen werden kann. Als Beimischung kann auch der aus Lindenblättern gewonnene Tee empfohlen werden, doch sind beide Gattungen auch allein verwendbar. Herr Gfall betont besonders die Billigkeit dieses „deutschen Tees" sowie die Leichtigkeit der Anlage von Weißdorn-Anpflanzungen, die auch auf dem dürftigsten Grund gedeihen. [...] IN, Nr. 270, S. 6.

1. JUNI

Frauen als Straßenbahnschaffnerinnen

Die durch den Krieg bedingte Verminderung des Personalstandes bei den Innsbrucker Straßenbahnen und die Fürsorge der Betriebsleitung, für einen guten Verkehr zu sorgen, hat zu außergewöhnlichen Maßnahmen geführt und die Betriebsleitung bestimmt, es mit der Einstellung weiblicher Schaffner zu versuchen. Diese sollen vorerst als Begleitschaffner bei Anhängewagen Dienste tun. IN, Nr. 270, S. 6.

7. JUNI

Die Kriegsmetallsammlung

Im Gemeindegebiete von Kirchbichl wurden durch die Schulkinder folgende Mengen an Kriegsmetall gesammelt: Messing 142½ Kilogramm, Kupfer 150, Blei 76, Zink 19, Zinn 32, Aluminium 4; zusammen 423½ Kilogramm. Außerdem wurden noch ½ Kilogramm Silbergegenstände (Dosen, Knöpfe, Ketten) abgeliefert. IN, Nr. 281, S. 8.

7. JUNI

Vom Achensee

Der Sommerverkehr hat zu Pfingsten einen guten Anfang genommen. Zahnradbahn und Dampfschiffe verkehren regelmäßig. Alle Hotels am See sind in vollem Betriebe und schon von den ersten Sommergästen besucht. In dieser Kriegszeit suchen Tausende einen sicheren und ruhigen Sommeraufenthalt, um sich erholen und beruhigen zu können. Hiezu ist der Achsensee mit seiner Abgeschiedenheit und Naturschönheit besonders geeignet. IN, Nr. 281, S. 8.

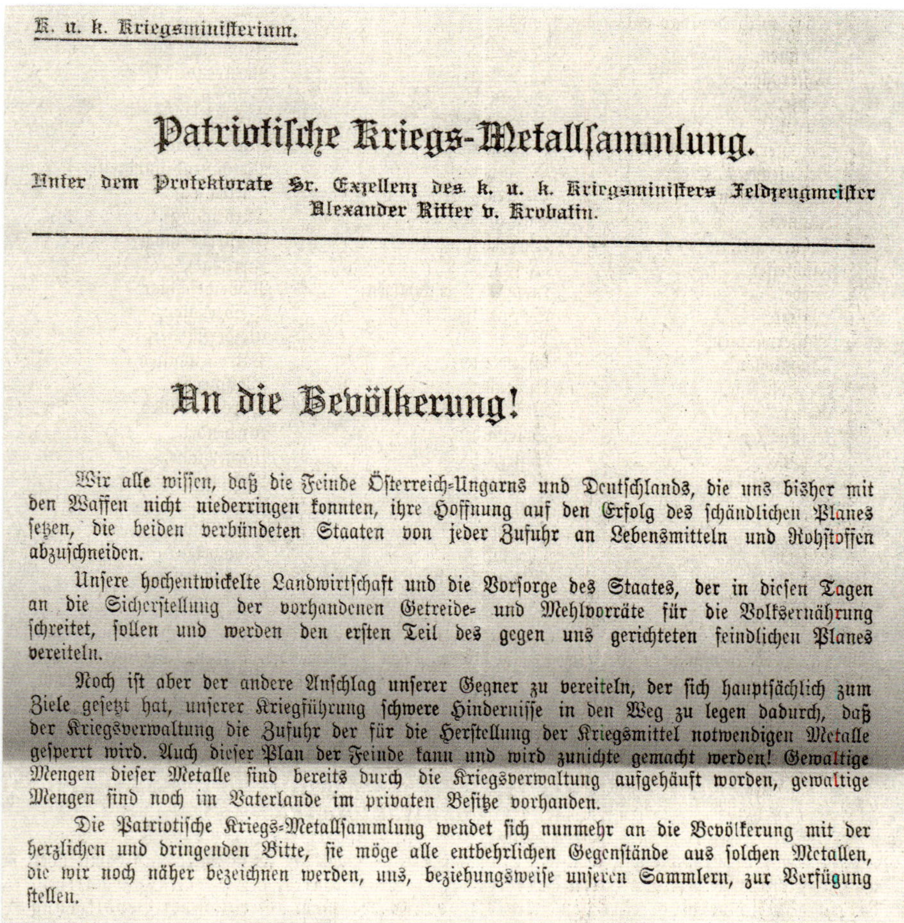

K. u. k. Kriegsministerium.

Patriotische Kriegs-Metallsammlung.

Unter dem Protektorate Sr. Exzellenz des k. u. k. Kriegsministers Feldzeugmeister Alexander Ritter v. Krobatin.

An die Bevölkerung!

Wir alle wissen, daß die Feinde Österreich-Ungarns und Deutschlands, die uns bisher mit den Waffen nicht niederringen konnten, ihre Hoffnung auf den Erfolg des schändlichen Planes setzen, die beiden verbündeten Staaten von jeder Zufuhr an Lebensmitteln und Rohstoffen abzuschneiden.

Unsere hochentwickelte Landwirtschaft und die Vorsorge des Staates, der in diesen Tagen an die Sicherstellung der vorhandenen Getreide- und Mehlvorräte für die Volksernährung schreitet, sollen und werden den ersten Teil des gegen uns gerichteten feindlichen Planes vereiteln.

Noch ist aber der andere Anschlag unserer Gegner zu vereiteln, der sich hauptsächlich zum Ziele gesetzt hat, unserer Kriegführung schwere Hindernisse in den Weg zu legen dadurch, daß der Kriegsverwaltung die Zufuhr der für die Herstellung der Kriegsmittel notwendigen Metalle gesperrt wird. Auch dieser Plan der Feinde kann und wird zunichte gemacht werden! Gewaltige Mengen dieser Metalle sind bereits durch die Kriegsverwaltung aufgehäuft worden, gewaltige Mengen sind noch im Vaterlande im privaten Besitze vorhanden.

Die Patriotische Kriegs-Metallsammlung wendet sich nunmehr an die Bevölkerung mit der herzlichen und dringenden Bitte, sie möge alle entbehrlichen Gegenstände aus solchen Metallen, die wir noch näher bezeichnen werden, uns, beziehungsweise unseren Sammlern, zur Verfügung stellen.

14. JUNI

Aus Kriegsbegeisterung vom Elternhaus entwichen

Man schreibt uns aus Waidring: In der Nacht zum 8. Juni ist der 13 Jahre alte Ziehsohn des Gemeindesekretärs Paul Wörgötter aus St. Ulrich a. P. namens Alois Schwaiger entwichen. Der Knabe dürfte gegen Südtirol reisen und sich möglicher Weise bei einem Militärtransportzuge einschleichen. Er hatte wiederholt die Absicht geäußert, daß er nach Südtirol reise, um dort Schützengräben zu bauen. Der Knabe dürfte ausweis- und mittellos sein. Er trug lederne Kniehose, Schnürschuhe und grünen Filzhut. « IN, Nr. 294, S. 9.

14. JUNI

Eine weibliche Feuerwehr

... hat sich in Tarrenz gebildet. Sie hielt bereits eine Uebung ab. «

IN, Nr. 294, S. 9.

18. JUNI

Das Stehenbleiben auf den Brücken verboten

Das k. u. k. Platzkommando in Innsbruck verlautbart: Die Bevölkerung wird aufmerksam gemacht, daß das Stehenbleiben auf den im Stadtrayon befindlichen Brücken verboten ist und der Aufforderung der dort aufgestellten Posten – nicht stehen zu bleiben – von jedermann unweigerlich bei Vereidung sonstiger Verhaftung Folge zu leisten ist. « IN, Nr. 302, S. 7.

Heute kaum mehr wiederzuerkennen: ein Blick auf Axams 1927.

18. JUNI

» ## Aus der Kriegschronik

Aus Söll bei Wörgl berichtet man: Aus unserer mit Schematismus für 1914 nur 1537 Seelen zählenden Gemeinde ist ein bedeutendes Kontingent in den Krieg gezogen; alle mehr oder weniger voll Mut und Tapferkeit, wie es sich für echte Tiroler schickt und Brauch ist überall im Lande. Für nicht weniger als 15 dieser Krieger sind nach und nach die Seelengottesdienste in unserer Pfarrkirche abgehalten worden. Die meisten dieser den Heldentod fürs Vaterland Gestorbenen waren noch recht jung und gehörten den angesehensten Familien in der Gemeinde an. [...] « IN, Nr. 302, S. 7.

1. JULI

» ## Vom Mittelgebirge

Wie sehr bei uns in Tirol die Siege unserer und unserer treuen Verbündeten gegen Rußland das Volk in erhebende Begeisterung versetzten, zeigte das Dorf Axams bei Innsbruck. Am letzten Sonntag kam der Schreiber dieses Artikels in das idyllisch auf dem Mittelgebirge gelegene Dorf und erfuhr dort, daß am 23. Juni früh, nachdem noch tags vorher gegen 9 Uhr abends die Wiedereroberung Lembergs bekannt geworden, alle Häuser Fahnen in den Reichs- und Landesfarben ausgehängt hatten; auch im benachbarten Grinzens war ein Haus reich beflaggt. Heil den wackeren Axamern! « IN, Nr. 325, S. 6.

2. JULI

» ## Gefangene Russen für öffentliche Arbeiten

Aus Kitzbühel wird uns mitgeteilt: Zur Fertigstellung der Arbeiten beim Bau des zweiten Gleises auf der Staatsbahnstrecke Hopfgarten–Westendorf werden 400 gefangene Russen beordert, von denen je 200 nebst der erforderlichen Aufsichtsmannschaft in Hopfgarten und Windau untergebracht werden. Diese Arbeitskräfte werden anfangs dieses Monats dort eintreffen. « IN, Nr. 327, S. 7.

2. JULI

» ## Tabak- und Zigarrentag in Kufstein!

An die Bevölkerung von Kufstein und Umgebung richtet sich folgender Aufruf: Die Tatkraft und der Opfermut unseres Volkes haben uns bisher durch alle Fährnisse dieses Krieges geführt. Der endliche Sieg kann nicht ausbleiben, wenn wir nicht erlahmen. Heute rufen wir unsere Volksgenossen zu einer neuen Tat auf. Es gilt, unsere heldenmütigen Kämpfer im bedrohten Süden, die treuen Wächter unseres einzig schönen Heimatlandes, mit Liebesgaben zu erfreuen. Aus diesem Anlasse wird am Samstag, 3. Juli, und Sonntag, 4. Juli, vormittags eine Sammlung des unseren Vaterlandsverteidigern am allermeisten erwünschten Rauchzeuges veranstaltet; es werden gesammelt: Tabak, Zigarren, Zigaretten, aber auch Kautabak. [...] « IN, Nr. 327, S. 7.

Sepp Innerkofler (1865–1915) war vor dem Ersten Weltkrieg ein berühmter Bergführer und Wirt der Drei-Zinnen-Hütte. Er starb als Standschütze bei einer militärischen Operation in den Dolomiten.

7. JULI

» Sepp Innerkofler den Heldentod gestorben

Wie uns von zuständiger Stelle mitgeteilt wird, ist ein verdienstvoller, wackerer Landesverteidiger gefallen, Sepp Innerkofler, der bekannte Dolomiten-Bergführer und Hüttenwirt auf der Dreizinnenhütte, Besitzer des „Dolomitenhofes" im Fischleintale.

Diese Trauerbotschaft ist heute nach Innsbruck gekommen und mit großem Bedauern dürfte man sie überall vernehmen. Nach dem Ausbruche des Krieges mit Italien hat Innerkofler als Patrouilleführer der Standschützen in Patrouillegängen und Kundschafterdiensten hervorragende Leistungen vollbracht, wobei ihm seine besondere Eigenschaft als Bergführer sehr zu statten kam. Dank seinen Terrainkenntnissen in den Sextener-Dolomiten hat er dort für unsere Sache Großes geleistet und den Italienern manchen Plan vereitelt. Besonderer Erwähnung verdient sein letztes Heldenstück an der Kleinen Zinne, als er den Auftrag erhalten hatte, die Stellungen der italienischen Artillerie und Infanterie zu erkunden. Er erkletterte nachts, das Material einer Telephonleitung im Rucksacke, die Kleine Zinne und legte auf dem felsigen Wege eine Leitung bis zum Gipfel. Von der Spitze der Kleinen Zinne aus leitete er dann erfolgreich das Feuer unserer Artillerie. Innerkofler wurde mit der Großen Silbernen Tapferkeitsmedaille ausgezeichnet und zum Oberjäger befördert. « IN, Nr. 336, S. 4.

10. JULI »

Ein Soldatenfriedhof in Bruneck

Sonntag den 10. Juni um 10 Uhr vormittags fand durch den Feldkuraten Kolb im Beisein aller Vertreter der in Bruneck befindlichen k. u. k. Militärkommandanten, der Stadtvertretung und eines zahlreichen Publikums aus Stadt und Land die feierliche Weihe eines am Nordhange des Kuhberges auf einem wunderschönen Platze errichteten Waldfriedhofes für die bei der Verteidigung des Landes gefallenen Krieger und gleichzeitig die Uebergabe desselben in den Schutz der Stadtgemeinde Bruneck statt. Die einfache schlichte Feier nahm, begünstigt durch prachtvolles Wetter, einen erhebend schönen Verlauf. « IN, Nr. 342, S. 7.

13. JULI »

Zur Lebensmittelfrage

Aus Absam schreibt man uns: In Absam haben wir jetzt seit der letzten Einberufung keinen Bäcker mehr. Der Platzlbäck mußte am 12. d. Mts. einrücken. Fleisch bekommt man in Absam längst keines mehr, denn der einzige Metzger der Gemeinde mußte mit den Standschützen einrücken. Doch dies macht weniger aus, denn die meisten Parteien können sich bei den heutigen Fleischpreisen ohnedies kein Fleisch mehr leisten und müssen Gemüse essen. [...] « IN, Nr. 347, S. 6.

Ein Blick auf Absam bei Hall gegen Norden. Am linken Bildrand befindet sich die Pfarr- und Wallfahrtskirche Hl. Michael.

15. JULI

Kampf mit Wilderern

Aus Kössen wird uns berichtet: Mehrmals schon wurde die Wahrnehmung gemacht, daß in den ärarischen Jagdgebieten dieses Gaues die Wilderer ihr Unwesen treiben. Am 4. d. M. in den frühen Morgenstunden hörte der vom Aerar bestellte Jäger A. Gasser auf der Geigenboden-Alpe der Gemeinde Schwendt einen Schuß. Er ging der Richtung nach, aus der der Schuß gekommen. Nach ungefähr ¾ Stunden wurde aus dem Hinterhalte ein Schuß abgegeben; die Kugel flog dem Jäger am Kopfe vorbei, worauf sich dieser sofort zu Boden warf und im Latschengesträuch Deckung suchte. Im nächsten Augenblicke folgten 2 weitere Schüsse, die jedoch auch ihr Ziel verfehlten. Leider vermochte der Jäger die Wilderer nicht zu entdecken. Er begab sich dann ins Dorf zurück und verständigte die Gendarmerie. «

IN, Nr. 351, S. 6.

30. JULI

Nach der zweiten Schlacht am Isonzo

Nach dem vollständigen Mißlingen ihres unter Aufwand gewaltigster Anstrengungen unternommenen Sturmes auf unsere eherne Front im Gebiete von Görz haben nun die Italiener ihre Sturmstellungen wieder räumen und in die Linien zurückgehen müssen, die sie vor der zehntägigen Schlacht inne hatten – ein Ergebnis, wie es angesichts der prahlerischen Zuversichtskundgebungen und Lügen, mit denen der italienische Generalstab tagtäglich die Vierverbands- und neutrale Presse überschwemmt, nicht kläglicher sein kann! [...] « IN, Nr. 379, S. 1.

Ein energischer Jäger mit seinem Begleiter auf vier – kurzen – Beinen.

2. AUGUST »

Ein Kriegerdenkmal in Rattenberg

Aus Rattenberg, 27. Juli, berichtet man uns: In der gestern hier abgehaltenen Gemeinderatssitzung wurde über Antrag des Bürgermeisters Herrn Luis Prazeller die Errichtung eines Kriegerdenkmals im städtischen Friedhofe einstimmig beschlossen. Ferner wurde zur Anschaffung eines Unterseebootes, infolge eines Rundschreibens des Oesterreichischen Flottenvereines, ein Beitrag von 50 Kronen gezeichnet. « IN, Nr. 384, S. 7.

4. AUGUST »

Italienische Flüchtlinge

In Tirol befinden sich ungefähr 13.000 italienisch-tirolische Flüchtlinge. Von diesen halten sich 2000 in Innsbruck, 5000 in 160 anderen deutschtirolischen Gemeinden und 6000 in italienischen Ortschaften, hauptsächlich auf dem Nonsberge auf. Ungefähr 90.000 Flüchtlinge sind in Salzburg, Ober- und Niederösterreich, Böhmen, Mähren und in Ungarn untergebracht. « IN, Nr. 388, S. 5.

Drei Soldaten der k.u.k. Armee mit einem Gefangenen, wobei es sich vermutlich nicht um einen Kriegsgefangenen handelt, weil dieser auch eine österreichische Uniform trägt.

20. AUGUST »

50prozentige Frachtbegünstigungen für Kriegerleichen

Die Bestattungsanstalt „Pietät" (Winkler) berichtet uns: Mit Erlaß des Eisenbahnministeriums vom 30. Mai wurde die Beförderung von Leichen in offenen Wagen unter gewissen Voraussetzungen allgemein zugelassen. Laut Erlaß desselben Ministeriums vom 20. Juni wurden mit sofortiger Gültigkeit bis auf Widerruf für die im Bereiche der österr. Staatsbahnen stehenden Linien den Staatsbahndirektionen die Ermächtigung erteilt, für als Frachtgut zu befördernde Leichen von im Felde gefallenen oder an einer Verwundung oder im Felde zugezogenen Krankheit verstorbenen Kriegern der österr.-ungar. Wehrmacht und für deutsche Krieger [...] Die Bestattungsanstalt „Pietät" (Winkler), Anichstraße Nr. 1, ist bereit, nähere Auskünfte zu erteilen. « IN, Nr. 418, S. 7.

20. AUGUST »

Gefangenen-Transport

Heute früh kamen hier 21 Alpini an. Zwei mußten in einem Wagen befördert werden, da sie anscheinend verwundet waren. Die übrigen marschierten gesund und munter in das Turnusvereinshaus. « IN, Nr. 418, S. 7.

23. AUGUST »

Bester Schutz gegen Kälte und Nässe

ist Papierwäsche Marke: Asperpex. Mein großes Lager darin, Westen, Hosen, Fäustlinge und Fußschlupfer, habe sehr billig abzugeben,

Willy Schwab, Darmstadt. « IN, Nr. 423, S. 10.

2. SEPTEMBER »

Vergiftung durch Schwämme

In Absam hat eine Salinenarbeiters- und Hausbesitzersgattin selbstgesuchte Schwämme gekocht und dieselben ihrer Familie mittags vorgesetzt. Im Verlaufe von etwa einer Stunde stellten sich bei drei Familienmitgliedern heftige Krämpfe ein und der herbeigerufene Arzt konstatierte Schwämmevergiftung. Während der Sohn und eine Tochter beinahe wieder hergestellt sind, ist deren Vater ernstlich erkrankt. « IN, Nr. 442, S. 5.

2. SEPTEMBER »

Bitte um Obst

Man schreibt uns: Das Notreservespital in Rotholz beherbergt eine größere Anzahl verwundeter und kranker Soldaten und viele auch aus der näheren und weiteren Umgebung. Fruchtsäfte, gekochtes Obst und Obstwein sind diesen Leuten sehr willkommen. Wir appellieren daher an die Bevölkerung der Umgebung, es mögen uns Früchte zum Rohgenuß, zu Saft- und Obstweinbereitung unentgeltlich überlassen werden. Wir bitten, eventuell gütige Spenden dem Spitalskommando zu übergeben. « IN, Nr. 442, S. 5.

2. SEPTEMBER »

Bei allen Erschöpfungszuständen

... nur coffeïnfreien Kaffee Hag! Langes Siechenlager, große Blutverluste, ausgestandene Strapazen greifen immer die Nerven, das Herz und oft auch andere Organe an. In solchen Fällen wird der Arzt viele Getränke streng verbieten, dagegen den coffeïnfreien Kaffee Hag unbedenklich erlauben, da er keinerlei schädliche Wirkung hat. Sonst ist er aber von anderm guten Kaffee in keiner Weise zu unterscheiden, wie jeder Versuch beweist. Ihr Kaufmann führt ihn. « IN, Nr. 442, S. 9.

Eine Zeichnung der Ostseite des Pradler Theaters aus dem Jahr 1919.

3. SEPTEMBER »

Pradler Bauerntheater

Sonntag nachmittags 3 Uhr gelangt auf allgemeines Verlangen das romantische Ritterschauspiel „Ida von Toggenburg" oder „Ein schutzloses Opfer der Tyrannei" von J. Bliem zur Aufführung. – Mittwoch, den 8. September nachmittags 3 Uhr werden „Die Räuber am Glockenhofe" oder „Die Verbrecher der Hochstraße im Volderwald" gegeben. – Vorverkaufskarten zu allen Vorstellungen sind in Munding's Konditorei, Kiebachgasse 16 erhältlich. « IN, Nr. 444, S. 8.

7. SEPTEMBER »

Erinnerungszeichen für den Tummelplatz

Bei Herrn Baumeister Frz. Mayr, Innrain 33, befinden sich alte schmiedeiserne Kreuze, welche zum Preise von 1 bis 10 Kronen für das Stück an solche Parteien abgegeben werden, die das Andenken eines gefallenen Soldaten durch Aufstellen eines Kreuzes auf dem Tummelplatz verewigen wollen. Die große Haltbarkeit, welche das Schmiedeisen auszeichnet, läßt die Verwendung solcher Kreuze besonders vorteilhaft erscheinen; Holz kann dem Zahne der Zeit nicht solange Widerstand leisten; auch haben die besagten Schmiedeisenkreuze durchwegs kunstgewerblichen Wert. Die Abgabe derselben zu so billigen Preisen ist nur dadurch ermöglicht, daß dieselben dem Heimatschutzverein von kirchlicher Seite für den Tummelplatz zum Teil kostenlos überlassen worden sind. « IN, Nr. 451, S. 6.

Der Tummelplatz unweit von Schloss Ambras ist einer der beschaulichsten Gedenkstätten für Hinterbliebene von Soldaten.

7. SEPTEMBER »

Die Schulkinder für Sammlung von Teeblättern

Von zuständiger Seite wird uns mitgeteilt: Das Kriegsministerium hat unter Hinweis darauf, daß die im Vorjahre eingeleitete Sammlung der Erdbeer- und Brombeerblätter ein befriedigendes Ergebnis geliefert habe und daß die verarbeiteten, einem leichten Gär- und Röstprozeß unterworfenen Blätter einen tadellosen Tee-Ersatz ergaben, der besonders in Sanitäts-Anstalten vielfach und gern genommen wurde, die Schulleitungen ersuchen lassen, diese Blätter auch heuer wieder für die kranken und rekonvaleszenten Soldaten zu sammeln oder sammeln zu lassen. « IN, Nr. 451, S. 6.

13. SEPTEMBER »

Wegen Teppichklopfens

... zu verbotenen Zeiten sind in den letzten Tagen drei Personen angezeigt worden. Solche Maßregeln sind notwendig, denn mit den behördlich festgesetzten Zeiten des Teppichklopfens und auch mit dem Ausbeuteln der Staubtücher auf die Straße scheint man es nicht mehr ernst zu nehmen. « IN, Nr. 461, S. 8.

13. SEPTEMBER »

33 verwundete Italiener

... trafen am Donnerstag abends 8 Uhr mittels Spitalzuges in Kufstein ein. Es waren meist Schwerverwundete, die liegend befördert werden mußten, darunter vier Offiziere. Sie kamen ins Spital in der neuen Volksschule, wo derzeit 288 Verwundete untergebracht sind. « IN, Nr. 461, S. 8.

Blick von der Hofburg auf den ehemaligen Stadtsaal und die Universitätsstraße um 1928.

27. NOVEMBER »

Einer Oberländer Gemeinde werden die Russen entzogen

Man schreibt uns aus dem Oberinntal: Einer Gemeinde, in welcher die auch in diesem Blatte geschilderten skandalösen Vorgänge sich ereigneten – die Weibsbilder dort gingen mit den Russen förmliche Liebesverhältnisse ein und pflogen unanständigen Verkehr mit ihnen –, wurde das Ansuchen um Weiterbelassung der Russen abschlägig beschieden. « IN, Nr. 399, S. 5.

27. NOVEMBER »

Beim Wildern erwischt

Aus Tarrenz wird uns mitgeteilt: Im hiesigen Jagdrevier des Münchener Kunsthändlers Humplmair wurden zwei junge, noch nicht militärpflichtige Burschen beim Wildern ertappt und der Gendarmerie angezeigt. – In der Gemeinde ist eine Bewegung im Zuge, die Jagd nach dem Beispiele der Nachbargemeinde Imst den Einheimischen zu sichern, da die Verpachtung der Jagd an fremde Herrschaften, welche der Gemeinde allerdings ein schönes Geld bringt, doch mit großer Härte verbunden ist. « IN, Nr. 399, S. 5.

18. DEZEMBER »

Soldatenheim, Stadtsäle

Der Besuch des Soldatenheimes steigt in der kalten Jahreszeit außerordentlich. Es sind Tagesbesuche von 600 bis 900 Mann zu verzeichnen. Sichtlich wohl tun denselben Tee und Zigaretten usw., die sie dort, dank der Fürsorge der Innsbrucker Frauen, erhalten, und alle Krieger, die das Heim besuchen, werden dankbar sich dessen stets erinnern. Bei dem großen Besuch steigen selbstverständlich auch die Erhaltungskosten. Es werden Naturalbeiträge (Tee, Zucker, Tabak) oder Geldspenden dankbar angenommen von Frau Dr. P. Winkler, Leopoldstraße 2, 3. Stock. Die Besuchsziffer ist in den letzten Tagen auf 85.000 Mann hinaufgeschnellt. [...] « IN, Nr. 637, S. 6.

18. DEZEMBER »

Vogelfangverbot

Aus militärischen Gründen wurde laut einer Bekanntmachung des Regierungskommissärs Dr. v. Bertolini im Bereiche der Stadt Trient der Vogelfang in jeder Form (auch von schädlichen Tieren) verboten. « IN, Nr. 637, S. 7.

23. DEZEMBER »

Vierhundert Weihnachtsbäume für die Tiroler Front gewidmet

Das Kriegsfürsorgeamt ist durch eine reizende Widmung des Zentralvereines der Schokolade- und Zuckerwarenfabrikanten in Wien in die angenehme Lage versetzt, vierhundert kleine, auf das reichste geschmückte Weihnachtsbäume nach den alpinen Unterständen der Tiroler Front absenden zu können. Diese stimmungsvolle Gabe, die so manches Soldatenherz an den lichterstrahlenden Tannenbaum im fernen Familienkreise erinnern wird, bildet einen Teil der hochherzigen Widmung des genannten industriellen Verbandes, der dem Kriegsministerium für die gesamte Kampffront 1300 Weihnachtsbäumchen mit dem dazugehörigen Behang gespendet hat. « IN, Nr. 646, S. 5.

Weihnachten nicht im Kreise seiner Familie begehen zu können, ist für viele Menschen traurig. Umso wichtiger ist ein kleines Bäumchen, das den Unterstand des Frontsoldaten beleuchtet. Und der greise Kaiser blickt herab. So wollte es zumindest die Propaganda.

23. DEZEMBER »

Soldatenheim Richard Wagnerstraße

Die Weihnachtsfeier findet am Sonntag den 26. Dezember nachmittags statt. Die Kranken und Verwundeten sollen mit Punsch, verschiedenem Backwerk, Zigaretten usw. beteilt werden. Kurze Ansprachen und musikalische Einlagen sollen die Zeit verkürzen. Das Soldatenheim ist offen wie bisher von 1 bis 6 Uhr. – Allfällige besondere Gaben für die Christbescherung der Soldaten wollen gütigst im Soldatenheim abgegeben werden. « IN, Nr. 646, S. 5.

24. DEZEMBER »

Italienische Gefangene

Aus Kufstein wird gemeldet: Von den hiesigen verwundeten Italienern wurden dieser Tage 36 Mann, darunter 2 Offiziere, nachdem sie der Spitalspflege nicht mehr bedürfen, in das Gefangenenlager Mauthausen bei Linz überführt. « IN, Nr. 648, S. 7.

24. DEZEMBER »

Von den Südtiroler Flüchtlingen

In Kutterplan bei Marienbad in Böhmen sind zahlreiche Familien aus Rovereto und Orten der Valsugana, in Plan aus Arco und Rovereto, in Auschowitz aus Istrien (Rovigno) und Roncegno und in Einsiedeln, Tackau und Eger an sechshundert Flüchtlinge aus dem Süden untergebracht. [...] « IN, Nr. 648, S. 7.

Die Richard-Wagner-Straße im Innsbrucker Saggen. Hier eine Aufnahme aus der Zeit um 1910.

Von der Propaganda wurde das Motiv von Andreas Hofer gerne genutzt, um den Krieg zu einem Kampf um die Freiheit der Heimat umzudeuten. Der Landesheld begleitet die Soldaten auf einer Art Wolke in den Kampf.

27. DEZEMBER »

Keine gebrannten geistigen Getränke für Kriegsgefangene

Anläßlich eines bestimmten Falles, in welchem an Kriegsgefangene gebrannte geistige Getränke abgegeben wurden, wird von amtlicher Stelle darauf aufmerksam gemacht, daß niemand, auch nicht Gastwirte, an Kriegsgefangene gebrannte geistige Getränke abgeben darf, und daß eine solche Handlung eine Uebertretung der Statthalterei-Verordnung vom 4. Oktober 1915, LGBl. Nr. 61, darstellt, die mit den strengsten Strafen belegt werden muß. « IN, Nr. 649, S. 8.

1916

Ein Transporter der Marke Perl, Typ L6, in der Lendgasse beim Unteren Stadtplatz vor einem Greißler in der Zeit um 1925/30.

3. JÄNNER »

Das Kupferdach der Haller Pfarrkirche

Der „Unterinntaler Bote" berichtet aus Hall: Zwischen der Kriegsverwaltung und dem Magistrat Hall sind Verhandlungen im Zuge, deren Zweck die Abnahme des Kirchendaches unserer Pfarrkirche ist. Die Bedachung besteht bekanntlich aus Kupferplatten, die für Kriegszwecke gebraucht werden. Dafür soll ein anderes passendes Material Verwendung finden, wahrscheinlich Ziegel, da der an sich praktischere und billigere Eternit-Schiefer bekanntlich von der „Zentralkommission für Kunst- und historische Denkmale" für Kirchenbedachung abgelehnt wird. – Die Richtigkeit dieser Meldung ist wohl erst abzuwarten. « IN, Nr. 2, S. 7.

7. JÄNNER »

Ein Diebsnest ausgehoben

In der Kirschentalgasse wurde gestern vormittags eine aufsehenerregende „Amtshandlung" vorgenommen. Vor dem Hause Nr. 8 (Höttinger Gebiet) hielt ein Wagen, auf den eine Menge von Lebensmitteln der verschiedensten Art aufgeladen wurde: Schmalz, Zucker, Teigwaren, Mehl und andere zum Lebensunterhalte sehr notwendige kostbare Dinge. Es handelt sich um Diebsgut, das in diesem Hause zusammengetragen worden war; die Diebe sind Soldaten, der Hauptbeteiligte scheint ein Koch zu sein. Die der ausgedehnten großen Diebstähle Beschuldigten sind bereits verhaftet worden. Bei einem der Soldaten fand man einen Geldbetrag von 800 K. « IN, Nr. 9, S. 6.

7. JÄNNER

Kriegszeit

» Seit einigen Tagen sind in Innsbruck zwei Gasthäuser, und zwar das Gasthaus zum „Gold. Dachl" in der Hofgasse und das Gasthaus „Zum Haspinger" in der Schöpfstraße, geschlossen, angeblich wegen Mangels an Wirtspächtern. «

IN, Nr. 9, S. 6.

21. JÄNNER

Weibliche Nörgler

» Aus dem Obervinschgau schreibt man uns: Unsere Bürgermeister und Gemeindevorsteher könnten bitter klagen; denn fehlt es an Weizenmehl, hat der Bürgermeister die Schuld, weil er sich nicht kümmert; muß die Gemeinde über behördlichen Auftrag Vorräte an Heu, Metall u. dgl. aufnehmen, heißt es gleich: „In anderen Ortschaften machen die Vorsteher, daß die Sachen im Orte bleiben, nur grad der unsere, ja der!" Kann nichtiger Gründe halber für den in Kriegsdiensten stehenden Mann ein Urlaub nicht angesucht werden, „mag er lei nit", d. h. es fehlt ihm an Willen, den Mann frei zu bringen u. dgl. mehr, viel mehr. In Mals waren sogar Schmähschriften an der Friedhofmauer und den öffentlichen Plätzen gegen den Bürgermeister angeschlagen. Kurz: Unsere Männer stehen voll Begeisterung todesmutig gegen den Feind; aber leider nur wenige Frauen sind ihrer Männer würdig! « IN, Nr. 35, S. 7.

21. JÄNNER

Ausdehnung der Kriegsdienstleistungs-Pflicht bis zum 55. Lebensjahre

» Wien, 21. Jänner. Heute gelangen in den beiden Staaten der Monarchie gesetzliche Bestimmungen zur Verlautbarung, wodurch die mit dem 50. Lebensjahr begrenzte gesetzliche Kriegsleistungspflicht bis zum 55. Lebensjahre erstreckt wird. « IN, Nr. 35, S. 7.

Das Restaurant „Haspinger" in der Schöpfstraße war eines der traditionellsten Häuser in Wilten.

1916

22. JÄNNER »

Vom Eisernen Blumenteufel

Seitdem infolge der kalten Witterung unser Kriegswahrzeichen „Der Eiserne Blumenteufel" wieder aus dem Torgange in die Halle des ersten Stockwerkes des Landhauses übersiedelt ist, entzieht er sich ein wenig der allgemeinen Beachtung. Gleichwohl finden immer opferwillige Menschen auch droben den Eisernen Wehrmann, um einige Nägel in denselben einzuschlagen und dadurch den überaus wichtigen Zweck, der Schaffung eines Fondes zur Unterstützung der Witwen und Waisen nach gefallenen Tiroler Kriegern, zu fördern. Wie wir erfahren, wurden bis jetzt rund 76.000 Nägel in den Eisernen Blumenteufel eingeschlagen, was immerhin schon eine sehr schöne Leistung darstellt. [...] « IN, Nr. 37, S. 6.

22. JÄNNER »

Ankauf von Zughunden durch die Militärverwaltung

Um den Bedarf an Zughunden bei der Armee im Felde zu dekken, werden von der Militärverwaltung für den Zug taugliche Hunde, wenn selbe hiefür auch nicht abgerichtet sind, angekauft. Alle jene Besitzer von solchen Hunden, welche diese freiwillig abzugeben bereit sind, werden aufmerksam gemacht, daß die Vorführung dieser Hunde am Mittwoch den 26. Jänner um 10 Uhr vormittags am Platze vor dem Hauptbahnhofe zu erfolgen hat, wo die Uebernahme im Kaufwege durch einen Vertreter der Militärverwaltung erfolgen wird. « IN, Nr. 37, S. 6.

Der Eiserne Blumenteufel, eine Figur, die während des ersten Weltkriegs vom Bildhauer Johann Heinrich nach einem Entwurf von Albin Egger-Lienz aus Zirbenholz geschnitzt wurde.

22. JÄNNER

Gefallene Krieger

IN, Nr. 37, S. 14.

24. JÄNNER

Decken und Bergschuhe für die Tiroler Soldaten

Das k. u. k. Kriegsfürsorgeamt hat in den letzten Tagen den höchsten Kommanden der Tiroler Front neuerlich größere Vorräte von Decken und Bergschuhen zur Verwendung für den Kriegsdienst im Hochgebirge überwiesen. Diese Liebesgaben stammen zum guten Teil aus der Sammlung der von den reichsdeutschen Alpenvereins-Sektionen eingelaufenen Spenden. IN, Nr. 40, S. 7.

25. JÄNNER

Das Rauchen und die Schuljugend

In unserer gestrigen Abendausgabe wiesen wir auf den Erlaß des Generals Gaede in Elsaß hin, der die Verabfolgung von Tabak und Streichhölzern an Jungen unter 16 Jahren verbietet. Die Dringlichkeit eines solchen Erlasses bei uns ergäbe sich eigentlich schon aus dem derzeit bestehenden großen Mangel an Zigaretten, denn die jungen Leute in diesem Alter sind die stärksten Konsumenten an Zigaretten. [...] IN, Nr. 42, S. 5.

31. JÄNNER

Gemüsesamen-Bezug

Der Obst- und Gemüsebauverband Nordtirols gibt bekannt, daß aus Deutschland Samen von Erbsen, Bohnen aller Art, Spinat, Salat, Gurken, Zwiebeln, Poree, Oberkohlrabi, gelben Rüben, Weißkraut, Rotkraut, Dill, Majoran und Mangold die Ausfuhr verboten ist. Die Gartenbesitzer wollen sich deshalb möglichst bald von guten Firmen im Inlande mit Samen versorgen. Die Samen sind im Preise teilweise sehr gestiegen; man bestelle nur soviel Samen, als man notwendig braucht. Wir warnen die Gartenbesitzer vor minderwertigen Firmen und Samen. Infolge der Knappheit kommt viel alter und schlechter Samen zum Verkauf. Die Verbandsleitung in Rotholz bei Jenbach gibt verläßliche Firmen bekannt. IN, Nr. 53, S. 8.

Ein Blick auf Rinn gegen Nordosten. Links im Hintergrund Judenstein. Die Aufnahme dürfte um 1930 entstanden sein.

3. FEBRUAR »

Kriegswaisenbeschenkung in Rinn

Sonntag, den 30. v. M., fand in Rinn die feierliche Ueberreichung der Geschenke an die dortigen Kriegswaisen statt. Lehrer Steindle, der in der Gemeinde sich allgemeiner Liebe und höchster Wertschätzung erfreut, hielt an die zahlreich erschienenen Festgäste und speziell an die bei der Beteilung mit Geschenken in Betracht kommenden Kinder eine ergreifende und tiefempfundene Ansprache, bei der kein Auge trocken blieb. Es erfuhren dabei die Anwesenden, insbesondere die armen Kriegswaisen, woher die vielen und nützlichen Geschenke stammen. [...] « IN, Nr. 58, S. 6.

7. FEBRUAR »

Deserteur, nicht Urlauber

Aus Nassereith wird uns berichtet: Vor einigen Tagen spazierte ein Soldat im hiesigen Dorfe herum und gab sich für einen Urlauber aus. Als ihm der hiesige Gendarmeriewachtmeister sein Urlaubsdokument abverlangte, bedauerte er, selbes verloren zu haben. Der Wachtmeister lieferte ihn hierauf nach Imst ein, wo sich herausstellte, daß er ein im Lande herumstreifender Deserteur ist. « IN, Nr. 64, S. 7.

7. FEBRUAR »

Eine Russenliebhaberin

Aus Arzl bei Imst schreibt man uns: Die hiesige Bauerntochter Kreszenz Schuler hat vor einigen Tagen zwischen der Station Imst und der Ortschaft Arzl einem am dortigen Straßenbau beschäftigten russischen Kriegsgefangenen einen goldenen Fingerring zugeworfen. Der sehr wachsame Wachkommandant Zugsführer Schönbrunn hatte jedoch den Vorfall bemerkt, nahm dem Kriegsgefangenen den Ring ab und machte die Meldung. Der Kriegsgefangene wurde in das Gefangenenlager zurückgebracht, die verliebte, freigebige Maid aber angezeigt. « IN, Nr. 64, S. 7.

7. FEBRUAR

Die ersten Kriegsgefangenen in Steinach

Aus Steinach schreibt man uns: Vor kurzem trafen hier die ersten russischen Kriegsgefangenen ein, welche als Arbeiter in der hiesigen Lederfabrik des Herrn Kirchebner verwendet werden. IN, Nr. 64, S. 7.

18. FEBRUAR

Kriegszeit!

Der für den immerhin auch an Werktagen manchesmal sehr regen Personenverkehr ins Oberinntal unzulängliche Kriegsfahrplan bestimmte eine größere Interessentengruppe im Oberinntale, zu einem alten bewährten Verkehrsmittel zurückzugreifen: seit Dienstag dieser Woche verkehrt wieder der Stellwagen auf der alten Poststrecke Innsbruck–Telfs und zurück. Die Einführung ist eine ungewöhnliche und außerordentliche, sie hat aber jedenfalls sehr viel Anreiz und überdies noch etwas Geschichtliches an sich. – Unter anderen mußte letzthin auch der Zillertaler Bote seine Fahrten einstellen, weil der Bote zum Militär einrücken mußte. IN, Nr. 84, S. 7.

Steinach am Brenner gegen die Gletscher vom Neubau am Kalvarienberg aus, 1913.

1916

18. FEBRUAR »

Schurfbewilligung

Amtlich wird mitgeteilt: Vom Revierbergamte in Hall i. T. wurde der Gewerkschaft Silber- und Bleierzbergbau Tösens die Bewilligung erteilt, im politischen Bezirke Innsbruck mit Ausschluß der behördlich festgesetzten Schutzgebiete nach den Bestimmungen des allgemeinen Berggesetzes vom 23. Mai 1854 auf die Dauer eines Jahres (d. i. bis 22. November 1916) schürfen zu dürfen. « IN, Nr. 84, S. 7.

25. FEBRUAR »

Eine „Belagerung" in der Maria Theresienstraße

Die Zigarettennot zeitigte gestern eine höchst denk- und merkwürdige Szene. Vor dem Spezialitätengeschäfte Neßler staute sich ein mächtiger Menschenknäuel, es herrschte ein Gedränge und ein Eifer als würden die seltensten Leckerbissen an die Menge verteilt. Es handelte sich hier aber weder um die Abgabe von Milch, Brot oder Mehl, sondern nur darum, Zigaretten oder im schlechtesten Falle ein Packl Zigarettentabak zu erreichen, heißt es seit einiger Zeit doch schon auf den bekannten Anschlägen der Trafiken „Zigaretten und Zigarettentabak ausverkauft". Gestern war im Hauptverlage bei Unterberger und bei Neßler eine Sendung angekommen. Seltsam, wie rasch dies bekannt geworden war und mit welchem Eifer und mit welcher Ausdauer die Bewerber das Neßlereck in der Maria Theresienstraße belagerten. Zur richtigen Abwicklung bei dem Andrange amtierte ein Wachmann, der die Leute – ebenso wie seinerzeit in der Zeit des ersten Weißbrots nach der „türkenen" Periode und gleich wie beim Milchverkaufe Zu- und Abgang der ungeduldigen Bewerber regelte; das letztere machte weniger Schwierigkeiten, weil die Ueberglücklichen, welche sich ein paar Krautnudeln herausgedrängt hatten, beim hintern Türl aus dem Geschäfte hinausgelassen wurden. Besonders groß war die Zahl der Uniformierten, die sich gestern an dieser Belagerung des Neßlerecks beteiligten. Bei Unterberger begann der Sturm auf die Tabake schon gestern um die Mittagszeit; heute werden die Schnupfer befriedigt. « IN, Nr. 96, S. 8.

Ein tragisches Dokument: Eine große Menschenmenge steht vor dem Geschäft der Fa. Ferdinand Nessler/ Tabakwaren und wartet auf Tabak.

11. MÄRZ

Billiges Fleisch

Man schreibt uns unterm 9. d. Mts. aus Kramsach: Das Kommando der k. u. k. Retablierung gibt seit einiger Zeit Pferde, die infolge eines Unfalles getötet werden müssen, um geringen Pauschalpreis an die Gemeindevorstehung ab. Letztere läßt die Tiere, die ausnahmslos jung und gut genährt sind, aushacken und mit einem ganz kleinen Aufschlag an die zahlreichen Konsumenten abgeben. Die Militärbehörde, die bei der gegenwärtigen enormen Teuerung, namentlich der Fleischpreise, der Bevölkerung entgegenkommt, verdient die vollste Anerkennung, ebenso unsere Gemeindevorstehung. IN, Nr. 122, S. 5.

20. MÄRZ

Ein Fest an der Front bei 8 Metern Schnee

Man schreibt uns von einem Abschnitte der Südtiroler Front: Heute, bei Schneefall und eisigkaltem Wind, angesichts des Feindes in 2400 Metern Höhe, wurden wieder brave, tapfere Landesschützen mit Tapferkeitsmedaillen ausgezeichnet. Ein erhabener Moment: Vergattert steht die Kompagnie. Der Hauptmann hält eine ergreifende Ansprache und hebt ganz besonders das tapfere Verhalten der Landesschützen vor dem Feinde hervor. Aller Augen blitzen, funkeln – alle fassen neuen Mut und machen neuerdings im Herzen den Schwur: Gegen den Welschen zu jeder Zeit, die Untreue zu rächen. Das Antlitz der Ausgezeichneten leuchtet; alle freuen sich mit ihnen. Mit einem dreifachen Hoch auf unseren erhabenen Kaiser endet der festliche Akt. IN, Nr. 136, S. 7.

Passo Falzarego – Col di Lana Marmolada – Cortina.
Steinbegrenzte Straße über den Pass mit einem Kriegerdenkmal um 1930.

29. MÄRZ

Eine Russenfreundin

Aus Wenns im Pitztale schreibt man uns: Eine Frau in dem zur Gemeinde Wenns gehörigen Weiler Brennwald, deren Mann sich auf dem Kriegsschauplatze befindet, fand in letzter Zeit an einem russischen Kriegsgefangenen Gefallen, welcher an der nahe diesem Weiler vorbeiführenden neuen Straße arbeitete. Als der Russe an die Straßenstrecke bei Arzl versetzt wurde, schrieb sie ihm ein paar Briefe. Die Gendarmerie kam jedoch diesem Briefwechsel auf die Spur und die Folge war, daß der Russe in das Gefangenenlager abtransportiert und das russenfreundliche Weibsbild von der Behörde exemplarisch bestraft wurde. « IN, Nr. 150, S. 6.

31. MÄRZ

Rauchmaterial für den Col di Lana

Infolge des empfindlichen Mangels an Zigarren und Zigaretten für die Soldaten-Versorgung hat sich das k. u. k. Kriegsfürsorgeamt Bozen-Gries jüngst an das Wiener Kriegsfürsorgeamt und an Fürsorgestellen verschiedener Kronländer mit der Bitte um Aushilfe gewendet und bisher aus Wien und Graz größere Vorräte an Zigaretten erhalten. Dadurch war es dem k. u. k. Kriegsfürsorgeamt Bozen-Gries möglich, in den letzten Tagen einen Transport von Zigaretten nach den Stellungen am Col di Lana abgehen zu lassen, was den heldenmütigen Verteidigern dieses kampfumtobten Berggipfels sicherlich große Freude bereitet hat. « IN, Nr. 154, S. 5.

31. MÄRZ

Spazierstöcke

... besonders solche mit gebogenem Griff, sind in allen Spitälern ein höchst willkommenes Geschenk. Die Rettungsabteilung hätte Gelegenheit, solche gerade den Bedürftigsten zu überreichen, weshalb um derartige Spenden hiemit sehr gebeten wird. In der Rettungsstation im Rathaus werden diese Gaben jederzeit gern übernommen. IN, Nr. 154, S. 5.

7. APRIL

Holzmangel

Aus Gramais meldet man: Wir hatten heuer schon zum drittenmale unfreiwillige Ferien an der Schule, weil im kalten Zimmer nicht Schule gehalten werden kann und der Ofen ohne Holz nicht warm gibt. Dieser unleidliche Holzmangel traf auch manches andere Haus recht hart. Und der Grund dieses Holzmangels in dem stark bewaldeten Tiroler Dorfe? Trotz wiederholten Ersuchens ist das zur Schlägerung bestimmte und erlaubte Holz erst zu Beginn des Winters ausgezeigt worden. IN, Nr. 166, S. 6.

10. APRIL

Unbewußt in Verblutungsgefahr

In einer hiesigen großen Lebensmittelhalle standen am Samstag dichtgedrängt viele Kunden, als zufällig bemerkt wurde, daß eine 40jährige Frau in einer großen Blutlache stand. Eine Krampfader war ihr geborsten. Hilfsbereite Hände legten der Frau einen Druckverband auf die Wunde. Mittels des Fernsprechers wurde die Rettungsabteilung verständigt, welche die sehr Geschwächte in die chirurgische Klinik brachte, von wo sie, nachdem ihr ärztliche Hilfe zuteil geworden war, im Krankenkraftwagen in ihre im Kugelanger gelegene Wohnung überführt wurde. IN, Nr. 170, S. 5.

Die Maria-Theresien-Straße als Flaniermeile. Ein Bild aus ruhigeren Zeiten.

22. APRIL »

Kinderfräulein

... mit Sprachkenntnissen, verläßlich und selbständig in Pflege und Erziehung zu 2 Mädchen, 7 und 4 Jahren, gesucht. Offerte unter „Kinderfreundin“ an die Verwaltung. « IN, Nr. 192, S. 28.

22. APRIL »

Apfel-Most

... und importierten Schweizer-Wein-Birnen-Saft, nur das Allerbeste, ab Lagerkeller Innsbruck, von 50 Liter aufwärts, ins eigene Geschirr gegen Barzahlung gibt ab: K. Fetz, Innsbruck, Schloß Felseck, Telefonruf: 1089/IV.

Bei Bedarf erbitte Anfragen durch Telephon oder Korrespondenz. « IN, Nr. 192, S. 28.

22. APRIL »

Säcke

... aller Gattungen, gebrauchte, kauft jedes Quantum Rosenbaum u. Haas Wien II, Schiffamtsgasse 5. « IN, Nr. 192, S. 28.

22. APRIL »

Zwecks spät. Ehe

... sucht 28jähr. Beamter, Christ, Deutscher, fesch, mit eigenem Besitz, großer Naturfreund, in erstklassiger, aussichtsreicher Lebensstellung, mit Pensionsberechtigung, die Bekanntschaft einer nur aus gutem Hause stammenden Dame nicht über 25 Jahre. Etwas Vermögen erwünscht. – Schreiben, mögl. mit Bild, unter „Herzensgemüt“ an das Ann.-Büro Neumair, Innsbruck, Marktgraben «

N, Nr. 192, S. 28.

Brustbild eines Mannes in Anzug, mit Seitenscheitel und Schnauzer, Weste und Fliege, am Revers eine Nadel. Diese Aufnahme zeigt einen bekannten Fotografen um 1930.

Die Zeiten wurden nach dem Krieg langsam wieder besser:
das Löwenbräu Innsbruck 1923 mit einem Lieferauto.

29. APRIL

» Anzeigepflicht für Gegenstände aus Zinn oder Zinnlegierung

Wie uns die Nordtiroler Handels- und Gewerbekammer mitteilt, wird mit einer im gestrigen Reichsgesetzblatte erschienenen Verordnung des Handelsministeriums vom 20. d. M. die Verpflichtung zur Anzeige der aus Zinn oder Zinnlegierungen bestehenden Gegenstände eingeführt. Zur Anzeige sind die bei den politischen Behörden 1. Instanz, bei den Gemeindevorstehungen und bei den Handels- und Gewerbekammern aufgelegten amtlichen Anmeldescheine zu benützen. Der Zweck der Verordnung ist es, einen genauen Ueberblick über die Zinnbestände des Inlandes zu gewinnen. Die gewissenhafte Einhaltung der Anzeigepflicht ist dringend geboten. « IN, Nr. 201, S. 6.

1. MAI

» Beschränkter Bierausschank in Kufstein

Der Stadtmagistrat in Kufstein hat die Verfügung erhalten, daß in den dortigen Gasthäusern nur noch während der Zeit von 9 Uhr vormittags bis 1 Uhr mittags und von 5 Uhr nachmittags ab an Sonntagen, von 11 bis 1 Uhr mittags und von 6 bis 9 Uhr abends an den Wochentagen Bier zum Ausschank kommen darf. Für den Gassenschank ist die Zeit von halb 12 bis 12 Uhr mittags und von 6 bis 8 Uhr abends festgesetzt. Die Abgabe des Bieres ist auf einen Liter für die Person beschränkt. « IN, Nr. 203, S. 10.

Höttinger Alm mit Frau Hitt und Brandjoch im Hintergrund. Eine Aufnahme um 1920.

20. MAI »

Die Bilderreklame der Kinotheater

Vom Jugendfürsorgeverein für Tirol und Vorarlberg wird uns mitgeteilt: Die heutigen Kinounternehmungen arbeiten mehr oder minder mit marktschreierischer Reklame und bedienen sich mit Vorliebe der ihnen vom Filmfabrikanten oder anderswoher gelieferten Plakatbilder. Nicht selten verstoßen solche Bilder gegen den sittlichen Anstand oder wirken auf Sinne und Nerven besonders erregend ein. Solche Plakate aber gefährden die öffentliche Ordnung, namentlich durch ihren Anreiz auf die Jugend und sind daher nicht ohne weiteres statthaft, sondern dürfen nach den bestehenden Vorschriften ohne besondere Bewilligung der Behörde nicht angeschlagen werden. [...] « IN, Nr. 237, S. 5.

20. MAI »

Unfug

Seit einigen Tagen sind auf der Steinbruchstraße in Hötting zwei Markierungstafeln samt den Säulen verschwunden. Ob diese Tat als Bosheit oder als Holzdiebstahl aufzufassen ist, wird sich wohl noch herausstellen. « IN, Nr. 237, S. 5.

20. MAI »

Höttinger-Alpe

... bei Innsbruck, 462 Joch groß, mit vielen Stallungen und Wirtschafts-Gebäulichkeiten, Auftrieb zirka 100 Stück Rindvieh, Schafe und Ziegen nach Vereinbarung, wird zur Verpachtung ausgeschrieben. Auftrieb Anfang oder Mitte Juni.

Reflektanten für Pacht oder für Zufahrt mit Vieh wollen sich wenden an Brauerei Büchsenhausen bei Innsbruck. « IN, Nr. 237, S. 15.

22. MAI

Feldmäßiges Scharfschießen

Amtlich wird mitgeteilt: Militär wird vom 24. bis einschließlich 27. Mai ds. Js. bei St. Peter-Ellbögen, und zwar zunächst der Straße Mühltal-Klingen-Niederstraße und Obereggchof, das feldmäßige Schießen abhalten. Ebenso findet am 25. Mai l. Js. in der Zeit von 7 Uhr früh bis 4 Uhr nachmittags in Leutasch auf der Hämmermoosalpe (Gaistal) ein feldmäßiges Scharfschießen statt. Das Betreten des gefährdeten Raumes, der durch militärische Posten abgesperrt wird, oder Störungen der Schießübungen sind lebensgefährlich und bei Strafe verboten. « IN, Nr 239, S. 7.

22. JULI

Vom Soldatenfriedhof in Bruneck

In diesem Soldaten-Waldfriedhof am Heldenhügel wurden in letzter Zeit zahlreiche verschiedenartige Kreuze und kleinere Holzdenkmale aus Rohholz aufgestellt, welche diesem idyllisch gelegenen, sich allmählich in einen reizenden großen Blumengarten verwandelnden Platze eine neue Zierde geben. Möchten für diese Heldenruhestätte nur fort und fort Blumen in Stöcken, oder andere Freilandblumen gespendet werden; Platz ist noch genug vorhanden. Für die vielen Braven, welche nach erfüllter Pflicht fürs Vaterland dort ruhen, soll und darf die Pietät niemals erlahmen. « IN, Nr. 337, S. 7.

28. JULI

Zwei- und vierbeinige Marder

Aus Fügen wird uns unterm 27. d. Mts. geschrieben: In letzter Zeit wurde in der Gemeinde Fügenberg drei Bauern das ganze Geflügel, und zwar 41 Stück, im Gesamtwerte von beiläufig 130 Kronen, gestohlen. Unter den gestohlenen Hühnern waren auch zwei Bruthennen, die eine mit 8, die andere mit 14 Kükken. Da die Ställe für einen vierbeinigen Fuchs nicht zu öffnen waren und die Tiere offenbar lebend verschleppt wurden, dürfte eine weibliche „Kundschaft" als Diebin in Betracht kommen, die es verstand, die bei einer nächtlichen Störung nicht gerade schweigenden Vieher „kunstgerecht" zu behandeln. [...] « IN, Nr. 347, S. 7.

Die Brennerbahn im Wipptal bei Ellbögen um 1930.

29. JULI »

Nächtliche Schießerei

Gestern ungefähr nach 10 Uhr nachts fiel plötzlich in der Dorfgasse in Hötting, in unmittelbarer Nähe des Fischlerhauses, ein Schuß, der die Bewohner dieser Gegend in Aufregung und Schrecken versetzte. Man glaubte zuerst, es handle sich um einen Selbstmord, weshalb der Garten und der Hof des obgenannten Hauses durchsucht wurden; es konnte aber ein solches Unglück nicht konstatiert werden. Es dürfte sich in diesem Falle wohl mehr um eine nächtliche Büberei handeln. Ein ähnlicher Fall ereignete sich in der Nähe des sogenannten Glockengießerhauses in der Bachgasse in Hötting in der Nacht von Dienstag auf Mittwoch. Auch damals konnten die Sicherheitsorgane nicht feststellen, von wem der Schuß abgegeben worden war. « IN, Nr. 349, S. 7.

2. AUGUST »

Vorläufig keine Fleischkarten

Amtlich wird verlautbart: Von der Einführung der Fleischkarten wird vorläufig abgesehen, da zunächst abgewartet werden muß, ob nicht schon die strenge Einhaltung der fleischlosen Tage in privaten Haushaltungen und in Gasthäusern eine zureichende Drosselung des Fleischkonsums zur Folge haben wird. «

IN, Nr. 355, S. 7.

Der Höttinger Kirchturm hat in seiner langen Existenz schon mancherlei „gesehen". Aufnahme um 1930.

Ein Offizier der Standschützen auf einem Thonet-Stuhl in einem Garten.

8. AUGUST

Lebensrettung durch einen russischen Kriegsgefangenen

Aus Zell im Zillertale berichtet man uns unterm 7. August: Drei noch schulpflichtige Knaben von hier wollten am 2. ds. von Ramsau ein Schwein abholen. Unterwegs hielten sie sich unterhalb des Laimachersteges im Zillerflusse beim sogenannten Holzauffanger auf; hiebei fiel der 8 Jahre alte Franz Eberharter in den Ziller und wurde fortgeschwemmt. Auf das Geschrei der anderen Knaben wurden die am Oberbaue der Zillertalerbahn beschäftigten russischen Kriegsgefangenen, die gerade beim Mittagessen beisammen saßen, aufmerksam. Einer derselben, namens M. Felkov, sprang kurz entschlossen in den Ziller und schwamm – die eigene Lebensgefahr nicht achtend – dem Verunglückten nach. Er erreichte ihn auch glücklich und konnte ihn in dem reißenden Wasser dem Ufer näher bringen, wo ihnen ein zweiter Kriegsgefangener, der sich bis an die Hüften ins Wasser vorwagte, zuhilfe kam. Die Rettung des Knaben erfolgte erst etwa 300 Meter unterhalb der Unfallstelle. Nach Anwendung von Wiederbelebungsversuchen kam derselbe bald wieder zu sich. IN, Nr. 365, S. 8.

24. AUGUST

Eine Bitte um Sessel, Lehnstühle, Feld- und Gartenstühle

... für die vielen Seuchenkranken richtet die Innsbrucker Freiw. Rettungsabteilung an Wohltäter. Es wird um Bekanntgabe des Abholortes ersucht, oder um Abgabe der Geschenke in der Rettungsstation im zweiten Rathaushof.

IN, Nr. 391, S. 7.

Ein tragischer Anblick: Abgenommene Kirchenglocken, die zu „kriegswichtigen Zwecken" eingeschmolzen werden. Im Hintergrund die Basilika Wilten.

24. AUGUST »

Abschied von den Kirchenglocken

Vom Turme der Kirche zu St. Nikolaus sind vier Glocken für die Kriegsmetallsammlung bestimmt; ihre Abnahme erfolgt in den nächsten Tagen: Das Abschiedläuten der St. Nikolaus-Glocken findet heute um 7 Uhr abends statt. Ein sehr günstiger Punkt, es anzuhören, ist die Gegend beim Löwenhause. [...] « IN, Nr. 391, S. 7.

30. AUGUST »

Unreife Kartoffeln

Vom Magistrat wird uns mitgeteilt: Nach Berichten kommen im heurigen Jahre ziemliche Mengen unreifer, das sind zu früh aus dem Boden genommener Kartoffeln auf den Markt. Dies ist aus gesundheitlichen und wirtschaftlichen Gründen sehr bedauerlich, denn unreife Kartoffeln sind für die Ernährung wertlos, ja selbst schädlich, sind sehr leicht dem Verderben ausgesetzt und ergeben nur eine geringe Ernte. Die Kartoffeln sollen nicht früher aus dem Boden genommen werden, bis das Kraut gelb oder welk wird. Solange das Kartoffelkraut grün ist, wird den Knollen noch Stärke zugeführt. [...] « IN, Nr. 401, S. 7.

2. SEPTEMBER »

Einführung von Fett- und Butterkarten

Die Landesbehörden bestimmen die Verbrauchsmenge – Bei Butter 100 Gramm wöchentlich für Erwachsene, 50 Gramm Wochenration für Kinder von einem bis zu drei Jahren. [...] « IN, Nr. 407, S. 5.

23. SEPTEMBER »

Diebstähle ohne Ende

Aus der Wohnung des Franz Steiner wurden eine goldene Herrenuhr, Frauenröcke, ein Paar Bergschuhe und sechs Jubiläumskronenstücke entwendet. – In der Höttingergasse stahl ein Unbekannter dem Josef Buben aus seiner Wohnung eine silberne Taschenuhr mit Doppeldeckel samt Nickelkette mit zwei Anhängseln, ein Paar Bergschuhe, einen Rucksack sowie drei Medaillen. – In Thaur wurde dem Johann Deiser aus versperrtem Hause ein neuer brauner Lodenanzug und ein Paar Schnürschuhe entwendet. – Dem Bartlmä Speckbacher in Hall stahl man aus versperrtem Koffer einen Geldbetrag von 254 Kronen. [...] « IN, Nr. 441, S. 5

26. SEPTEMBER »

Glockenabnahme

Aus Schwaz schreibt man uns: Am 23. ds. wurde auch bei uns mit der Abnahme der Glocken begonnen, und zwar mit jenen, die in der letzten Zeit angeschafft worden waren. Die alten, historischen Glocken bleiben. – In Gries bei Bozen wurden vorige Woche fünf Glocken für Kriegszwecke abgenommen. Von dem majestätischen Geläute verblieben noch die zwei größten und die zwei kleinsten Glocken, die erst im Jahre 1895 in Trient gegossen wurden. [...] « IN, Nr. 445, S. 2

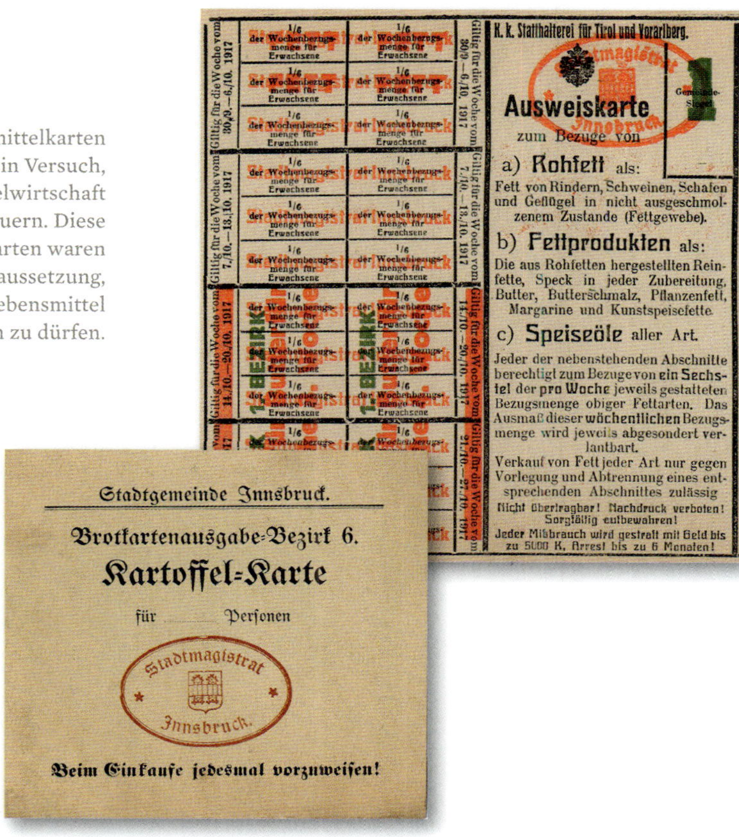
K. k. Statthalterei für Tirol und Vorarlberg.
Ausweiskarte zum Bezuge von
a) Rohfett als: Fett von Rindern, Schweinen, Schafen und Geflügel in nicht ausgeschmolzenem Zustande (Fettgewebe).
b) Fettprodukten als: Die aus Rohfetten hergestellten Reinfette, Speck in jeder Zubereitung, Butter, Butterschmalz, Pflanzenfett, Margarine und Kunstspeisefette.
c) Speiseöle aller Art.
Jeder der nebenstehenden Abschnitte berechtigt zum Bezuge von ein Sechstel der pro Woche jeweils gestatteten Bezugsmenge obiger Fettarten. Das Ausmaß dieser wöchentlichen Bezugsmenge wird jeweils abgesondert verlautbart.
Verkauf von Fett jeder Art nur gegen Vorlegung und Abtrennung eines entsprechenden Abschnittes zulässig.
Nicht übertragbar! Nachdruck verboten! Sorgfältig aufbewahren!
Jeder Mißbrauch wird gestraft mit Geld bis zu 5000 K. Arrest bis zu 6 Monaten!

Stadtgemeinde Innsbruck.
Brotkartenausgabe-Bezirk 6.
Kartoffel-Karte
für .... Personen
Stadtmagistrat Innsbruck
Beim Einkaufe jedesmal vorzuweisen!

Lebensmittelkarten sind ein Versuch, die Mangelwirtschaft zu steuern. Diese Karten waren Voraussetzung, Lebensmittel erwerben zu dürfen.

14. OKTOBER »

Zur Kartoffelversorgung der Stadt Innsbruck

Wie schon bekannt, wurden von der Kriegsgetreideverkehrsanstalt der Stadtgemeinde Innsbruck Kartoffeln zugewiesen und es obliegt nun dieser, die Verteilung dieses wichtigen Nahrungsmittels in zweckentsprechender Weise vorzunehmen. Bei der ungeheuren Menge, um die es sich hier handelt – soll doch der Winterbedarf an Kartoffeln für fast 60.000 Menschen gedeckt werden – und in Anbetracht des Umstandes, daß die Zufuhr der Kartoffeln voraussichtlich nicht regelmäßig erfolgen wird und der Stadtgemeinde keine Einflußnahme darauf zusteht, zudem nur über eine sehr beschränkte Anzahl von Fuhrwerken verfügt werden kann, wird die Verteilung der Kartoffeln sich zu einer sehr schwierigen Aufgabe gestalten. Um diese verschiedenen Schwierigkeiten zu überwinden und die gesamte Kartoffelversorgung in halbwegs zufriedenstellender Art bewältigen zu können, ist es daher Pflicht und Aufgabe der Bevölkerung, mit allen Kräften mitzuwirken und durch verständnisvolle Beachtung der getroffenen Anordnungen die Lösung dieser Aufgabe zu erleichtern.

Es ist in Aussicht genommen, jedem Kopf der Bevölkerung eine Kartoffelmenge im Ausmaße von 50 Kilogramm zuzuweisen, mit welcher bis April 1917 das Auslangen gefunden werden muß. [...] « IN, Nr. 477, S. 5.

26. OKTOBER »

Warnung

Wie uns amtlich mitgeteilt wird, sind gestern nachmittags aus dem Keller eines Hauses in Innsbruck zwei große Töpfe mit Schweinefett gestohlen worden. In einem dieser Töpfe ist aber das darin enthaltene, für gewisse Zwecke bestimmte Fett stark mit Arsenik durchsetzt, weshalb jetzt von einem Ankauf von Schweinefett aus zweifelhafter Quelle dringendst gewarnt werden muß! «

IN, Nr. 498, S. 4.

3. NOVEMBER »

Preistreiberei mit Kaffee

Den „N. T. St." wird geschrieben: Mit Verordnung vom 22. August 1916 wurde der Höchstpreis für gebrannten Kaffee bei Abgabe unmittelbar an die Verbraucher mit 8 Kronen per Kilogramm festgesetzt. Obwohl dieser Höchstpreis am 18. September 1916 in Kraft trat, verlangen doch unsere Innsbrucker Kaffeehändler, u. a. ein Delikatessenhändler in der Maria Theresienstraße, den enormen Preis von 14 (vierzehn) Kronen per Kilogramm. « IN, Nr. 509, S. 5.

10. NOVEMBER »

Tee aus Apfelschalen

Die Verlängerung der Lebensmittel erheischt auch eine solche des Tees. Ein sehr gutes, wohlschmeckendes und dabei sehr gesundes Getränk wird aus den Apfelschalen hergestellt, die zu diesem Zwecke getrocknet und leicht geröstet werden. Sie müssen ungefähr die Farbe haben wie ein Bratapfel. Durch Aufkochen der gerösteten Apfelschalen erzeugt man ein sehr gutes Getränk. « IN, Nr. 521, S. 5.

10. NOVEMBER »

Petroleummangel

… macht sich jetzt überall in einem solchen Maße fühlbar, daß es wirklich an der Zeit wäre, auch diesen Konsumartikel unter Kartenzwang zu stellen, um eine gerechtere Verteilung desselben zu ermöglichen. Es gibt doch immer noch viele, namentlich in der Altstadt, die weder elektrisches, noch Gaslicht haben und so die teuren und schlechten Kerzen brennen müssen, die zu einer Arbeitstätigkeit zu wenig Licht entfalten. Auch jene Familien sind nicht selten, welche wegen Mangels an Brennmaterial (Petroleum, Kerzen) viel früher als sonst zu Bette gehen müssen. « IN, Nr. 521, S. 5.

13. NOVEMBER »

Ablieferung der Schlitten und Rodeln im Stadtgebiete Innsbruck

Unter Hinweis auf die im Inseratenteile unserer heutigen Nummer veröffentlichten Kundmachung, betreffend die Ablieferung von Schlitten und Rodeln, gibt der Stadtmagistrat bekannt, daß seitens des Militärs verlangte Beschleunigung der Ablieferung, sowie auf Grund der in anderen Bezirken gemachten Erfahrung, eine Aenderung des vor kurzem kundgemachten Ablieferungsplanes notwendig wurde. Die Abgabe der Rodeln und Schlitten beginnt daher bereits am Freitag, den 17. November, im Stadtgebiete Pradl. Die Uebernahmsplätze und -Tage für die einzelnen Stadtteile sind in der Kundmachung, welche von den Schlitten- und Rodelbesitzern zur Vermeidung von Irrungen bei der Ablieferung aufbewahrt werden wolle, ersichtlich gemacht. « IN, Nr. 525, S. 6.

Götzens im tiefen Winter als Rodlerparadies.

22. NOVEMBER »

Kaiser Franz Josephs Tod

Die Trauer der österreichischen Völker

KB. Wien, 22. Nov. Die tiefe schmerzliche Trauer, die die ganze österreichische Völkerfamilie für den gütigsten und weisesten Herrscher, der ihre Geschichte weit über zwei Menschenalter mit Milde und Gerechtigkeit geleitet hat, empfindet, die Klage um den Kaiser, den seine Völker wie einen Vater geliebt, in dem sie das Teuerste verloren haben, spiegelt getreu die gesamte österreichische Presse wieder. An der Bahre dieses Monarchen, der von dem Tage seines Amtsantrittes an die schwerste Bürde auf sich genommen, durch nahezu 68 Jahre das Staatsschiff mit sicherer Hand gelenkt, unter dessen Regierung das Reich in allen Gebieten des politischen und öffentlichen Lebens, der Wirtschaft, des Handels, der Industrie und der Kunst einen ungeahnten Aufschwung genommen hat, schweigen alle Gegensätze, und mit einer kaum jemals beobachteten Einmütigkeit gibt die gesamte Presse der ungeheuren Dankschuld Ausdruck, welche die Monarchie dem Kaiser Franz Joseph abzutragen hat. Kaum ein dem Andenken des Monarchen gewidmeter Artikel unterläßt es, an die rührenden Worte des kaiserlichen Manifestes beim Ausbruch des Krieges mit Serbien zu erinnern und zu betonen, daß der Ehrentitel Friedensfürst auch nach den erschütternden Ereignissen der letzten zwei Jahre für ewige Zeiten aufrecht bleibe. [...] « IN, Nr. 542, S. 1.

23. NOVEMBER »

Die Thronbesteigung Kaiser Karls

Das Manifest an die Völker Oesterreich-Ungarns

Wien, 22. Nov. Eine Extra-Ausgabe der „Wiener Zeitung“ veröffentlicht folgendes kaiserliche Handschreiben:

Lieber Dr. v. Koerber!

Ich habe die Regierung am heutigen Tage übernommen und bestätige Sie und die übrigen Mitglieder des österreichischen Ministeriums in ihren Stellungen. Zugleich beauftrage Ich Sie, die beigeschlossene Proklamation an Meine Völker zu verlautbaren.

Wien, 21. Nov. 1916.

Koerber, m. p. Karl, m. p. « IN, Nr. 543, S. 1.

23. NOVEMBER »

Kriegsanleihezeichnung und Einquartierung

Es wird uns geschrieben: Die Raiffeisenkasse hat über Antrag ihres Obmannes Hans Gruber in ihrer am 19. November stattgefundenen Sitzung beschlossen, für die fünfte österreichische Kriegsanleihe den Betrag von 15.000 K zu zeichnen. – Von der Retablierungsstation Kramsach wurden 50 Stück Pferde zur Ueberwinterung in der Gemeinde Häring eingestellt. Es ist dies in Häring die erste Einquartierung von Mannschaften und Einstellung von Pferden. « IN, Nr. 543, S. 11.

27. NOVEMBER »

Verdeutschung eines Postamtsnamens

Die amtliche Bezeichnung des Post- und Telegraphenamtes Fontane fredde wird auf „Kaltenbrunn bei Neumarkt i. T." abgeändert. « IN, Nr. 543, S. 9.

9. DEZEMBER »

Ungerechte Zuckerverteilung

Kitzbühel, 7. Dez. In den Tagen des 4., 5. und 6. Dezember fand in den Krämereien die Abgabe eines beschränkten Quantums von Zucker statt. Das Publikum mußte schließlich, ohne Zucker erhalten zu haben, abziehen, während man einigen Kaufleuten auf grobe Ungerechtigkeiten daraufkam, so zum Beispiel, daß bestimmten Personen schon am Tage vorher Zucker in größerem Ausmaße ins Haus gestellt oder aufgehoben wurde. « IN, Nr. 569, S. 8.

Mit dem Verkauf von Kriegsanleihen sollte ein Teil der Kosten des Krieges finanziert werden. Nach der Niederlage waren sie wertlos.

1917

4. JÄNNER

Macin und Jijila genommen

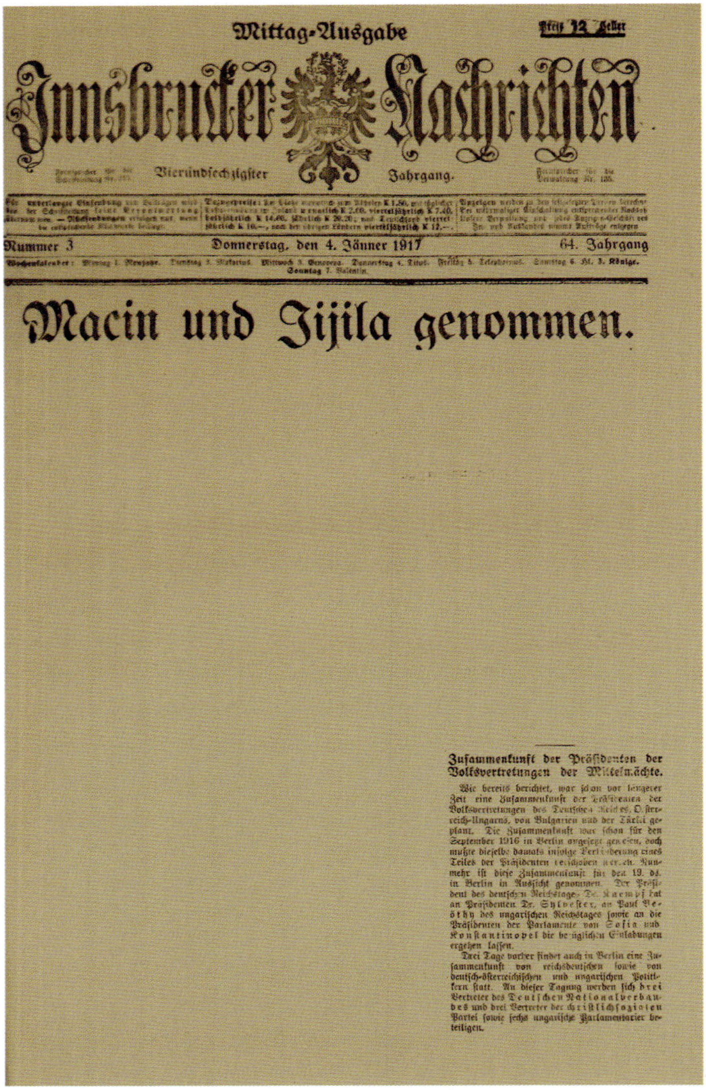

Mittag-Ausgabe

Preis 12 Heller

Innsbrucker Nachrichten

Vierundsechzigster Jahrgang.

Nummer 3 | Donnerstag, den 4. Jänner 1917 | 64. Jahrgang

Macin und Jijila genommen.

Zusammenkunft der Präsidenten der Volksvertretungen der Mittelmächte.

Wie bereits berichtet, war schon vor längerer Zeit eine Zusammenkunft der Präsidenten der Volksvertretungen des Deutschen Reiches, Österreich-Ungarns, von Bulgarien und der Türkei geplant. Die Zusammenkunft war schon für den September 1916 in Berlin angesetzt gewesen, doch mußte dieselbe damals infolge Verhinderung eines Teiles der Präsidenten verschoben werden. Nunmehr ist diese Zusammenkunft für den 19. ds. in Berlin in Aussicht genommen. Der Präsident des deutschen Reichstages Dr. Kaempf hat an Präsidenten Dr. Sylvester, an Paul Beöthy des ungarischen Reichstages sowie an die Präsidenten der Parlamente von Sofia und Konstantinopel die bezüglichen Einladungen ergehen lassen.

Drei Tage vorher findet auch in Berlin eine Zusammenkunft von reichsdeutschen sowie von deutsch-österreichischen und ungarischen Politikern statt. An dieser Tagung werden sich drei Vertreter des Deutschen Nationalverbandes und drei Vertreter der christlichsozialen Partei sowie sechs ungarische Parlamentarier beteiligen.

IN, Nr. 3, S. 1.

Diese Postkarte zeigt russische Soldaten vor den Militärbaracken von Beresowka in Sibirien, welche während des Ersten Weltkriegs zur Unterbringung von Kriegsgefangenen genützt wurden. Der Kartenschreiber, Kadett Alois Mayr, versah das Bild mit der Aufschrift „In solchen Mannschafts-Holzbaracken wohnten wir früher."

4. JÄNNER

Wie es den gefangenen Tirolern in Krasnojarsk ergeht

An den Bürgermeister von Bozen ist folgendes Schreiben eines aus russischer Gefangenschaft zurückgekehrten Austauscharztes eingelangt: „Ich bin vor zwei Monaten als ausgetauschter Arzt aus der russischen Kriegsgefangenschaft zurückgekehrt. Ich bin lange Zeit in Krasnojarsk gewesen und will Ihnen kurz die Verhältnisse schildern, wie sie besonders unter den Tiroler Mannschaften dort herrschen, mit der Bitte, womöglich etwas für diese braven Leute zu tun. In Krasnojarsk waren im Winter 1915/16 zirka 250 Tiroler, unter welchen großes Elend herrschte. Die meisten hatten noch die Monturen an, mit denen sie seinerzeit gefangen worden waren; diese Sachen waren natürlich in einem fast unbrauchbaren Zustand und boten nur geringen Schutz gegen die Winterkälte. [...]" IN, Nr. 3, S. [illegible]

11. JÄNNER

Ein schwerer Verbrecher und Deserteur verhaftet

Dem wackeren städtischen Sicherheitswachmann Josef Teicher ist es nun zum zweitenmale gelungen, einen schweren Verbrecher festzunehmen.

Der Karrner, Deserteur und gefährliche Einbrecher Wilhelm Wenzel aus Reutte im Lechtale hat im vergangenen Sommer in Mühlau, Arzl und Rum innerhalb acht Tagen zehn Einbrüche verübt, bis er von Teicher in die Klosterkaserne hinter Schloß und Riegel gebracht werden konnte.

Kürzlich ist er dem Garnisonsarreste entwichen und blieb eine zeitlang verschwunden, bis es gelang, ihn im Dezember in Bozen festzunehmen. [...]

Jetzt aber hat Teicher den schweren Verbrecher endgültig festgenommen und selbst dem Garnisonsarreste eingeliefert. IN, Nr. 8, S. 7.

„Hötting ist ein Königreich – rundherum liegt Österreich" – Höttinger Sinnspruch.

13. JÄNNER

Ein Pumpgenie

Ein kaum 18 Jahre altes Mädchen, das in der Höttingergasse wohnhaft ist, brachte es fertig, sich durch Schwindeleien ihr junges Leben nach Möglichkeit behaglich zu gestalten. Unter mannigfachen Vorspiegelungen verstand sie es, Geldbeträge von bekannten und unbekannten Personen zu borgen. Ja sogar von Militäristen hat sie Gelder geborgt, so daß also auch Soldaten zu den Opfern dieser Betrügerin gezählt werden. Endlich wurde ihrem unehrlichen Treiben ein Ende gemacht. Das junge und schon so verdorbene Mädchen wurde angezeigt und dem Gerichte eingeliefert. IN, Nr. 10, S. 7.

13. JÄNNER

Vom Offiziers-Kaffeehaus „Edelweiß" an der Front

Wie schon gemeldet, hat der Etappenstations-Kommandant Oberst Kasperowski in einem Orte des Grenzgebietes ein Offiziers-Kaffeehaus „Edelweiß" errichtet, dessen Erträgnisse Kriegsfürsorgezwecken zugeführt werden. Zu diesen Zuwendungen, die im Oktober 600 K, im November 500 K ausgemacht haben, kommen nunmehr wieder der Reinertrag von 820 K aus dem Betriebe im Dezember vorigen Jahres und 64 K als Ertrag eines Silvester-Konzertes in demselben, und zwar mit der besonderen Widmung für die Witwen und Waisen gefallener Tiroler. Es ist wirklich mit besonderem Danke anerkennenswert, daß sich auch unsere tapferen Verteidiger in so ausgiebiger Weise in den Dienst der Fürsorge für die „Aermsten der Armen Tirols" stellen, wie es in dem bezüglichen Widmungsschreiben heißt.

IN, Nr. 10, S. 7.

22. JÄNNER »

Bitte aus dem Felde

Einige Tiroler Kaiserjäger in Eis- und Schneehöhen von 2800 Meter bitten um ein Grammophon. Diesbezügliche Spenden nimmt gerne die Rettungsabteilung, Rathaus, 2. Hof rechts, entgegen. « IN, Nr. 17, S. 7.

25. JÄNNER »

Vollstreckung eines Todesurteils

Gestern um 7 Uhr früh wurde im kleinen Hofe der Klosterkaserne das Todesurteil an Johann Tastl vollzogen, welcher den Raubmord in Jochberg beging. Das Urteil lautete bekanntlich auf Tod durch Erschießen. « IN, Nr. 20, S. 5.

25. JÄNNER »

Ein Sack Weizenmehl gestohlen

Der hiesigen Bäuerin Philomena Danler wurde in der Nacht aus versperrtem Hausgange ein Sack Weizenmehl mit 70 kg entwendet. Vermutlich hatte sich der Dieb vor der Sperrzeit eingeschlichen und, sobald die Hausleute sich zur Ruhe begeben hatten, den Diebstahl ausgeführt. Den Nachforschungen der hiesigen Gendarmerie ist es gelungen, den hier allgemein unter dem Namen „Bauernschreck“ bekannten Josef Höllensteiner aus Bozen als den Täter zu ermitteln; er wurde dem Gerichte übergeben. Höllensteiner ist ein geistig minderwertiger Mensch, der sich den Beinamen „Bauernschreck“ nicht etwa wegen Gefährlichkeit für die Mitmenschen holte, sondern wegen seiner Drolligkeit und des sonderbaren Benehmens, das er an den Tag legte, besonders wenn er etwas angeheitert mit sich selbst auf der Straße redete. « IN, Nr. 20, S. 5.

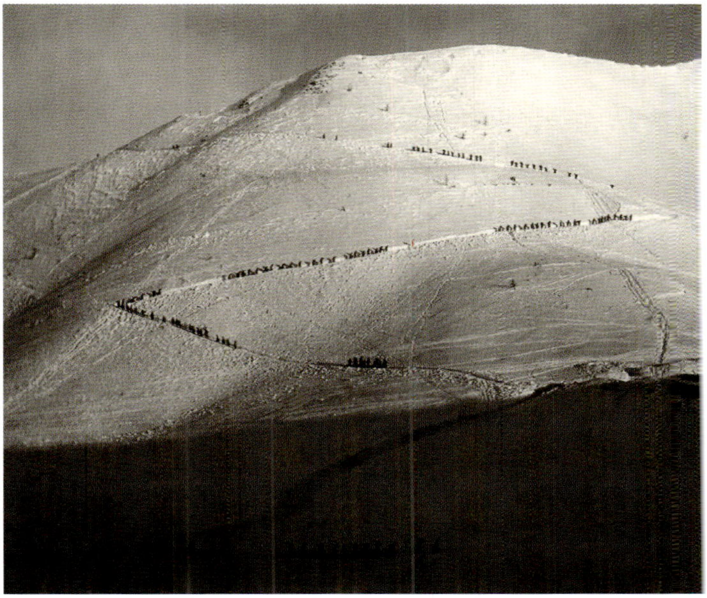

Eine Trägerkolonne am Pasubio im Jahr 1917.

26. JÄNNER

Ein Speisenplan für die Kriegsküchen

Der Erlaß ist auch mit dem Abdruck eines Speisenplanes für Kriegsküchen versehen, der für vierzehn Tage folgende Speisenzusammenstellung aufweist:

1. Gemüsesuppe, Gulasch mit Kartoffeln; 2. Erbsensuppe, gelbe Rüben mit Kartoffeln; 3. Kartoffelsuppe, Leberkuchen mit roten Rüben; 4. Knochengraupensuppe, Kartoffelknödel mit Powidl; 5. Kohlsuppe, Beuschel mit Kartoffeln; 6. Reissuppe, Kuchen mit Kaffee; 7. Gemüsesuppe mit Graupen, Kartoffelknödel mit Powidl; 8. Knochensuppe mit Nudeln, Faschiertes mit Kraut; 9. Paradeissuppe, Kartoffelgulasch; 10. Kartoffelsuppe, Wurstfülle mit Kartoffeln; 11. Brotsuppe, Kartoffelgulasch; 12. Knorrsuppe, Schaffleisch mit Kohl; 13. Lebersuppe, Kriegskuchen mit Pflaumen; 14. Krautsuppe, Serviettenknödel mit Powidl.

Die Speisenpläne werden aber infolge der Kartoffelknappheit auch mit Wrukengerichten zu rechnen haben.

Für einfaches Mittagessen berechnet das Ernährungsamt den Preis durchschnittlich auf 53,7 Heller. « IN, Nr. 21, S. 6.

26. JÄNNER

Keine Zuckerverabreichung mehr in den Kaffeehäusern

Das Volksernährungsamt bereitet eine Verordnung vor, durch welche den Kaffeehausbesitzern die Verabreichung von Zucker zu Getränken ausnahmslos untersagt wird. Die Gäste werden verhalten, selbst den Zucker beizustellen. Durch das zu erlassende Verbot soll der Ungerechtigkeit, daß Kaffeehausbesucher zum Frühstückskaffee oder zum Jausentee aus den Vorräten des Kaffeehauses Zukker erhalten und obendrein noch ihre Zuckerkarte voll verwerten, also mehr Zucker verbrauchen, als ihnen rechtlich zukommt, ein Ende bereitet werden. « IN, Nr. 21, S. 6.

Die Kriegswirtschaft hielt in immer mehr Bereichen des Alltagslebens Einzug. Entsprechend leer waren die Kaffeehäuser.

Wohl nicht jeder Rassehund war auch kriegstauglich.

1. FEBER

Rassehunde für die Armee

Das Kriegsministerium versendet folgenden Aufruf: Die von der Oeffentlichkeit der Heeresverwaltung zur Verfügung gestellten Rassehunde, und zwar: Deutsche Schäfer, Dobermann-Pintscher und Airedale-Terriers, haben für Kriegszwecke mit ausgesprochenem Erfolg Verwendung gefunden. Wurden sie ursprünglich fast nur zur Verwundetensuche und zum Patrouillen- und Meldedienst herangezogen, so hat sich seither die Notwendigkeit ergeben, den Sicherheitsdienst in den besetzten Gebieten durch Inanspruchnahme von Polizeihunden zu verstärken, ferner die Kriegsgefangenenlager der Monarchie mit Wachhunden auszustatten, um Gefangene an der Flucht zu hindern, bezw. sie wirksam zu verfolgen. [...] « IN, Nr. 26, S. 7.

3. FEBER

Die Nahrungsmittelversorgung

In der am 30. Jän. abgehaltenen Sitzung des Bozner Gemeinderates berichtete Bürgermeister Dr. Perathoner über die Angelegenheit der Nahrungsmittelversorgung in Bozen. Der Bürgermeister teilte hiebei mit, die Statthalterei habe vor etwa 2 Wochen die Mitteilung gemacht, daß eine verminderte Anlieferung von Mehl, eine Herabsetzung der Mehl- und Brotrationen um ein Fünftel nun notwendig ist. Inzwischen sei es aber gelungen, durchzusetzen, daß in dieser Woche wenigstens der achte Coupon der Karte noch eingelöst werden kann. Zudem konnte Obermagistratsrat von Sölder, der sich nach Innsbruck begeben hatte, die Zuweisung von 4000 Kilogramm Mehl erreichen, so daß wohl auch noch der neunte Coupon der Karte dieser Woche wird eingelöst werden können. [...] « IN, Nr. 27, S. 8.

Anweisung
zum Bezuge von
1/4 kg Zucker
für Schwangere und
Kinder unter 5 Jahren.

Mit Fortdauer des Krieges wurde die Versorgung mit Lebensmitteln immer schlechter.

3. FEBER »

Musterungsergebnis

Bei der am 27. Jänner stattgefundenen Musterung der Jahrgänge 1892–1898 wurden von den 41 Vorgestellten aus dem Bezirk Nauders 17 als tauglich erklärt. « IN, Nr. 27, S. 8.

5. FEBER »

Beginn der Feindseligkeiten Amerikas gegen Deutschland

Der Abbruch der Beziehungen – Geheimhaltung bis zum letzten Ende – Die Ladung der „Deutschland" verbrannt

Lugano, 4. Feber. Nach Londoner Berichten erhielt Botschafter Graf Bernstorff gestern 2 Uhr nachmittags vom Staatsdepartement seine Pässe.

Der österreichisch-ungarische Botschafter Graf Tarnowski überreichte gestern dem Staatssekretär Lansing sein Beglaubigungsschreiben. Der Abbruch der diplomatischen Beziehungen beschränkt sich vorläufig auf Deutschland.

Der amerikanische Botschafter in Berlin, Gerard, erhielt den Auftrag, vor seinem Verlassen Berlins die Pässe aller amerikanischen Bürger zu verlangen, die aus Deutschland abreisen wollen. [...] « IN, Nr. 28, S. 1.

8. FEBER »

Um beim Kaffee Zucker zu ersparen

Aus Leserkreisen kommt uns folgender wohlgemeinter Rat zu, wie man beim Kaffeetrinken Zucker erspart. Der betreffende Herr, ein Innsbrukker, hat mit seiner sechsköpfigen Familie gegen Friedenszeiten im Monat 720 Stück Würfelzucker erspart. Wie, das führt er folgendermaßen aus: Statt den Kaffee mit 3 Stück zu versüßen, nehme man einen Würfel, teile denselben in mehrere kleine Teile und lege ein Stückchen davon auf die Zunge. Der ungezuckerte Kaffee wird nun ganz normal schluckweise genossen. Auf diese Weise trinkt man denselben süßen Kaffee wie bisher und erspart zwei Würfel bei einer Tasse Kaffee. « IN, Nr. 31, S. 9.

3. MÄRZ

Fleischgenuß an fleischlosen Tagen

Laut behördlicher Bekanntgabe darf am 5., 12. und 19. März sowohl bei Privaten als bei Gastwirten Fleisch verabreicht werden. Es sind dies sonst drei fleischlose Montage. IN, Nr. 51, S. 5.

5. MÄRZ

Noch eine

In einer unserer letzten Nummern berichteten wir, daß in Mieming eine Frauensperson mit einem kriegsgefangenen Russen ein Verhältnis hatte, das nicht ohne Folgen blieb. Nun ist schon wieder ein neuer und gleicher Fall in Wildermieming vorgekommen. Hier handelt es sich auch wieder um eine Bauerntochter namens Mair. Wann werden diese beschämenden Vorkommnisse einmal aufhören? Vielleicht dann, wenn solche Frauenzimmer nach russischem Muster mit 6 Monaten Kerker bestraft werden. IN, Nr. 52, S. 5.

Obsteig am Mieminger Plateau. Hier eine Aufnahme um 1928.

10. MÄRZ »

Widmungen der Stadt

Bekanntlich hat die Stadt Bozen beschlossen, die tapferen Hausregimenter, das 2. Tiroler Kaiserjäger-Regiment und das 2. Kaiserschützen-Regiment, durch die Widmung von silbernen Signalhörnern besonders zu ehren. Die feierliche Ueberreichung der Signalhörner an eigens hiezu erschienene Offiziersabordnungen der beiden Regimenter hat Freitag den 9. ds. um 11 Uhr vormittags im Sitzungssaale des Rathauses stattgefunden. « IN, Nr. 57, S. 5.

15. MÄRZ »

Revolution in Petersburg

In Petersburg ist die Revolution ausgebrochen. Ein aus zwölf Dumamitgliedern bestehendes Exekutionskomitee ist im Besitze der Macht. Alle Minister sind ins Gefängnis gesetzt. Die Garnison der Hauptstadt, 30.000 Mann, hat sich mit den Revolutionären vereinigt. Am Donnerstag (Mittwoch?), dem 3. Tage der Revolution, war die Ordnung in der Hauptstadt wieder hergestellt. Der Deputierte Engelhardt ist vom Ausschuß zum Kommandanten von Petersburg ernannt worden. « IN, Nr. 61, S. 1.

27. MÄRZ »

Opfer des Krieges

Am 25. ds. kam nach Fulpmes an die Familie Ignaz Schmid die traurige Nachricht, daß deren Sohn Karl Schmid bei einem Patrouillengange am Stilfserjoch am 20. ds. den Heldentod gefunden hat. Derselbe war bei dem an diesem Tage herrschenden Schneesturm in eine Gletscherspalte gestürzt, doch konnte seine Leiche von seinen Kameraden geborgen werden. Karl Schmid hatte die k. k. Fachschule in Fulpmes besucht und war ein überaus fleißiger junger Mann, der zu den schönsten Hoffnungen berechtigte. Den schwergeprüften Eltern wird allgemeine Teilnahme entgegengebracht. « IN, Nr. 70, S. 3.

Der Krieg im Hochgebirge war vor allem ein Krieg gegen die Elemente der Natur.

Die Pflege der oft lange Zeit Kranken oblag zu einem überwiegenden Teil den Frauen.

2. APRIL

Der Frauenverein der Krankenfürsorge

... Dreiheiligenstraße 3, ersucht uns um die Veröffentlichung des Ausweises seiner Tätigkeit im Jahre 1916: Es sind 19 Schwestern, welche teils in Hauspflege waren, teils als Oberschwestern und zugleich zur Pflege von verwundeten und kranken Soldaten in verschiedenen Militärspitälern. In Hauspflege waren 152 Kranke, darunter 12 Kinder und 36 Wochenbettpflegen. Es geschahen im ganzen Jahre 4322 Tages- und 2731 Nachtpflegen, also im ganzen 7053, dabei gegen geringe Entlohnung 23 Kranke in 559 Tag- und 572 Nachtpflegen, im ganzen 1131; ganz unentgeltlich wurden 16 Arme in 121 Tagen und 55 Nächten gepflegt, im ganzen 176. Allen unterstützenden Mitgliedern sei hiemit herzlichst und wärmstens gedankt für ihr gütiges und wohlwollendes Interesse am Gedeihen des Vereins; sie sind um ihr ferneres Wohlwollen gebeten und wollen trachten, ihm nach Möglichkeit neue Gönner und Freunde zuzuführen. [...] IN, Nr. 75, S. 5.

2. APRIL

Die Tiroler Kriegswurst

... wurde bereits in der vergangenen Woche in Innsbruck verkauft und ist bei der Landesverkaufsstelle zu haben. Inhalt und Geschmack der Wurst erinnern stark an die sogenannten Bauernwürste der Friedenzeit, als es noch Fleisch in unbeschränkter Menge gab; die Kriegswurst ist wirklich eine Fleischwurst von Gehalt und einer ihrer Vorteile ist die maßvolle Verwendung von Gewürz.

IN, Nr. 75, S. 5.

Für Normalsterbliche war ein solcher Anblick wie eine Fata Morgana.

7. APRIL »

Amerikas Eintritt in den Krieg

Washington, 5. April. (Reuter.) Im Repräsentantenhause eröffnete der Vorsitzende des Ausschusses für auswärtige Angelegenheiten Floot die Aussprache über die Kriegsresolution. Er erklärte: Wir sollten entschlossen unsere Partei an der Seite der Entente nehmen, die den Kampf für die Menschheit führt. Unsere Macht soll so verwendet werden, daß der völlige Krieg ihre Anstrengungen krönt. Der preußische Militarismus soll zerschmettert werden. [...] « IN, Nr. 80, S. 1.

28. APRIL »

Eine Hundegeschichte

Folgendes ergötzliche Geschichtlein, das in einem Orte unserer Umgebung passiert sein soll, wird hier erzählt. Eine vielgenannte Persönlichkeit des bekannten Ortes konnte es sich nicht versagen, selbst zur Mehlausgabe, welche dieselbe zu besorgen hat, den Hund mitzubringen. Und da soll es nun vor kurzem geschehen sein, daß, als die Lebensmittelausgabe beendet war, auf den Hund vergessen und derselbe ins Magazin eingesperrt wurde, wo er über den Sonntag stecken bleiben mußte. Aber als wohlerzogener Hund soll sich derselbe durchaus nicht unanständig betragen und etwa die Hausleute durch Heulen gestört haben. Im Gegenteil, er war sehr brav und deshalb wird es ihm auch jeder Gerechte verzeihen, daß er zur Vertreibung der Zeit sich über die aufgestapelte Butter machte und auch den anwesenden Speck nicht unbeachtet ließ, denn Hunger tut bekanntlich weh. Freilich war es von ihm minder schön, daß er die herumstehenden Mehlsäcke als Ecksteine betrachtete und auch sonst eine Tätigkeit entwickelte, die für die Reinlichkeit des Fußbodens nicht vorteilhaft war. Aber auch für ihn schlug die Befreiungsstunde. Die zum Auswägen des Mehles erschienene Ladnerin aber schlug die Hände vor Entsetzen über dem Kopfe zusammen. « IN, Nr. 97, S. 6.

15. MAI

Arbeitsvermittlung für Kriegsinvalide

Bei der Arbeitsvermittlung des Gewerbegenossenschaftsverbandes in Innsbruck, Seilergasse 4, sind folgende Stellenangebote ausgeschrieben: Buchbinder, Friseure, Gerber, Obst- und Gemüsegärtner, Maler, Sattler, Säger, mehrere Spengler nach auswärts, Bau- und Maschinenschlosser, Schuhmacher, Tischler für Möbelarbeit, Wagner und Goldschmied oder Gürtler, derselbe hätte auch die Gelegenheit, die Zahntechnik zu erlernen. Stellengesuche: Bauernknecht, rechter Oberschenkelschuß (Prothese), wünscht bei einem Schneidermeister am Lande als Lehrling aufgenommen zu werden; Schneider, Schrapnellverletzung am linken Unterarm, sucht Stelle als Großarbeiter; Bäcker, Granatschuß am Unterarm und Schulterschuß, Arm beweglich, sucht Stelle in einer hiesigen Bäckerei; Geschäftsdiener, Erfrierung der Füße, sucht Stelle in einem größeren Betriebe für leichtere Arbeiten als Geschäftsdiener. IN, Nr. 110, S. 4.

20. MAI

Ganzseitiges Inserat in den Innsbrucker Nachrichten vom 20. Mai 1917.

IN, Nr. 13, S. 6. Innsbrucker Sonntagblatt, Nr. 13, S. 6.

24. MAI

Abg. Schraffl – Landeshauptmann

Die hiesige Filiale des Telegraphen-Korrespondenz-Bureaus verschickt folgende Mitteilung:

Wien, 24. Mai. Wie die Blätter melden, wurde an Stelle des verstorbenen Freiherrn v. Kathrein der Abg. Josef Schraffl zum Landeshauptmann von Tirol ernannt.

IN, Nr. 117, S. 3.

16. JUNI

Garantierter Erfolg!

Tausende Dankbriefe zur gefäll. Einsicht liegen auf.

Eine üppige, schöne feste Büste erhalten Sie bei Gebrauch der med. Dr. A. Rix Busencréme, garantiert unschädlich, für jedes Alter, rascher, sicherer Erfolg. Aeußerlich anwendbar. Die einzige Busencréme, die ob ihrer großartigen Wirkung von Apothekern, Hofparfumerien etc. geführt wird, Probedose K 4.–, große Dose genügend zum Erfolg, K 9.– Versand streng diskret. Kosm. Dr. A. Rix Präparate, Wien IX., Lackierergasse 6/X. Depot Innsbruck: M. Binder, Andreas-Hofer-Str. 2; Bozen Apoth. Illing, Laubengasse 46. IN, Nr. 135, S. 11.

21. JUNI

Rücksichtslose Klavierwüteriche

Schon wiederholt sind uns in letzter Zeit Klagen darüber zugekommen, daß das polizeiliche Verbot, in Privatwohnungen nach 10 Uhr nachts bei offenen Fenstern Musik bezw. musikähnliches Geräusch zu machen, von gewissen Leuten mit einer Rücksichtslosigkeit übertreten wird, die den lebhaften, sehr berechtigten Unwillen der ruhebedürftigen Nachbarschaft herausfordert. Besonders in einem gewissen Teile des Saggenviertels gibt es einige Klavierwüteriche, denen wieder einmal öffentlich gesagt werden muß, daß sie ihr „Taktgefühl“ weniger auf den geduldigen Tasten ihres Instrumentes, als vielmehr ihren Mitmenschen gegen-

über dadurch betätigen sollen, daß sie die Rücksichtnahme auf die unfreiwilligen Zuhörer nicht ganz vergessen. Ihr Vergnügen soll ihnen gewiß nicht mißgönnt sein, aber alles zu seiner Zeit! Um ¾ 11 Uhr nachts noch vierhändigen Radau zu machen (wie es gestern z. B. in der Schillerstraße geschah), muß man sich ernstlich verbitten! « IN, Nr. 139, S. 6.

23. NOVEMBER »

Die Verkehrseinschränkungen und die Behörden

In den Tagesblättern wurde das Publikum ersucht, Reisen möglichst zu vermeiden, um die Eisenbahn in Erfüllung ihrer Pflicht der Armee im Felde gegenüber auf diese Weise zu entlasten. Da heute bei den Verpflegsschwierigkeiten auswärts das Reisen ohnedies kein Vergnügen ist, ist dieses Entgegenkommen ohneweiters zu erwarten. [...] « IN, Nr. 268, S. 3.

27. NOVEMBER »

Im Banne des Alkohols

Noch immer spukt bei Leuten, die eher auf das Essen als auf das Trinken verzichten können, der Alkoholteufel herum. Ein Taglöhner in der Mentlgasse hatte auf dem Heimwege vom Wirtshause mit einem Schustermeister eines alten Zwistes wegen sehr lebhafte Auseinandersetzungen und schließlich stieß der Taglöhner, der angeheitert, aber nicht volltrunken war, die Drohung gegen den Schuster aus, er werde ihn noch heute erstechen. Vorerst aber riß der gewalttätige Mensch eine Latte vom Stiegengeländer des Hauses herab, in dem er wohnte und wollte auf den Schuster losgehen. Ein Offizier, der zufällig des Weges kam, verhinderte die Ausführung der Gewalttätigkeit. Dann bedrohte der Wütende noch eine Frau mit dem Erschlagen und als die Sicherheitswache ihn abführen wollte, widersetzte er sich mit aller Gewalt, so daß ihn der Wachmann fesseln mußte. In der Wachstube Wilten hatte sich der Mensch noch immer nicht beruhigt, im Gegenteile, er wollte auf sein großes, langes Taschenmesser losstürzen, das man ihm abgenommen und auf den Tisch gelegt hatte. Seine Absicht war unzweideutig und unverkennbar. Der gewalttätige Mensch wird sich wegen gefährlicher Drohung und öffentlicher Gewalttätigkeit zu verantworten haben; er wurde in Haft behalten. « Abendblatt, Nr. 232, S. 3.

Der Nikolaus-Markt wurde an der Annasäule abgehalten. Hier ein Bild von Walther Kühn aus dem Jahr 1919.

5. DEZEMBER »

Der Nikolausmarkt

Nur mehr Spuren seiner einstigen Bedeutung und Größe sind heute vorhanden, der Nikolausmarkt in Innsbruck ist unter den Wirkungen des Krieges zu einem Nichts herabgesunken, zu einem Tandelmarkt untergeordneter Bedeutung. Die einzigen praktischen Sachen der Verkäufer sind Hausschuhe aus Stoff oder aus filzähnlichem Gewebe, dann ist viel Spielzeug am Platze, Ruten, Obst und dergleichen, einige Wirkwaren und teures, schlechtes Zuckerzeug. «

Abendblatt, Nr. 238, S. 3.

10. DEZEMBER »

Ein Wüterich

In der Nacht zum 7. d. M. gerieten die in der Bindergasse beschäftigten Abortreinigungs-Arbeiter untereinander in Streit, der bald in Tätlichkeiten ausartete. Bei dieser Rauferei tat sich ein gewisser Agostini Heinrich aus Hötting, zuständig nach Pfatten, lediger Maurer und Invalide, besonders hervor, indem er mit seinem Messer einigen seiner Arbeitskollegen Schnitt- und Stichwunden beibrachte. Seiner Verhaftung leistete er heftigen Widerstand, biß den Wachmann in den Unterschenkel und zerriß ihm die Hose, so daß er gefesselt in den Arrest eingeliefert werden mußte. Agostini wurde dem Kreisgerichte eingeliefert. « IN, Nr. 282, S. 4.

10. DEZEMBER »

Die Fettaufbringung

Vom 1. bis 15. November wurden im politischen Bezirk Bozen 884,54 Kilogramm aufgebracht, davon wurden im Bezirke selbst 628,83 Kilo verteilt und an die Stadt Bozen 255,71 abgegeben. – Vom 16. bis 30. November wurden im politischen Bezirke Bozen 935,75 Kilo aufgebracht, davon im Bezirke selbst 600,71 Kilo verteilt und an die Stadt Bozen 334,94 abgegeben. « IN, Nr. 282, S. 4.

12. DEZEMBER »

Die Gasversorgung in Innsbruck

Die Leitung des städt. Gaswerkes schreibt uns in Ergänzung dieser im „Abendblatt" vom 10. ds. erschienenen Notiz: Es sei nochmals nachdrücklichst betont, daß die Aufrechterhaltung des Betriebes des städt. Gaswerkes für die nächste Zeit nur dann völlig gesichert ist, wenn die Kohlenzuschübe sich nicht noch weiter verschlechtern und wenn die verfügten Gassparmaßnahmen seitens der Abnehmer strengstens befolgt werden. Das Gaswerk wird hierauf im Interesse der Allgemeinheit unnachsichtlich bestehen müssen, weil es immer noch besser ist, weniger Gas zu haben als gar keines; so bitter diese Maßnahmen bei dem derzeitigen sonstigen Brennmaterialmangel empfunden werden mögen. « Abendblatt, Nr. 24[illegible], S. 3.

Links hinter dem später errichteten städtischen Hallenbad kann man den großen Gasbehälter des Gaswerkes deutlich erkennen. Heute erinnert ein Straßenname in der Gegend an diese Einrichtung.

Ein Blick auf Wörgl im Jahr 1931.

17. DEZEMBER »

Plünderung eines Waggons Marmelade

In Wörgl ist ein Waggon mit Marmelade von unbefugten Händen völlig ausgeleert worden. Es haben nun, so berichtet der „Tir. Grenzb.“, auf Verdächtigungen des hiesigen Stationspersonals hin (insbesondere des Verschubpersonals) Hausdurchsuchungen stattgefunden, die aber in keinem Fall auch nur den leisesten Anhaltspunkt für einen Verdacht boten. « IN, Nr. 288, S. 3.

18. DEZEMBER »

Trauergäste als Totengräber

Im Mariahilfer Friedhofe hat am Montag das Begräbnis einer Frau stattgefunden. Die Teilnehmer hatten sich eben vor der Leichenkammer eingefunden. Auch die Geistlichkeit war bereit, ihres Amtes zu walten. Da erschien vor der versammelten Trauergesellschaft die Leichenwärterin und richtete an die anwesenden Herren die Frage, ob nicht einer aus der Runde die Freundlichkeit hätte, den Sarg zuzunageln, weil die Leichenträger nicht gekommen seien. Tatsächlich fanden sich zwei Herren bereit, in die Kammer zu gehen. Sie erwiesen der Toten den letzten Dienst. Man hörte sie deutlich hämmern! Aber es kam noch schöner. Der Sarg war zwar geschlossen und wurde ins Freie gebracht und gesegnet – aber wer sollte ihn zum Grabe bringen? Da Leichenträger nicht anwesend waren, blieb schließlich nichts übrig, als daß sich vier Trauergäste bereit fanden, den Sarg zum Grabe zu tragen und in die Erde zu versenken. So kann es vorkommen, daß man im Mariahilfer Friedhofe zum Totengräber wird, wenn man mit einer Beerdigung geht! « Abendblatt, Nr. 247, S. 3.

21. DEZEMBER »

Das Geschäftsfenster als Notausgang

Am Mittwoch war beim Bäckermeister Pichler in Mariahilf bei der Brotausgabe ein derartiger Andrang, daß die Käufer den Ausgang vom Laden durch das Fenster nehmen mußten. Daß es dabei zu heiteren Szenen kam, kann man sich lebhaft vorstellen. « IN, Nr. 293, S. 3.

30. DEZEMBER »

Kellereinbrüche

In der Nacht zum 24. ds. hat ein Einbrecher unbekannter Herkunft am Innrain Beutezüge in die Keller zweier Häuser unternommen. Aus dem einen Hause verschleppte er drei Käslaibe, Emmentaler und Parmesan, den Laib zu mindestens 20 Kilo gerechnet, aus dem Keller des anderen Hauses kamen ebenfalls zwei Käslaibe kleineren Umfangs (Graukäse), einiges Obst und Erdäpfel abhanden. Sehr wahrscheinlich handelt es sich hier um einen und denselben Dieb. «

Innsbrucker Sonntagblatt, Nr. 300, S. 4.

31. DEZEMBER »

Fensterscheibenbrüche bei den Personenwagen

Die Fensterscheibenbrüche in den Personenwagen der verkehrenden Züge mehren sich derart, daß bei dem Mangel an Glastafeln zu befürchten ist, daß mitten im Winter Personenwagen teilweise ohne Fensterscheiben im Verkehr bleiben müssen. Der größte Teil der Fenstertafelbrüche wird durch unvorsichtiges Hantieren der Reisenden mit Rucksäcken und sonstigem Handgepäck hervorgerufen. Die Zugbegleiter wurden angewiesen, die Schuldtragenden unbedingt zum Schadenersatz zu verhalten. An den Reisenden liegt es, im eigensten Interesse die Zugbegleiter bei Feststellung der Schuldtragenden zu unterstützen, um zur Bekämpfung dieses Uebelstandes beizutragen. « Abendblatt, Nr. 254, S. 3.

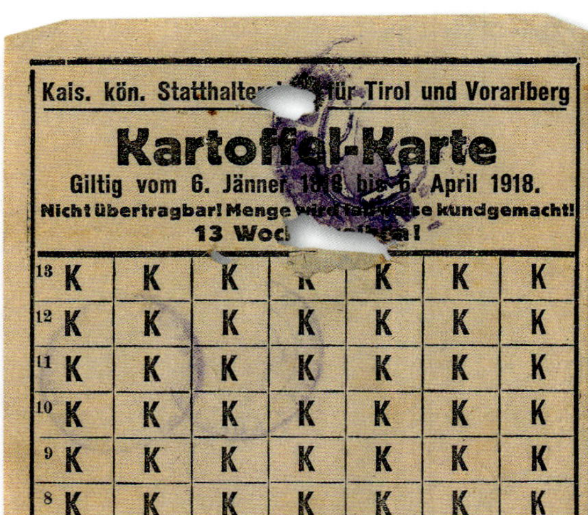

Kartoffeln waren eines der Hauptnahrungsmittel der Tiroler Bevölkerung. Die Anbaugebiete waren beliebte „Ausflugsziele“.

1918

4. JÄNNER »

Aufreizende Redensarten

Aus Hötting schreibt man uns: Manche Leute, denen es heute gut geht, scheinen ihre Mitmenschen mit Gewalt und durch bösartige Redensarten aufreizen zu wollen. Man beurteile einmal ganz objektiv folgenden Vorfall, der sich letzter Tage bei der Filiale der Arbeiterbäckerei zugetragen hat. Dort standen in der üblichen Weise Leute um Brot an, während der Abgabe desselben verursachte aber die Abfertigung einer Karnerin in der Kirchgasse ziemliche Störungen, so daß sich die Anstehenden Bemerkungen des Inhalts machten, man möge das Brot für diese Verkäuferin ein anderesmal oder an einer anderen Stelle aus dem Geschäfte befördern, damit es kein Hindernis bilde. Dies scheint die Geschäftsinhaberin aus der Kirchgasse stark aufgebracht zu haben, denn sie tat Aeußerungen, welche einer Geschäftsfrau denkbar übel anstehen. Die Frau rief gereizt gegen die Anstehenden: „Jetzt sein miar die Herren, jetzt müaßts ös toan, was miar wölln, jetzt müaßts zu uns bitten kemmen!" Dabei kniete die Person nieder und ahmte mit aufgehobenen Händen Bittende nach. Solche Gesinnung von Geschäftsleuten ist doch empörend. «

Abendblatt, Nr. 3, S. 3.

5. JÄNNER »

Butter- und Milchgeschichten

Bezüglich dieser Notiz vom 10. Dezember aus Mayrhofen ist folgendes richtigzustellen: Jene Bäuerin aus Hollenzen trug, um ihrer Pflicht nachzukommen und Butter zu stellen, am 12. November das auf sie entfallende Quantum Butter nach Mayrhofen. Sie beförderte die Butter – weil Winterszeit – unter dem Shawl in der Hand. Daß ihr die Butter beim Aufgeben eines Briefes zu Boden fiel, ist kein Grund, die Bäuerin zu verdächtigen. Der prächtige Butterknollen wog 85 Deka und wanderte nicht in die Mayrhofener Katzenau, sondern pflichtgemäß in die behördliche Abgabestelle. « IN, Nr. 4, S. 5.

Wir schauen auf Mayrhofen im Zillertal, wo die Bäuerin ihre Butter sogar bei der Behörde abgegeben hat.

Rinderhälften, wie sie hier im Fenster der Fleischhauerei Nöbl in der Müllerstraße stolz präsentiert worden waren, gab es 1918 schon längst nicht mehr.

5. JÄNNER »

Orgelabnahme

Die Orgelabnahme hat im Pustertal begonnen. Sie wird durch Alois Fuetsch, Orgelbauer in Lienz, durchgeführt und dürfte ungefähr zwei Monate in Anspruch nehmen. Erhalten bleiben als historisch-wertvoll die Orgeln der Stadtpfarrkirche Lienz, der Stiftskirche in Innichen, der Pfarrkirche in Innichen, der Kirche in St. Moritzen in Sand in Taufers, der Kirche in Moos bei Niederdorf. Als musikalisch-wertvoll bleibt erhalten die Orgel in Leisach bei Lienz. Ganz unberührt bleiben jene Orgeln, welche Zinkpfeifen im Prospekt haben, z. B. die neue Pfarrorgel in Bruneck, die Pfarrorgel in Welsberg, in St. Jakob i. Defr., in Kampill und St. Johann im Iseltal. « IN, Nr. 4, S. 5.

8. JÄNNER »

Unfug beim Anstehen um Regiefleisch

Man schreibt uns: Es ist bei der herrschenden Kälte gewiß bitter genug, um das bißchen Fleisch stundenlang stehen zu müssen, besonders für Mütter, die noch Kinder (oft auch krank) allein daheim lassen müssen. Es finden sich bei diesem Anstehen – eigentlich Anfrieren – regelmäßig verwerfliche Elemente ein, die die Gepflogenheit haben, mit bereits schon nahe der Ladentüre stehenden Personen ein Getratsch (meist welsch) zu beginnen, und sich allmählich in die vordersten Reihen einzuschmuggeln. Wenn sich dann die länger Wartenden und rückwärts Stehenden mit Fug und Recht dagegen wehren, so sind diese Einschleicher noch frech – und so etwas braucht sich die einheimische Hausfrauenschaft am allerwenigsten bieten zu lassen. Ist nun schon bei dieser Fleischansteherei abwechslungsweise Polizeiaufsicht notwendig (meist wohl überflüssig), so wäre es doch auch Pflicht des Wachorganes, geschilderten Unfug wahrzunehmen.

den länger Anstehenden zu ihrem Recht zu verhelfen und die frechen Flüchtlings-Amazonen abzuweisen. Bei dieser Gelegenheit sei auch bemerkt, daß viel Zeit, Aerger und Sorgen und gefrorene Füße vermieden blieben, wenn rechtzeitig durch das Wachorgan bekanntgegeben würde, für wie viele Anstehende das vorhandene Regiefleisch reicht, womit die voraussichtlich leer Ausgehenden nicht umsonst zu warten brauchten.

Mehrere Hausfrauen. « Abendblatt, Nr. 5, S. 3.

Die Idylle trügt, in der Schneeburggasse neben der hier zu sehenden Kapelle zum Großen Gott wurden Kämpfe um das Brot geführt.

8. JÄNNER »

Der Kampf ums Brot

Beim Anstehen und Austeilen von Brot in der Filiale Hötting der Arbeiterbäckerei in der Schneeburggasse kam es gestern zu ganz ungewöhnlichen Szenen und Auftritten. Als an die vielen Anstehenden auf einmal die Mitteilung ausgegeben wurde, das Brot sei fertig, bemächtigte sich der zahlreichen Frauen starke Erregung. Eine der Frauen, energisch und beherzt, drang nun in das Verkaufslokal ein und zog dort, ohne auf den Protest der Verkäuferin zu achten, Lade um Lade heraus. Und siehe da, der Verdacht der Frau hatte sich bestätigt, es fand sich tatsächlich noch Brot vor. Die Aufregung wuchs nach dieser Entdeckung sehr stark, die in den Laden eingedrungene Frau aber setzte die von ihr begonnene Intervention fort, übernahm nun selbst den Verkauf des noch vorhandenen Brotes, nahm Brotmarken und Geld in Empfang usw. Es mengte sich dann die Sicherheitswache ein und stellte die Ordnung wieder her. Eine der Anstehenden beging hiebei eine Wachebeleidigung, so daß es nötig war, ihr Nationale festzustellen. « IN, Nr. 7, S. 4.

Kleiner Markt

Anständiges, nettes Mädchen für alles, welches selbständig und gut kochen kann, wird aufgenommen bei Frau Oberst Cora, Museumstraße Nr. 10, 3. Stock rechts. Zwei Personen, keine große Wäsche, Lohn nach Uebereinkommen. Vorzustellen jeden Vormittag bis 11 Uhr, nachmittags von 3 bis 5 Uhr.

Tüchtiger Tischlergehilfe, verläßlicher Arbeiter, wird gegen gute Bezahlung dauernd beschäftigt. Möbelhaus Fuchs, Erlerstraße Nr. 5.

Bedienungsposten. Zu 2 Personen wird eine verläßliche, ehrliche Bedienerin, welche auch gute Hausmannskost kochen kann, für den ganzen Tag auf sofort oder auch ab 22. Jänner gesucht. Auskunft wird erteilt Höttingergasse Nr. 1, 2. Stock links.

14jähriges Mädchen wird zu 2 Kindern von 8 Uhr früh bis 12 Uhr mittags gesucht. Lohn 20 K. Bedingung: rein, hochanständig. Adr. an den Auskunftstafeln unter Nr. 372.

Tüchtige Schneiderinnen für Militärarbeit werden auf sofort gesucht. Näheres Templstraße Nr. 26, Parterre links.

Junge, tüchtige Falzerin sucht in einer **Buchbinderei** unterzukommen. Gütige Briefe erbeten unter „Sobald wie möglich 4156“ an die Verw. d. Bl.

Brillanten, Uhren, Goldsachen kauft zu allerhöchsten Preisen Lutschounigg, Adamgasse 4.

Zu verkaufen: Zweisitzer-Schlitten, neu, Rennschlitten, Fiaker-Schlitten, Brücken-Schlitten und mehrere Pferdegeschirre bei Kroisenbrunner, Pferdefleischhauerei, Innstraße Nr. 65.

Gebildetes, einfaches Fräulein, sehr kinderliebend, mit gefälligem, heiterem Wesen, im Ausbessern von Kleidern und Wäsche sehr bewandert, für 15. Jänner gesucht. Zeugnisse erwünscht. Offerte unter „Dauerposten“ an die Verw. d. Blattes.

Jenes Fräulein, welches am Sonntag bei der Gasbrücke die Ledertasche aufhob, welche mir von der Elektrischen herausfiel, wird ersucht, selbe bei Frau Anna Maurer, Amthorstraße Nr. 3, oder im städtischen Fundamte abzugeben, widrigenfalls, da das Fräulein erkannt wurde, die Anzeige erstattet wird.

Wäscherin, welche die Wäsche abholt und bringt und selbe schonend behandelt, wird gesucht. Zambra, Dreiheiligenstraße 23, 2. Stock.

Berichterstatter für den Platz Innsbruck-Stadt sucht großes Unterkunfts-Bureau. Offerte erbeten unter „Sofort 4108" an die Verw. d. Bl.

Geschäftsbeteiligung mit Kapital und persönlich gesucht. Gefl. Zuschriften unter „Schneidig und germanisch 326" an die Verw. d. Bl.

Militärarbeiten übermittelt Schneiderin ins Haus. Adr. an den Auskunftstafeln unter Nr. 371. « Abendblatt, Nr. 7, S. 4.

30. JÄNNER »

Ausgabe von Zwirn für Schneider und Schneiderinnen

Der Verband der Kleidergenossenschaften teilt uns mit: Unter Bezugnahme auf die Veröffentlichung vom 11. Jänner l. J. betreffend Anmeldung zum Bezuge von Zwirn wird hiemit besonders darauf hingewiesen, daß dies nur für die Schneidermeister und -meisterinnen des Nordtiroler Handels- und Gewerbekammersprengels bestimmt war. Außerstande, die vielen Anfragen und Wünsche jedes einzelnen zu beantworten, diene zur Kenntnis, daß in den Stärkenummern keine Auswahl und für jeden ein gewisses Quantum bestimmt ist. Das Eintreffen des Zwirnes, sowie die Zustellungsmöglichkeiten werden in den Zeitungen bekannt gegeben werden. [...] « IN, Nr. 29, S. 4.

Liebesgaben für die Kriegsgefangenen in Rußland.

Die angstvolle Sorge der Angehörigen wußte unsere Kriegsgefangenen in Rußland in Not und Entbehrung, aber es war kein sicherer Weg zu ihnen. Nach langen Verhandlungen ist es in den letzten Tagen endlich gelungen, diesen Weg zu finden.

Die russische Regierung hat für die Liebesgaben Eilzüge zur Verfügung gestellt. Diese Züge begleiten Vertreter des schwedischen Roten Kreuzes, welche vereint mit Amerikanern und Vertretern des russischen Roten Kreuzes

Die Lage der Kriegsgefangenen ist immer eine besonders prekäre. Vor allem die Gefangenen in Russland waren von zusätzlicher Versorgung fast abgeschnitten.

Kaiser Karl I. war seit November 1916 Kaiser von Österreich und König von Ungarn und Böhmen. Im Juni 1915 kommt er noch als Thronfolger nach Innsbruck.

1. FEBER

Ruhmestage der Tiroler Truppen

Kaiser Karl in Innsbruck

Die tirolische Landeshauptstadt erwartet für morgen den Besuch Kaiser Karls. Der junge Herrscher kommt hieher, um die große Kunstausstellung in den Stadtsälen, die den unvergänglichen Ruhmestaten der Tiroler Kaiserjäger im Weltkriege gewidmet ist, zu eröffnen. Die Anwesenheit des Obersten Kriegsherrn wird dieser sowohl vom künstlerischen wie vom historischen Standpunkte aus hochbedeutsamen Veranstaltung höchsten, ehrenvollen Glanz verleihen; spricht sich in ihr doch wieder deutlich die besondere Hochschätzung aus, die der Kaiser seinen treuen Tiroler Regimentern zu zeigen schon oft und immer gerne Anlaß genommen hat. Die Tiroler Kaiserjäger waren es ja, die der jetzige Monarch, noch als Thronfolger, bei der glorreichen Frühjahrsoffensive gegen Italien 1916 selbst zum Siege geführt, in deren Mitte er sich selbst die ersten Kriegslorbeeren gepflückt hat. [...]

Abendblatt, Nr. 23, S. 1.

11. FEBER

Friede auch mit Rußland

Abrüstung der russischen Armeen

Das k. k. Tel. Korr.-Bur. meldet heute aus Brest-Litowsk vom gestrigen Tage:

Die für die Behandlung der politischen Fragen eingesetzte deutsch-österreichisch-ungarisch-russische Kommission hielt gestern und heute Sitzungen ab. In der heutigen Sitzung der Kommission teilte der Vorsitzende der russischen Delegation im Auftrage seiner Regierung mit, daß Rußland unter Verzicht auf einen formellen Friedensvertrag den Kriegszustand für beendet erklärt und die völlige sofortige Demobilisierung der russischen Streitkräfte anordne. Für die aus dieser Situation sich ergebenden weiteren Besprechungen zwischen den Mächten des Vierbundes und Rußland über die Gestaltung der wechselseitigen diplomatischen, konsularischen, rechtlichen und wirtschaftlichen Beziehungen verwies Herr Trotzky auf den Weg des direkten Verkehrs zwischen den Delegierten der Regierung und den in Petersburg befindlichen Kommissionen der Mächte des Vierbundes. « IN, Nr. 39, S. 1.

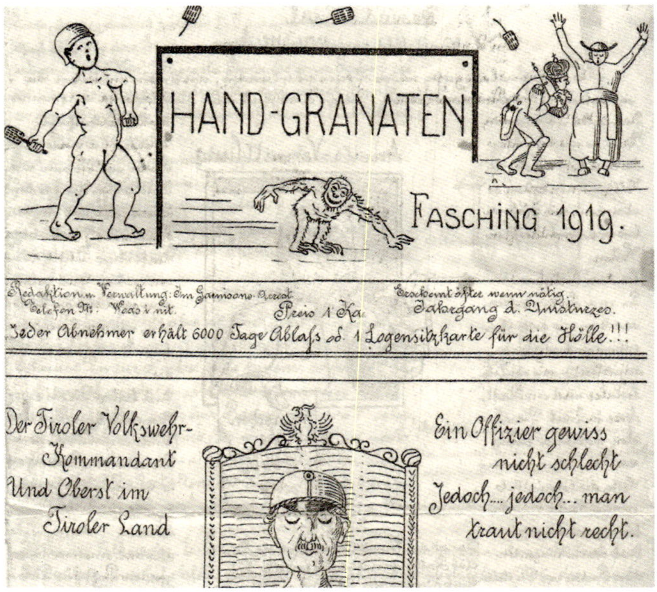

Titelblatt einer militärischen Faschingszeitung aus 1919, die eine sehr raue Sprache zeigt.

11. FEBER »

Der Kriegsfasching in Innsbruck

Wir erhielten aus Leserkreisen eine Zuschrift, die sich mit dem Inhalte des in unserem Sonntagblatte vom 9. ds. Mts. enthaltenen Artikels über den Innsbrucker Maskenball und „Kölner Karnevalsrummel“ befaßt. Da das leicht in die Form einer Erwiderung gewickelte Schreiben von einem Förderer solcher lustiger Veranstaltung, vielleicht gar von einem Teilnehmer des „Rummels“ zu sein scheint, sei ihm als einem Vertreter der Ansichten „des anderen Teiles“ gerne Raum gewährt. Die Zuschrift hatte folgenden Inhalt: Im Sonntagblatt stand eine schöne Geschichte von Kriegsfasching und Maskenbällen in Innsbruck zu lesen. Nun, gar so „miserabel“ gehts den lieben Innsbruckern denn doch auch im Krieg nicht. Es gibt ja auch Dirndlabende, bunte Veranstaltungen in einigen Innsbrucker Gasthäusern und ich kann versichern, daß es dort sehr lustig ist, es wird getanzt und man freut sich des Lebens; und ob man schließlich so was einen Ball oder einen Perfektionsabend heißt, das verschlägt weiter nichts – oder? Also braucht sich der große Moralist wegen des entsetzlichen Unfugs am „Unsinnigen Donnerstag“ nicht allzusehr aufzuregen. – Noch wissenwerter wäre die Geschichte von einem „Dirndlabend“ am Mittelgebirge, der sich im Freien an offenem Feuer in der Nähe eines Heustadels zugetragen hat. Fünf Paare haben daran teilgenommen. « Abendblatt, Nr. 29, S. 3.

21. FEBER

Fliegerangriff auf die offene Stadt Innsbruck

Eine Frau tot, mehrere Personen verletzt – Kein militärischer Schaden

Nicht zum ersten Male sah Innsbruck feindliche Flieger im Stadtbereiche, aber niemals kam es zu einem Angriffe auf die Stadt, deshalb erklärt sich auch die große Sorglosigkeit, mit der die Bevölkerung gestern den Angriff aufgenommen hatte. […]

Der Angriff

Es waren vier Apparate, ein Großkampfflugzeug, ausgestattet mit einem Maschinengewehr, und drei leichtere Fahrzeuge, Bombenträger. Sie kamen vom Süden her, vermutlich auf einer Route, auf der sie wenig oder gar nicht beobachtet werden konnten, denn als in Innsbruck das vereinbarte Zeichen „Fliegergefahr" gegeben wurde, kamen die Feinde auch schon in Sicht. […]

Die ersten Bomben

Der Kampfflieger ging tief auf die Stadt herab, so tief, daß man glaubte, er schwebe über die Dächer hinweg – man schätzte die Höhe des Kampffliegers auf 300, die der anderen [Luft]Fahrzeuge auf 2000 Meter –, einige ließen sich sogar durch mangelhafte Höhenschätzung zu der Behauptung verleiten, er sei nur in der Höhe des Stadtturms geflogen. Jedenfalls aber war der Aviatiker in der Annahme, in der offenen Stadt Innsbruck gebe es keine Abwehrmaßnahmen, tollkühn geworden.

Ein ungeheurer Knall, weithin hörbar, war das erste Zeichen, daß es sich nicht um einen Ausflug oder ein Schaufliegen der Aviatiker handeln konnte. Der Angriff hatte mit dem Abwurfe einer Bombe eingesetzt. Nun wurden die Gesichter der Neugierigen etwas länger, es kam Bewegung in die interessiert schwatzenden Massen: ein zweiter und ein dritter Knall ziemlich rasch hintereinander, dumpf, dröhnend die Stadt schien bis in ihre Randgebiete hinaus zu erbeben. […]

Die erfolgreiche italienische Crew des ersten Luftangriffes auf Innsbruck. Es ist die gesamte Dokumentation des Fluges mit einigen Fotos erhalten.

Opfer

Die Taglöhnerin Aloisia Steiner, eine ältere Frau, hatte schwere Brandwunden erlitten. Es wurde ihr wohl eilends Hilfe gebracht, aber trotzdem starb die Frau nach kurzer Zeit. Josef Messe, ein Arbeiter aus Oberösterreich, hat ebenfalls Brandwunden erlitten, die ärztliche Behandlung nötig machten. Adelheid Bai, die Frau eines Südbahnarbeiters, hat einen Nervenchoc erlitten, der sie zwang, das Spital aufzusuchen. Die anderen Verletzungen sind nur ganz leichter Art gewesen. [...]

Noch etwas

Die Flieger haben angeblich Zettel abgeworfen mit der Mitteilung, sie würden wiederkommen. Wenn ihnen dies nicht verwehrt werden kann, sei bei dieser Gelegenheit zur Erörterung gestellt, daß außer Deutschen auch viele Italiener in Innsbruck weilen, das sind solche österreichische Staatsangehörige, die jetzt von den Italienern befreit werden sollten. Auch diese können zu Schaden kommen. [...] « IN, Nr. 49, S. 5.

22. FEBER »

Gegen den Fremdenverkehr im Sommer

Suske lenkte die Aufmerksamkeit des Gemeinderates auf die Sommerfrischler-Frage. Man müsse einer diesbezüglichen Gefahr rechtzeitig entgegen treten. Schon im Vorjahre habe sich die Bevölkerung über die Fremden aufgeregt und Schritte bei der Statthalterei unternommen, die dann einen Termin für die Abreise der Fremden festsetzte. Man müsse heute schon mit allen Mitteln trachten, dahin zu wirken, daß die Sommerfrischler von auswärts heuer ferngehalten werden. [...] Bürgermeister Greil erklärte sich damit einverstanden, alles zu tun, um den Fremdenzuzug möglichst zu verhindern. [...] « IN, Nr. 50, S. 3.

2. MÄRZ »

Kriegsfürsorge-Kino

Die seit 3. Februar zugunsten der allgemeinen Kriegsfürsorge für den Bezirk Landeck veranstalteten Kinovorstellungen erfreuen sich stets eines sehr guten Besuches. Dank dieser regen Teilnahme konnten bis 24. Februar 1500 Kronen als Reinertrag verzeichnet werden. Hievon wurde ein Fond von 1000 Kronen als Grundfond zur Unterstützung von Invaliden, Witwen und Waisen des Standschützen-Bataillons Landeck angelegt, 300 Kronen wurden dem Fond zur Errichtung eines Kriegsgräberdenkmals in Landeck und 200 Kronen wurden der Bahnhof-Labestation in Landeck überwiesen. « IN, Nr. 58, S. 4.

4. MÄRZ »

Der Friede mit Rußland

Wien, 3. März. Das k. k. Tel.-Korr.-Bur. meldet aus Brest-Litowsk: Der Friedensvertrag mit Rußland, samt Zusatzverträgen, wurde heute nachmittags 5 Uhr unterzeichnet. [...] « IN, Nr. 60, S. 1.

Knapp neben dem Bahnhof Hochzirl liegt die bis heute bedeutende Heilstätte. Die Schienen sind die Geleise der Mittenwaldbahn um 1912.

5. MÄRZ

Die Militär-Heilstätte in Hochzirl

In der idyllisch gelegenen Station Hochzirl an der Mittenwaldbahn hat sich im Laufe der letzten Monate ein überaus reges Leben entwickelt. Im Hotel „Kaiser Max", das für militärische Zwecke gemietet wurde, ist eine Baukanzlei sowie ein k. u. k. Stationskommando errichtet worden, eine kleine Barackenstadt entstand, mitten im Walde auf dem kleinen Plateau oberhalb der Bahnstation. Es handelt sich um den Bau einer militärischen Heilanstalt für Lungenkranke, die in modernster Weise eingerichtet zur Aufnahme von ungefähr 400 Heilungsbedürftigen dienen soll. [...] IN, Nr. 61, S. 3.

18. MÄRZ

Versicherung der städtischen Gebäude gegen Fliegerschäden

Die Stadt Bozen ist für ihren Besitz an Baulichkeiten eine Versicherung gegen Fliegerschäden eingegangen. Die Bauten im Stadtgebiete und die der Stadt gehörigen Schlösser Runkelstein, Ried und Velthurns haben insgesamt mit den der Stadt gehörigen Inventaren einen beiläufigen Wert von sieben Millionen Kronen. Die Versicherungsgebühr betrug hiefür im ganzen rund 21.000 Kronen, wovon aber ein Teil wieder als Bonifikation zurückfließt, wenn wirkliche Schadensauszahlungen eine gewisse Summe nicht überschreiten. IN, Nr. 74, S. 5.

26. MÄRZ

Närrisch gemacht

Liebelei, Trunkenheit und blöde Wahrsagereien setzten gestern nachts in Hötting einem 19jährigen Landstürmer derart zu, daß er zu toben begann und gefesselt ins Spital gebracht werden mußte. Der „Wahrsagerin" fiel nämlich nichts Dümmeres mehr ein und so sagte sie dem Burschen vor, „wenn er ins Feld muß, so wird er fallen". IN, Nr. 80, S. 4.

30. MÄRZ

Ernährungsfragen

Lienz. Das Wirtschaftsamt veröffentlicht: Vorläufig wird kein Brot ausgegeben, dafür erhält man für die einfache Karte 900 Gramm Polentamehl oder -Grieß pro Woche. Nach diesem Wortlaut gibt es also brotlose Ostern. – Das Anstellen um Fleisch dauert unvermindert an. Bald nach 3 Uhr früh kommen die ersten angerückt. Die Ansteller numerieren sich selbst, solange dies noch möglich ist. Mit berechtigter Duldermiene erzählen sie später, um 4 Uhr war ich die siebenunddreißigste usw. Weil das stundenlange Stehen für schwächliche Leute nicht auszuhalten ist, nehmen sich jetzt die Leute Fußschemmel zum Sitzen mit. Ein Schritt noch und wir haben in der Rosengasse ein Strohsäckelager, auf denen die Fleischkunden liegend die Stunde der Eröffnung des Fleischladens erwarten. IN, Nr. 84, S. 7.

27. APRIL

Bewohner von Innsbruck und Umgebung

Ein neuer Kriegsnotstand fordert dringliche Abhilfe. In zahlreichen Familien bis weit in den Mittelstand hinein fehlt den Säuglingen und Aufziehkindern das Notwendigste zur gedeihlichen Pflege:

Säuglingswäsche und Kinderzeug!

Mit bitteren Sorgen sehen viele Mütter ihrer schweren Stunde entgegen. Auch für Geld können sie nicht die wärmenden Hüllen für die Säuglinge, Windeln und Wäsche, herbeischaffen und viele hilflose Geschöpfe erleiden an ihrer Gesundheit schweren Schaden.

Darum wendet sich die gefertigte Landeskommission für Mutter- und Säuglingsfürsorge an alle guten Leute mit der dringenden Bitte:

Gebt Windeln und Wäsche! [...] « IN, Nr. 111, S. 4.

13. MAI »

Schlechte Verhältnisse

Daß die Nichtselbstversorger auf dem Lande oft mindestens nicht besser daran sind als ihre Leidensgenossen in der Stadt, ist aus dem Grunde leicht zu verstehen, weil essen zuschauen nicht fett macht und die Versorgung meist in den Händen solcher liegt, die selber von einer Not noch nichts verspürt haben. Kössen ist bereits seit 11 Wochen ohne Brot. Warum macht Kössen eine solche Ausnahme? Die K. G. V. A. gibt im „T. A." Nr. 54 Auskunft: Weil mehrere ablieferungspflichtige Parteien nicht richtig abgeliefert haben. [...] « IN, Nr. 126, S. 3.

13. JUNI »

Die Versorgung mit Rauchwaren

Man erinnert sich noch, daß zu Beginn des Krieges der Herr v. Scheuchenstuel die Situation in der Tabakversorgung so hinstellte, daß dem Verbrauch noch mehr zur Verfügung gestellt worden sei als in Friedenszeiten. Gestern gab nun der Leiter der Tabakabteilung im Finanzministerium Hofrat Dr. Dorrek vor Vertretern der Tagespresse eine Darstellung, die beweist, daß das Finanzministerium an der Tabakverschwendung und der dadurch herbeigeführten gegenwärtigen Situation nicht unschuldig ist. Bei Ausbruch des Krieges waren nämlich große Vorräte an Rauchwaren vorhanden, die sehr rasch verschwanden, weil sich, wie der Vertreter des Finanzministeriums ausführte, die gesamte Bevölkerung einer geradezu unsinnigen Verschwendung befleißigte. „Ein in seinen Folgen katastrophaler Liebesgabenkult hatte einen Umfang angenommen, daß Millionen von Zigaretten ins Feld geschickt wurden, von denen ein großer Teil verloren ging oder durch Nässe verdarb und aus schlecht gestopften Hülsen auslief." [...] « Abendblatt, Nr. 111, S. 3.

4. JULI »

Wucherer

Man schreibt uns: Bekanntermaßen läßt sich mit dem Wenigen, das uns das „fürsorgliche" Ernährungsamt zugedacht hat, nicht auskommen. Die sogen. Rucksackhamsterei ist daher, wenn man leben will, unbedingt notwendig. Hiebei kann man die sonderbarsten Erfahrungen machen. Wenn der Landmann für seine Erzeugnisse einen der gegenwärtigen Zeit entsprechenden Zuschlag macht, kann man gerechterweise dagegen keinen Einspruch erheben. Wenn aber die Unverschämtheit des Landmannes so bodenlos ist, daß für ein Kilo Roggen sage und schreibe 10 K verlangt werden, wie dies erst letzthin von einer Unterinntaler Bergbäuerin gefordert wurde, ist dies ein durch nichts gerechtfertigter jüdischer Wucher, wie er im Buche steht. Solche gewissenlose Ausnützung der Bedrängnis des Nächsten verdient entsprechend gebrandmarkt zu werden. « Abendblatt, Nr. 126, S. 3.

4. JULI »

Gemüsediebe

In einer der letzten Nächte wurde aus einem Schrebergarten unweit des Innsteges ein ganzes Beet voll Kohlrüben gestohlen. Nach harter Arbeit erleidet die Besitzerin, eine arme Frau, noch empfindlichen Schaden. «

Abendblatt, Nr. 126, S. 3.

8. JULI »

Die Zensur in Tirol

Wieder bringt das „Amtsblatt zur Wiener Zeitung" sechs Erkenntnisse über Zeitungsbeschlagnahmen. Davon entfällt je eine auf Prag, Lemberg und Laibach, der Rest, drei Beschlagnahmen, auf Innsbruck. Innsbruck hält den Rekord stramm. « IN, Nr. 178, S. 3.

23. JULI »

Betriebseinstellung

Der Rohstoffmangel bringt es mit sich, daß die als äußerst arbeiterfreundlich bekannte Weberei und Spinnerei Jenny u. Schindler in Imst den bis heute in beschränktem Maße aufrecht erhaltenen Betrieb demnächst gänzlich einstellen muß. Das vollständige Fehlen der Baumwolle ist die Ursache. « IN, Nr. 193, S. 4.

2. AUGUST

Eine Kundgebung der österreichischen Juden

Die Vorstände der Wiener und mehrere Hundert anderer israelitischen Kultusgemeinden haben eine Kundgebung beschlossen, in der es u. a. heißt: Gegenüber den in den antisemitischen Versammlungen usw. vorgebrachten unwahren und entstellten Anwürfen sieht sich die österreichische Judenschaft veranlaßt, nachdrücklich festzustellen: Sie hat in ihrer Gesamtheit in diesem Krieg bedingungslos und uneingeschränkt Gut und Blut geopfert. Für Kriegsfürsorge und für die Bedürfnisse des Staates leistet sie weit über jedes andere Verhältnis. Sie hat materiell ungleich mehr gelitten als andere Bevölkerungskreise. Aber auch ihre seelischen Leiden waren größer, weil gewissenlose antisemitische Parteiführer des Hinterlandes nicht ohne Erfolg bemüht waren, den Judenhaß in die Armee zu verpflanzen, selbst in die vorderste Feuerlinie. Kriegsgewinne wurden von Nichtjuden in höherem Maße erzielt als von Juden. Andererseits erreichte die Summe von Verfehlungen, deren einzelne Juden sich schuldig gemacht haben, nicht im Entferntesten im Verhältnis die Summe jener Verfehlungen, deren Nichtjuden überführt wurden. Zum Schluß wird darauf hingewiesen, daß bei dem Versagen des Schutzes der Behörden bei etwaigen Pogromen die Juden gezwungen wären, eine Selbsthilfe zu organisieren. [...] IN, Nr. 197, S. 2.

15. AUGUST

Beim Felddiebstahl erwischt

Tschengls, 8. August. In einer der letzten Nächte sah eine Bäuerin die hiesige Kleinhäuslerin Anna Plant und deren Tochter Katharina mit gefüllten Körben und Schürzen aus den Feldern kommend heimkehren. Da die Beobachterin Verdacht schöpfte, die beiden nächtlichen Feldbesucherinnen – welche in dieser Hinsicht schon von früher her in nicht einwandfreiem Rufe stehen – könnten einen Diebstahl begangen haben, erstattete sie bei der Gemeindevorstehung die Anzeige. Eine vorgenommene Hausdurchsuchung förderte dann 350 Kilo Roggen zutage, welchen Anna Plant mit Hilfe ihrer Tochter – wie sie sodann selbst zugab – über Nacht von mehreren Aeckern zusammengestohlen hatte. [...] IN, Nr. 214, S. 4.

Zwei Wanderer auf der Malser Heide im Vinschgau Ende der 1920er Jahre.

Der Städter mit einem Rucksack war ein häufig anzutreffender Gast am Land. Meist war er auf der Suche nach Lebensmitteln, die er gegen Schmuck und andere Wertsachen eintauschen konnte.

20. SEPTEMBER »

Keine Aufhebung des Verbotes des Rucksackverkehrs mit Kartoffeln

Die „T. Z.-K." ist von der Bezirkshauptmannschaft Innsbruck zu der Mitteilung ermächtigt, daß die Gerüchte von einer gänzlichen oder teilweisen, also auch hinsichtlich von Mengen unter zehn Kilogramm, Aufhebung des Verbotes des Rucksackverkehrs mit Kartoffeln nicht der Wahrheit entsprechen und auf die Bevölkerung nur irreführend einwirken. Das Verbot ist wie bisher aufrecht erhalten und wird strenge gehandhabt. « IN, Nr. 251, S. 2.

23. SEPTEMBER »

Ein erwischter Viehdieb

Aus Hopfgarten wird uns berichtet: Seit einiger Zeit kamen in hiesiger Gegend fast wöchentlich Vieh- und andere Diebstähle vor, ohne daß man dem Täter, welcher offenbar immer derselbe war, auf die Spur kam. Endlich ist es nun gelungen, dem gefürchteten Dieb, dem Kleinhäusler Alois Polansky von Hopfgarten-Land, auf die Spur zu kommen und zu verhaften. Die ganze Bevölkerung von Hopfgarten Markt und Land ist der hiesigen Gendarmerie und dem derzeit zur Sommerfrische am Penningberg sich aufhaltenden Bezirkssekretär d. R. Michael Waller aus Reutte, deren Verdienst es ist, daß dieser Bauernschreck ausfindig gemacht wurde, besonders dankbar. Der Wert, der durch dieses äußerst gemeingefährliche Individuum gestohlenen Ziegen, Schafe, Kälber und Schweine dürfte die Summe von 10.000 K weit überschreiten. « IN, Nr. 254, S. 3.

12. OKTOBER

Der Brenner niemals Landes- oder Volksgrenze!

Brixen, der kirchliche Mittelpunkt Tirols, war schon vor tausend Jahren ein deutscher Kultursitz in Tirol. An diese tausendjährige Tatsache wollen die vereinigten Nord- und Südtiroler erinnern beim Tiroler Volkstage in Brixen, Sonntag den 13. Oktober 1918.

Alldeutsche Landesparteileitung.
Deutschnationale Landesparteileitung.
Deutscher Mittelstandsbund.
Tiroler Volksbund.
Christlichsoziale Landesparteileitung.
Konservative Landesparteileitung.
Kath. Tiroler Bauernbund.
Deutscher Volksrat. IN, Nr. 269, S. 3.

15. OKTOBER

Kindesweglegung

Am Tore des Einganges in das Scheuchenstuel'sche Waisenhaus in der Museumstraße hier fand man letzter Tage, in ein Frauen-Schultertuch lose eingewickelt, ein nicht ganz einjähriges Knäblein, gesund und munter, aber von der Mutter schnöde verlassen. Es war bisher nicht möglich, die Person zu entdecken, welche diese Verzweiflungstat vollführt hat, aber sehr wahrscheinlich ist es eine Person im Alter von etwa 35 Jahren, mittelgroß, die um diese Zeit in der Gegend dort mit einem auf solche Art eingewickelten Kinde auf dem Arme gesehen worden ist. Abendblatt, Nr. 196, S. 3.

17. OKTOBER »

Keine Schließung der Universität

Wie man uns von der Universität mitteilt, beruht die gestern gebrachte Nachricht von der Schließung der Hochschule wegen der Grippe auf einem Irrtum. « IN, Nr. 274, S. 3.

19. OKTOBER »

Die Grippe

Von vorgestern auf gestern morgen waren in Innsbruck die meisten Todesfälle; insgesamt beträgt die Zahl der Opfer in Innsbruck bis heute 37. Auffallenderweise ergreift die Krankheit zumeist Frauen, jüngere Frauen, und diese erliegen ihr leider nur allzu häufig. Sehr in Anspruch genommen sind jetzt außer den Aerzten auch die Priester, welche den Sterbenden oder den vielen Schwerkranken auf ihren Wunsch den letzten Trost spenden. [...] Die spanische Krankheit greift in Lienz immer mehr um sich. Es gibt Familien mit sieben, acht und neun Kranken. Auch die Schulen wurden am 13. Oktober vorläufig auf eine Woche geschlossen. – Infolge der Grippe in Bozen wurde vom Landesschulrate die Schließung des Unterrichtes am Franziskaner-Gymnasium für die Dauer von 14 Tagen angeordnet. «

IN, Nr. 276, S. 3.

22. OKTOBER »

Die Grippe

[...] In Roppen bei Imst sind zahlreiche Sterbefälle infolge der Grippe vorgekommen, in Sautens hat sie auch schon Eingang gefunden, Imst blieb bisher verschont. – Traurige Verhältnisse wurden in Sankt Georgen bei Bruneck durch die Grippe geschaffen. Dort kam in einer Familie der Mann zur Entbindung seiner Frau auf Urlaub, erkrankte aber an der Grippe und am selben Tage verschied er, an welchem die Frau entbunden wurde. Am nächsten Tage starb dann auch die Frau und das neugeborene Kind ist eine Doppelwaise. « IN, Nr. 279, S. 3.

Ein Blick in die Museumstraße – hier der Habsburger Hof an der Ecke zur Sillgasse – um 1910.

Die sogenannte spanische Grippe war eine Grippe-Epidemie, die sich über die ganze Welt ausbreitete und Millionen von Opfern forderte. Auch in kleinen Dörfern wie hier in Obsteig.

25. OKTOBER »

Die Grippe

In Wattens war das erste Opfer der Grippe die Greidererwirtin Schrott, 29 Jahre alt. Die Schulen sind alle geschlossen. – Nun hat die Krankheit auch in Kramsach Eingang gefunden, das bisher verschont geblieben war. Nun ist die Grippe dort plötzlich sehr heftig aufgetreten und einige Todesopfer waren bisher die Folge. – In Ellmau sind bisher vier Personen gestorben; drei waren im Alter von 3 bis 16 Jahren. – In Fieberbrunn liegen über 300 Personen krank darnieder. – In Elbigenalp beträgt die Zahl der Todesopfer bis heute zwei. [...] Die Grippe hat auch in Leifers sehr viele Leute ergriffen, doch bisher ist nur eine Zivilperson daran gestorben. Die Schulen wurden bis 5. November geschlossen. In Vigo im Fassatale war die Grippe sogar ein Ehehindernis. Dort sollte die Trauung des Postmeisters Innozenz Moling mit Fräulein. Anna Aßwanter aus Stanz stattfinden, aber die Spanische Grippe vereitelte die Eheschließung – hoffentlich nur vorläufig. [...] « IN, Nr. 282, S. 3.

27. OKTOBER »

Kriegsgewinner

Aus Telfs wird uns geschrieben: Sie berichteten vor etlichen Wochen die Nachricht, daß bei der Pachtversteigerung hiesiger Grundstücke für 10 Starland rund 4000 K und für 3 Starland gar 2100 K als jährlicher Zins erzielt wurde, so daß also 13 Starland (ein Starland mißt 615 Quadratmeter) Pachtfeld dem Besitzer rund 6000 K im Jahre Pachtzins tragen. Der Kaufpreis dieser Grundstücke war unter normalen Verhältnissen an 3 bis 4000 K. Die betreffende Notiz war aber unvollkommen, weil sie den Namen des Pachtnießers, des hiesigen Seelsorgers, verschwieg. « Innsbrucker Sonntagsblatt, Nr. 284, S. 2.

Telfs mit der Hohen Munde im Norden um 1926.

27. OKTOBER »

Die Schieber

Brixen, 25. Okt. In einem Gasthause neben einem der Stadttore verkehren die Schieber. Diese Herren zahlen keinen Heller Steuer und machen glänzende Geschäfte. Man braucht nicht in Kaffeehäuser der Leopoldstadt nach Wien zu gehen, hier findet man gleiche Bilder. Existenzen, welche früher nicht eine ganze Hose hatten, feiern heute bei den wahnsinnigen teueren Preisen Orgien und haben die Brieftasche vollgepfropft mit Geld. Wird es dunkel, so sieht man Gestalten, welche große Reisekoffer auf Handwagen herumschieben. Der Inhalt ist zumeist Fleisch. Phantasiepreise werden bezahlt, aber kein Heller an Steuern. Der Beamte, der Bürger, der Arbeiter muß darben und Leute, die dabei nichts arbeiten, führen ein Schlaraffenleben! Das sind Zustände ohnegleichen! « Innsbrucker Sonntagsblatt, Nr. 284, S. 2.

28. OKTOBER »

Die Sterblichkeit in Innsbruck

... ist derzeit eine recht beängstigende. Sie betrug vom 20. bis 26. Oktober 135 Personen und zwar 82 Militär- und 53 Zivilpersonen. Die Opfer der Grippe sind mitinbegriffen: 60 Militärpersonen und 38 Zivilisten, die Todesfälle an Grippe reichen also schon nahezu an die 100 heran. « IN, Nr. 285, S. 3.

29. OKTOBER »

Der Nationalrat von Tirol

Die „Volkszeitung“ bemängelt es, daß der deutschnationalen Partei vier Mandate im Nationalrat eingeräumt wurden, wobei sie noch ein Landesausschußmandat besitze. Bei den Wahlen aus der allgemeinen Kurie im Jahre 1914 habe die Partei weniger Stimmen als die sozialdemokratische erhalten. Ob jetzt der günstige Zeitpunkt ist, über eine Stimme mehr oder weniger zu richten, bezweifeln wir sehr. Wir glauben, die Herren werden in den nächsten Tagen etwas anderes zu tun bekommen. Das ist aber doch von den Sozialdemokraten auch zu bedenken, daß die deutschnationale Partei, wenn auch vielleicht nicht zahlenmäßig, so doch inhaltlich die breitesten Volksschichten vertritt, weil es eine einheitliche und geschlossene deutschnationale Partei nicht gibt, sondern nur viele Gruppen, die sich um ein deutschnationales Programm scharen. [...] « IN, Nr. 286, S. 3.

31. OKTOBER »

Bildung von Deutschösterreich

Wahl des Staatsrates und Einsetzung der Regierung – Uebernahme der Vollzugs- und Militärgewalt durch den Staatsrat

Der deutschösterreichische Vollzugsausschuß ist endlich von Worten zur Tat übergegangen und hat gestern die endgültigen Beschlüsse gefaßt, die ihm die souveräne Staatsgewalt über Deutschösterreich gewährleisten. Nach den Tschechen und Südslawen, die alles im voraus wohl vorbereitet hatten, ist seit gestern der deutschösterreichische selbständige Staat existent geworden. Die Uebernahme der Verwaltung und der Militärgewalt durch den deutschösterreichischen Staatsrat, beziehungsweise durch die von ihm zu ernennenden Staatsämter, die zusammen die Regierung bilden, wird im Laufe des heutigen Tages vor sich gehen. Die Schaffung einer deutschösterreichischen Armee ist nach den Erklärungen des Präsidenten Dr. Dinghofer und nach dem Wortlaute eines vom deutschösterreichischen Staatsrate an die Bevölkerung gerichteten Aufrufes im Zuge. [...] « IN Nr. 288, S. 1.

Was will Italien?

Den Gewaltfrieden!

d. h. außer der Einverleibung von Italienisch-Tirol noch Ladinisch-Tirol u. einen großen Teil von Deutsch-Tirol.

Was will Deutschösterreich?

Den Verständigungsfrieden!

d. h. das Selbstbestimmungsrecht der Völker. Eine unter neutraler Kontrolle stehende Volksabstimmung möge über die staatliche Zugehörigkeit entscheiden!

2. NOVEMBER »

Die Ereignisse in Tirol

Uebernahme der Zivil- und Militärgewalt durch den Tiroler Nationalrat

Wir erhalten folgende Kundmachung:

Das Militärkommando ist seit gestern dem Tiroler Nationalrat als Exekutionsrat unterstellt und hat in seinem Auftrage bis auf weiteres die militärischen Agenden im bisherigen Territorialbereiche im bisherigen Umfange weiterzuführen. Es bleiben somit die im Territorialbereiche befindlichen Militärpersonen dem Befehlsrechte des Militärkommandos unterstellt.

Innsbruck, am 2. November 1918.
Der Tiroler Nationalrat: Schraffl m. p.
FM. Gabriel m. p.

Im Laufe des heutigen Tages werden sämtliche staatlichen und autonomen Aemter sowie das in Innsbruck garnisonierende Militär auf die neue Exekutive vereidigt. [...]

Gegen die Bandenbildung in Südtirol

In der Nacht von Donnerstag auf Freitag trat über Einberufung des Vorsitzenden Schraffl im Landhause zu Innsbruck der Tiroler Nationalrat zu einer dringenden Sitzung zusammen, die sich mit der Tatsache beschäftigte, daß österreichische Truppen nichtdeutscher Zunge zum Zwecke der Erreichung ihrer Heimat das Pustertal zu Fuß durchziehen und dort Zwangsrequisitionen veranstalten. [...] « IN, Nr. 289, S. 1.

3. NOVEMBER »

Raub auf dem Innsbrucker Hauptbahnhofe

Auf dem Hauptbahnhofe Innsbruck, und zwar auf dem Frachtenbahnhofe, hat sich heute nachmittag etwas ereignet, das nie wieder vorkommen darf. Von mehreren Güterwägen, die abgekoppelt auf den Geleisen vereinzelt herumstanden, sind einige Waggons gewaltsam geöffnet und ihres Inhalts beraubt worden. Es waren Wagen mit Mehl und anderen Nahrungsmitteln, Kleidungsstükken und dergleichen, einige Fässer mit Wein, die in der Nähe standen, sind aufgeschlagen und ihres Inhalts beraubt worden. Soldaten, auch russische Kriegsgefangene, betranken sich, in Körben, in Rucksäcken, ja sogar mit Handwägen wurden die Sachen fortgeschleppt. Vorwiegend Frauen und Kinder, die sich auffallend rasch und in großer Menge auf dem Frachtenbahnhofe und den Geleiseanlagen eingefunden hatten, nahmen an der Plünderung mit einem Eifer sondergleichen teil. Mehlsäcke wurden herausgerissen und geöffnet, sodaß auch viel Mehl und anderes Zeug auf dem Boden verstreut wurde.

Einige Stunden lang wurde so geschleppt und getragen, Kinder sah man mit Schuhen in allen Größen, Frauen mit schweren Lasten.

Die Plünderung begann bald nach der Mittagsstunde und trotzdem einige Sicherheitswachmänner sowie einige Soldaten vom Bahnhofkommando die Eindringlinge abzuwehren versuchten, dauerte der Raub bis in die späten Nachmittagsstunden fort.

Die Eisenbahn war im Ersten Weltkrieg von enormer Bedeutung. Nur so konnten Truppen und Material so rasch verlegt werden. Auch Lebensmittel wurden so transportiert. Im Bild der heute leider bedeutungslose Westbahnhof.

Das Mehl gehörte der Kriegsgetreidegesellschaft und war das Kontingent der Innsbrucker Bevölkerung, bestimmt für die nächste Woche.

Das ist Raub, ein verwerfliches Mittel, sich Nahrungsvorräte zu verschaffen, eine Besorgungsmethode, die man gerade jetzt nicht aufkommen lassen darf. Jedermann ist bei solchen Vorkommnissen berufen einzuschreiten und solche Raubzüge zu verhindern – mit allen Mitteln.

Dieser böse Geist könnte zu den folgenschwersten Vorkommnissen führen, es dürfen sich solche unliebsame, bedauerliche Exzesse niemals wiederholen. «

Innsbrucker Sonntagsblatt, Nr. 290, S. 2.

4. NOVEMBER »

Bildung einer Bürgerwehr in Innsbruck

Ein Aufruf des Nationalrates

Der Nationalrat ließ gestern Flugblätter mit folgendem Inhalt verteilen:

Mitbürger und Volksgenossen!

Die Aufrechterhalten der öffentlichen Ruhe und Sicherheit ist ein Gebot der Stunde. Hiezu bedarf der Nationalrat für Tirol Eurer aller Mitwirkung. Säume keiner, der sich zum Sicherheitsdienst kräftig genug fühlt, sofort im Werbelokal Innkaserne seine Beitrittserklärung abzugeben.

Es gilt, Frauen und Kinder vor dem Schlimmsten zu schützen, Sicherheit der Person und des Eigentums der Einzelnen und der Gesamtheit zu gewährleisten und eine gerechte Verteilung der vorhandenen und stündlich anrollenden Lebensmittel frei von jeder einseitigen Bevorzugung durchzuführen.

Bürger, das Volk zählt auf Euch, keiner bleibe zurück! « IN, Nr. 291, S. 2.

4. NOVEMBER »

Maßnahmen zur Aufrechterhaltung der Ruhe und Ordnung

Bürger, Arbeiter, Soldaten!

Nach zuverlässigen Mitteilungen strömen gegen den Brenner viele zehntausende Soldaten, die zum überwiegenden Teile bewaffnet sind. // Die Verpflegung dieser Massen ist nicht geordnet, eine Kommandogewalt über sie besteht nicht mehr! // Wenn sich diese Truppenmassen über Innsbruck und Nordtirol ergießen, dann sind Plünderungen und Greueltaten unvermeidlich. // Dieses Unglück für unser schwergeprüftes Land kann verhindert werden, wenn: // Die Soldatenmassen verpflegt und entwaffnet werden. // Um dies tun zu können, brauchen wir sofort mehrere tausend Männer und Jünglinge. // Bürger von Innsbruck! Ihr habt am meisten zu verlieren und müßt euch zur Verteidigung Eurer Häuser, Frauen und Kinder an die Spitze stellen. // Arbeiter! Der neue, freie Staat kann sich nicht auf ein verwüstetes Gebiet aufbauen. Helfet mit, die Verpflegung zu organisieren und die Entwaffnung der zurückströmenden Truppenmassen einzuleiten.

An die Bewohner Innsbrucks und Umgebung!

Der Nationalrat kann seine Aufgabe, die Verwüstung Nordtirols durch zurückflutende Truppenmassen zu verhindern, nur erfüllen, wenn er Organe hat.

Er besitzt nur solche, die sich freiwillig melden!

Hört uns alle, helft das Unheil von uns abzuwenden.

Einzeichnungslokale: Knabenvolksschulen in der Gilmstraße, Leopoldstraße, Pradlerstraße und Innstraße.

Für den Nationalrat:
Der Präsident: Sternbach m. p.
Josef Holzhammer.

Für die Stadt Innsbruck:
Der Bürgermeister: W. Greil.

Frauen!

Der obige Aufruf zeigt Euch den ganzen Ernst der Lage. Ihr seid im Stande, die Bildung der Volks- und Bauernwehr raschestens in Fluß zu bringen. Schickt Eure Männer und Söhne, die nicht unbedingt zu Hause bleiben müssen, zu den Einschreibstellen. Ihr schützt damit Euch und Eure Kinder. Es geht ums Leben! «

Abendblatt, Nr. 209, S. 1.

Kaiser Karl I. bei der Abreise, in diesem Falle aber lediglich vom Kaiserjägermuseum am Bergisel im Januar 1917.

5. NOVEMBER »

Abdankung Kaiser Karls?

Die „Münch. N. N." melden aus Wien, 3. November:
Wie hier verlautet, soll Kaiser Karl bei dem gestrigen Empfang des Präsidenten des Deutschösterreichischen Staatsrates, bei dem er die Bedingungen des Waffenstillstandes an der italienischen Front mitteilte, die Absicht erklärt haben, abzudanken, da er als bisheriger Bundesgenosse Kaiser Wilhelms die Bedingungen, die von der Entente gestellt seien, nicht annehmen könne. Weiter wird berichtet, der Kaiser habe sich eingehend erkundigt, wie es um die militärische Sicherheit Niederösterreichs und Wiens bestellt sei, und mitgeteilt, daß er seinen Wohnsitz in der Schweiz nehmen werde. [...] « IN, Nr. 292, S. 1.

5. NOVEMBER »

Die Einstellung der Feindseligkeiten

Die Feindseligkeiten eingestellt

Paris, 3. November. Ag. Havas. Der Waffenstillstand mit Oesterreich-Ungarn ist unterzeichnet worden. Die Feindseligkeiten werden am Montag den 4. d. um 3 Uhr nachmittags eingestellt werden. Die Waffenstillstandsbedingungen können am Dienstag veröffentlicht werden. [...] « Abendblatt, Nr. 210, S. 1.

6. NOVEMBER »

Einmarsch bayrischer Truppen in Tirol

Das bayerische Kriegsministerium in München hat dem Präsidenten des Tiroler Nationalrates am 5. November 3/4 11 Uhr nachts folgende Depesche übermittelt: // Die Waffenstillstandsbedingungen zwischen Oesterreich und der Entente zwingen uns, zur Sicherung unserer Landesgrenzen, Truppen nach Nordtirol zu schicken. // Gleichzeitig sollen diese Truppen mithelfen, um den Abfluß aufgelöster Teile des österreichischen Heeres nach Osten zu ordnen und das Land vor Zuchtlosigkeit zu schützen. // Unsere Vorhuten überschreiten am 5. November die Grenze. Stärkere Kräfte werden folgen. // Wir kommen als Freunde und erwarten, daß unseren Bewegungen keine Hindernisse von seiten des deutschösterreichischen Nationalrates und der österreichischen Kommandobehörden in den Weg gelegt werden. // Sollte das trotzdem der Fall sein, so sind unsere Truppen angewiesen, sich mit Waffengewalt den Weg zu bahnen.

Der kommandierende General:
Kraft von Delmensingen. [...] « IN, Nr. 293, S. 1.

6. NOVEMBER »

Der irreguläre Jahrmarkt

Der Jahrmarkt in den Straßen Innsbrucks mit allen jenen vielen brauchbaren Dingen, welche die Automobilkolonnen mit sich über den Brenner schleppen, hat noch immer nicht den Höhepunkt erreicht, denn die Zahl der aus dem Süden kommenden Kraftwagen vermehrt sich stündlich; an allen Ecken und Enden stehen Automobile, tief verstaubt, verrattert bis zur Generalreparatur, aber hoch und tief beladen. Leder wurde gestern in Mengen gehandelt, Mehl, Zucker, desgleichen, aber leider hat dieser Jahrmarkt um strittiges Eigentum schon bedenkliche Formen angenommen, weil sich die bemoosten Schleichhändler, dann auch vereinzelte Kaufleute des größten Teiles der angebotenen Lebensmittel bemächtigen; alle diejenigen also, welchen es nicht möglich war, bei den Gewalttaten am Bahnhofe oder beim ewig denkwürdigen Kriegsmarkte in Innsbruck und Umgebung eine Zubuße zu erwischen, sie werden sehr wahrscheinlich angewiesen sein, diese Zubuße, um jene Fabelpreise zu erwerben, die auf dem Märkte des Schleichhandels bis jetzt gang und gäbe waren. Da muß man sich rechtzeitig vorsehen.

Zahlreiche österreichische Flugzeuge landeten auf dem Rückzug aus Italien auf der Ulfiswiese im Westen von Innsbruck. Dort wurden sie wie sehr viel anderes Kriegsgerät zurückgelassen und von der Bevölkerung geplündert.

Decken, Schuhe, Wollsachen und dergleichen fanden guten Absatz; den Gipfelpunkt der Frechheit aber leistete sich voraussichtlich einer der Wagenlenker, der den Kraftwagen samt Inhalt zum Kaufe anbot, um ein Spottgeld natürlich, denn das ganze Zeug war ja nicht sein Eigentum. Gestern waren auch viele Leute vom Lande da, Bauern mit vollgespickten Geldtaschen, die alle Preise zahlten, besonders für Mehl, das manche Bauern ebenso nötig haben wie die Städter. Uebrigens ist der Vorrat in den Automobilen nicht mehr so reichlich wie in den ersten Tagen, denn man hat nun auch weiter südlich im Lande dem irregulären Handel Geschmack abgewonnen, es heißt deshalb hier häufig genug „bereits ausverkauft!“.

Außer den Autokolonnen sind gestern auch einige Trupps Reiterei und Train angekommen, alles in bester Verfassung, nur staubbedeckt und bis zur Unkenntlichkeit entstellt.

Auch einige Züge von der 30er Mörserbatterie sind im Laufe des gestrigen Tages angekommen. « IN, Nr. 293, S. 3.

6. NOVEMBER »

Die Beerdigung der in den Tunnels herabgefallenen Soldaten

Gestern wurden von den 273 bisher auf der Brennerbahnstrecke nächst Innsbruck aufgefundenen und hieher gebrachten Leichen verunglückter Soldaten über 100 beerdigt. Mit Mühe konnte man die Särge zur Ueberführung auf den zweiten neuen Militärfriedhof in Pradl-Amras aufbringen. Die Beisetzung der Leichen in den Massengräbern mußte aber ohne Sarg erfolgen, da die zur Ueberführung benützten Särge weiterhin dringend benötigt werden. Bis gestern vormittags gelang es nur bei 97 Leichen, die Namen und Herkunft der Toten einigermaßen festzustellen. An Stelle der bisher zum Aufmachen der Gräber bestimmten, aber nun davongelaufenen Soldaten und Kriegsgefangenen besorgten Brüder und Paters aus dem Kapuzinerkloster und Jesuitenkollegium, die vom Militärdienste zurückgekommen waren, ferner Theologen, die Totengräberarbeiten. Leider kamen fortwährend die Eisenbahnzüge noch immer mit vielen auf den Waggondächern und Trittbrettern gelagerten Soldaten aus dem Süden bezw. aus der Brennergegend an. Auch auf der Brennerstraße wurden tote Soldaten aufgefunden, welche wahrscheinlich von Automobilen auf der nächtlichen Fahrt herabstürzten und von nachfolgenden Autos überfahren wurden. « Abendblatt, Nr. 211, S. 3.

6. NOVEMBER »

Ausschreitungen von Soldaten am Hauptbahnhof

In der Nacht vom 4. auf 5. November plünderten wieder tschechische und ungarische Soldaten einige Güterwaggons. Nachdem sie mit Mühe von der Polizei und Gendarmerie verjagt worden waren, gaben sie während der Abfahrt ihres Zuges aus Rache scharfe Schüsse ab. Es wurden davon drei Wachdienst leistende Burschen getroffen und einem hievon ein Finger abgeschossen, ein anderer am Arm leicht und der dritte am Schenkel ziemlich schwer verletzt. Am Bahnhof wurden ferner gestern acht tote Soldaten aufgefunden, welche Schußwunden aufwiesen und wahrscheinlich durch Kameraden erschossen wurden. Die Leichen brachte man erst gestern vormittags in die Totenhalle des Garnisonsspitals. « Abendblatt, Nr. 211, S. 3.

7. NOVEMBER »

Die Lage in Bozen

Herr Gottfried Untertrifaller, Direktor-Stellvertreter der Kriegsgetreideverkehrsanstalt Innsbruck, gibt uns freundlichst folgende Schilderung über die Verhältnisse in Bozen:

Nach eigener Wahrnehmung (ich bin am 4. d. M. um 3 Uhr nachmittags teils zu Fuß, teils per Auto von Bozen nach Innsbruck gereist), herrschte in Bozen und auch in der Umgebung, abgesehen von einer Plünderung von Eisenbahnwaggons am Bahnhofe – wobei natürlich auch geschossen wurde –, Ruhe. Die Geschäfte hielten offen, trotzdem zur Zeit meiner Abreise bereits die Nachricht in Bozen war, daß die Italiener, welche damals in Kronmetz standen, in einigen Stunden einziehen werden. (Dieses Gerücht bewahrheitete sich nicht. D. Schr.) Die militärischen Vorräte wurden nach Unterhandlungen mit den damals zuständigen Militärbehörden der Stadt Bozen zur Verpflegung der durchziehenden Truppen und eventuell der Einwohner abgetreten.

Es hat sich auch ein Wehrausschuß gebildet, welcher, damals noch in Gründung begriffen, erst mit der Aufnahme von Freiwilligen sich beschäftigte und es ist zu hoffen, daß eine Anzahl Freiwilliger sich gemeldet hat und zur Sicherung der Ruhe und des Eigentums bis zum Eintreffen der Entente-Sicherungstruppen Dienst macht.

Tatsache ist, daß die Militärverpflegsmagazine südlich von Bozen insbesondere in Branzoll geplündert und in Brand gesteckt wurden. Die Bevölkerung selbst verhält sich ruhig und wartete das Eintreffen des Feindes auch in Ruhe ab, ohne vorerst an das Verlassen der Heimat zu denken und in der Hoffnung, daß der Feind von einer Internierung der Einwohner absieht. [...] « IN, Nr. 294, S. 3.

7. NOVEMBER »

Die letzten Stunden der deutschen Beamtenschaft in Trient

Die kritische Zeit in Trient begann am 1. November. An diesem Tage funktionierten noch sämtliche militärischen Kommanden, obwohl bereits fieberhaft die Abreise vorbereitet wurde. Als das Polizeikommissariat Trient sich am Morgen des 2. Novembers mit den Kommandanten in Verbindung setzen wollte, mußte die traurige Wahrheit festgestellt werden, daß diese Stellen bereits abgereist waren. Für die deutschen Beamten war damit das Weiterverbleiben in Trient unmöglich gemacht, umsomehr, als schon Tage vorher italienische nationale Demonstrationen, wie sie aus der Zeit vor dem Kriege bekannt waren, stattgefunden hatten. Um 12 Uhr mittags am 2. November fuhr der Leiter des Polizeikommissariates mit

Chaotische Zustände am Bahnhof in Bozen 1918. Menschenmassen versuchen einen Platz in einem Zug nach Norden zu ergattern – auch auf den Dächern, was tödlich endete.

seinen Beamten von der Stadt ab. Vorher wurde ihm durch etwa eineinhalb Stunden eine demonstrative Kundgebung dargebracht, die bis zur verspäteten Abfahrt des Zuges dauerte. Nachmittags versuchte der als politische Windfahne bekannte, kaiserliche Rat Josef Prada eine Versammlung abzuhalten, um die Macht an sich zu reißen, was ihm aber nicht gelang. In den Abendstunden konstituierte sich ein provisorischer Nationalrat, an dessen Spitze der Magistratsdirektor Dr. Philipp Faes trat. [...] « IN, Nr. 294, S. 3.

7. NOVEMBER »

Der militärische Jahrmarkt

... hat noch immer kein Ende gefunden. Er nimmt nur immer wieder neue Formen an. Neben dem Verkauf von militärischen und anderen Gütern, die mit Autos und Wagen die Brennerstraße herab in die Stadt kommen, teils zu Spott-, teils zu Wucherpreisen angepriesen werden, kann man Soldaten vielfach auch in den Gasthäusern der Stadt mit Pferden, Schreibmaschinen, Pelzen und anderem handeln hören. Fern davon, darin überhaupt nur etwas ungehöriges oder gar, was es in Wirklichkeit auch ist, eine strafbare Handlung zu sehen, beteiligen sich die verschiedensten Kreise der Bevölkerung an diesem Treiben. Am besten kommen diejenigen davon, die über ein Fuhrwerk verfügen, mit dem sie den heimkehrenden Truppen entgegenfahren, um alles gleich im großen einzukaufen und allenfalls die militärischen Fahrzeuge gleich direkt zu ihren Depots zu leiten. Die Erinnerung an eine verbotene Handlung spiegelt sich auch in einer neuen Form, die aber die auf diese Weise „hamsternde“ Bevölkerung schwer schädigen kann, wider: es ist vorgekommen daß auf Leute, die sich so irgendwelche Artikel erstanden haben, Militäristen zutraten, sie nach der Herkunft des Erstandenen fragten und dasselbe unter dem ganz richtigen Hinweis darauf, daß dies verboten sei, dem Ersteher wegnahmen; ob dann aber das militärische Gut wirklich vor unbefugter Veräußerung bewahrt geblieben ist, entzieht sich der Beurteilung. Neben diesen sehr bedauernswerten Erscheinungen gibt es auch manchmal Humor; so veranstaltete, wie uns erzählt wird, ein Soldat von seinem Auto aus eine regelrechte Versteigerung von allerlei eigenen Bedarfsgegenständen unter dem auf den Jahrmärkten gebräuchlichen Anpreisungs-Wortschwall, was vielfach große Heiterkeit verursachte. Gestern durchzog auch ein Paar mit ihren schweren Rucksäcken beladener Soldaten unter einem aufgespannten Regenschirm die Maria-Theresienstraße. « Abendblatt, Nr. 212, S. 3.

8. NOVEMBER »

Die Bayern in Nordtirol

Die Zahl der in Innsbruck ankommenden bayrischen Truppen vermehrt sich stündlich, fortwährend ziehen neue Transporte durch die Stadt. Die Deutschen sind in den Reiterbaracken untergebracht, der Stab in der Sillschule. Die Bewachung des Innsbrucker Bahnhofes und des italienischen Gefangenenlagers in der Hutterfabrik haben die Deutschen übernommen; auch die Innbrücke ist von ihnen bewacht.

Die Bayern wollten gestern nachmittag vor dem Rathause eine Platzmusik veranstalten, der starke Verkehr vereitelte aber diese Absicht; die Musik und die ihr beigegebene Truppenabteilung zog deshalb vor das Stadt-Theater; dort wurde dann unter starker Teilnahme der Bevölkerung das Programm abgewickelt.

Allgemein hat man sich auf Grund des Einmarsches der Bayern eine Erleichterung des Verkehres mit deren Heimatland versprochen. Das ist aber wenigstens vorläufig nicht der Fall, im Gegenteile soll der bayerische Grenzschutz wesentlich verstärkt worden sein. [...] « IN, Nr. 295, S. 1.

Tiroler Volk!

Das Bayrische Kriegsministerium in München hat dem Präsidenten des Tiroler Nationalrates am 5. November 3/4 11 Uhr nachts folgende Depesche übermittelt:

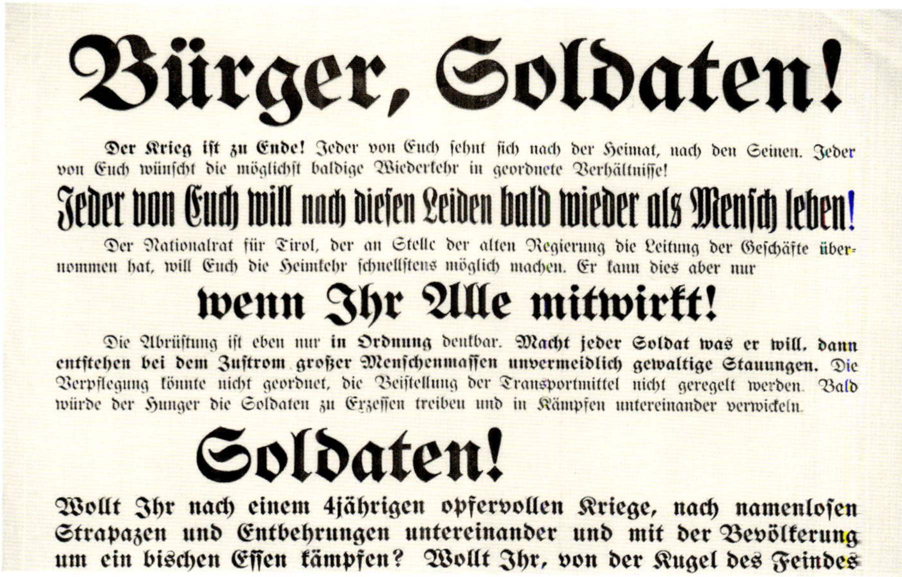

Bürger, Soldaten!

Der Krieg ist zu Ende! Jeder von Euch sehnt sich nach der Heimat, nach den Seinen. Jeder von Euch wünscht die möglichst baldige Wiederkehr in geordnete Verhältnisse!

Jeder von Euch will nach diesen Leiden bald wieder als Mensch leben!

Der Nationalrat für Tirol, der an Stelle der alten Regierung die Leitung der Geschäfte übernommen hat, will Euch die Heimkehr schnellstens möglich machen. Er kann dies aber nur

wenn Ihr Alle mitwirkt!

Die Abrüstung ist eben nur **in Ordnung** denkbar. **Macht jeder Soldat was er will, dann entstehen bei dem Zustrom großer Menschenmassen unvermeidlich gewaltige Stauungen.** Die Verpflegung könnte nicht geordnet, die Beistellung der Transportmittel nicht geregelt werden. Bald würde der Hunger die Soldaten zu Exzessen treiben und in Kämpfen untereinander verwickeln.

Soldaten!

Wollt Ihr nach einem 4jährigen opfervollen Kriege, nach namenlosen Strapazen und Entbehrungen untereinander und mit der Bevölkerung um ein bischen Essen kämpfen? Wollt Ihr, von der Kugel des Feindes

8. NOVEMBER »

Mitbürger!

Der heiße Wunsch nach Sicherheit der Person, Schutz des Eigentums und Aufrechterhaltung vollständiger Ordnung in der Stadt, beseelt uns alle in gleicher Weise.

Hunderte von Bürgern aus allen Berufsklassen haben sich opferwillig dem Dienste für die Allgemeinheit zur Verfügung gestellt und stehen Tag und Nacht am Posten.

Aktiv können nicht alle an diesem Dienste teilnehmen. Aber Jedermanns heiligste Pflicht ist es, wenigstens materiell zu seinem und der Seinen Schutz beizutragen. Damit sollen den braven Schützern der Stadt Innsbruck Zubußen, Unterstützung im Invalidenfalle und allfällige Versorgung im Todesfalle gewährt werden.

Hilfe für Hilfe! Auch der kleinste Beitrag ist willkommen! [...] « IN, Nr. 295, S. 3.

8. NOVEMBER »

Die Abrüstung

Die Truppenbeförderung und Abrüstung schreitet dank der außerordentlichen Tätigkeit der Bahnverwaltungen und ihrer Angestellten gut vorwärts. Während der Dauer der Abrüstung werden die Militärkommanden die nötigen Maßnahmen treffen, um die Truppenbeförderung mit möglichster Schonung der Zivilbevölkerung durchzuführen. Es liegt daher im eigensten Interesse aller Bevölkerungskreise, die Militärverwaltung und die einzelnen Kommanden hiebei möglichst zu unterstützen, ihre Autorität zu wahren und Reibungen mit militärischen Stellen tunlichst hintanzuhalten. Je besser Zivil- und Militärbehörden zusammenarbeiten, desto eher und umso glatter kann die gewaltige Truppenbewegung abgewickelt werden. [...] « IN, Nr. 295, S. 3.

Ein tragisches Dokument des Innsbrucker Fotografen Richard Müller: Frauen und Kinder stehen in der Innsbrucker Altstadt um ein paar Tropfen Milch an. Die Versorgung ist nach Kriegsende vorübergehend sogar noch schlechter.

8. NOVEMBER »

Die abziehenden Truppenmassen

Ueber den Rückmarsch der Armee aus dem Südwesten wird amtlich mitgeteilt:

Die große Massenbewegung geht begreiflicherweise nicht ohne mächtige Reibungen vor sich. Das wenig ausgebaute Straßennetz des Alpengebiets führt nicht selten zu Kolonnen-Stauungen. Die Armut des Landes an Hilfsmitteln aller Art, namentlich an Verpflegung tut noch ein Uebriges. Die stellenweise ohnehin durch die Gestaltung der politischen Verhältnisse gelockerte Manneszucht wird nicht selten auf schwere Proben gestellt. Dessenungeachtet kann man sagen, daß es bis jetzt nicht zu unüberwindlichen Schwierigkeiten gekommen ist.

Beiderseits der Linie Trient–Bozen–Brenner liegen die Verhältnisse so, daß das Höchstkommando in Innsbruck doch immer über die Marschlinien und die Nächtigungsorte der einzelnen Verbände bis zur Division genau unterrichtet ist. Das ist immerhin ein gutes Zeichen. Nur von den aus den südlichen Teilen Tirols anrükkenden Divisionen weiß man nichts, weil infolge der Feindeslage der Telegraph nicht mehr funktioniert. [...]

Es ist sonach das Gesamtbild ein besseres, als man erwarten durfte, so steht es andererseits über jedem Zweifel, daß noch schwierige Lagen zu bewältigen sein werden; dabei spielt die Verpflegslage die wichtigste Rolle. Aber wenn sie durch die Mitarbeit des Hinterlandes unterstützt wird, können die ausschlaggebenden Krisen überwunden werden. « IN, Nr. 295, S. 3.

9. NOVEMBER »

Der Rückzug durch Tirol

Bisher erfolgte der Rückmarsch der Truppenmassen aus Südtirol über den Brenner und weiter nach Nordtirol ohne besondere Zwischenfälle und Erschwernisse. Für Innsbruck bedeutete es eine große Erleichterung und Entlastung, daß ein großer Teil der Infanterie und auch des Trains von Matrei aus über die alte Römerstraße nach Pfons, Ellbögen, Patsch, Igls usw. nach Hall befördert wird, denn in Innsbruck ist jetzt alles angepfropft mit Truppen und Wägen, dazu kamen noch die Bayern in erheblicher Zahl, so daß diese Ablenkung des Soldatenstromes eine große Wohltat für Innsbruck bedeutet.

Der große Jahrmarkt mit Demobilisierungsgütern aller Art hat nun in Hall eine Filiale erhalten, die in gewisser Hinsicht den Hauptmarkt in Innsbruck übertrifft. [...] « IN, Nr. 296, S. 3.

9. NOVEMBER »

Stille Heldentaten

Man schreibt uns: Eine geradezu bewundernswerte Tätigkeit entfalten in den gegenwärtigen schweren Tagen die Theologen des Canisianums und die Angehörigen des Kollegiums „Germanicum". Einige Spitäler stehen ganz verlassen, die Pfleger und die Ordonnanzen haben Reißaus genommen und überließen die Kranken und Verwundeten ihrem Schicksale. Nach Dutzenden starben sie dahin. Nun arbeiten Theologen, obwohl nicht dem Lande angehörig, in edelster Nächstenliebe als Pfleger Tag und Nacht in den Spitälern und leisten dort zwei- und dreifache Arbeit. [...] Am Abend werden mit Hilfe der vom Malteserorden übernommenen Autos Dutzende von Soldatenleichen aus allen Spitälern gesammelt und zum Soldatenfriedhof hinausbefördert, wo wiederum Theologen, Kleriker und Laienbrüder fast aller in Innsbruck vertretenen Orden tätig sind, um die Toten zu begraben. Still und verborgen vor aller Welt vollzieht sich diese schöne christliche Liebestätigkeit, die Innsbruck vielleicht vor schweren Seuchen bewahrt – es lagen Leichen sechs und mehr Tage unbegraben –, die vielen Familienvätern das Leben und für das allgemeine Wohl Millionen Werte an gegenwärtig so kostbarer Wäsche rettet. « IN, Nr. 296, S. 4.

9. NOVEMBER »

Die Todesfälle durch Grippe in Innsbruck

In der Woche vom 27. Oktober bis 3. November starben hier an Grippe 86 Militär- und nur 17 Zivilpersonen. Die Gesamtzahl der Sterbefälle betrug 112 Militär- und 45 Zivilpersonen, zusammen 157. Aus dieser amtlichen Darstellung geht hervor, daß die tückische Krankheit einigermaßen im Rückgange ist. «

IN, Nr. 296, S. 4.

10. NOVEMBER »

Abdankung Kaiser Wilhelms und des deutschen Kronprinzen

Der Thronwechsel in Deutschland – Der Sozialdemokrat Ebert künftiger Reichskanzler – Einberufung einer deutschen Nationalversammlung

Berlin, 9. November, Wolff-Bureau. Der Kaiser und König hat sich entschlossen, dem Throne zu entsagen. Der Reichskanzler bleibt noch so lange im Amte, bis die mit der Abdankung des Kaisers, dem Thronverzicht des Kronprinzen des Deutschen Reiches und von Preußen und der Einsetzung der Regentschaft verbundenen Fragen geregelt sind. [...] « Innsbrucker Sonntagsblatt, Nr. 297, S. 1.

10. NOVEMBER »

Tiroler Nationalrat

Die heutige Vormittagssitzung befaßte sich mit Verkehrsangelegenheiten, zweckmäßiger Verwertung von Pferden zum Nutzen des Landes und besonders eingehend mit Gesundheitsangelegenheiten, um die Bevölkerung vor allenfalls drohender Seuchengefahr durch geeignete Vorsichtsmaßregeln während des Truppendurchzuges zu schützen. [...] « Innsbrucker Sonntagsblatt, Nr. 297, S. 2.

11. NOVEMBER »

Die Italiener in Tirol

Regelung des Rückzuges der Unseren durch die Italiener

Gestern sind wieder große Züge mit heimreisenden Truppen aus Südtirol über den Brenner gefahren. Den Abtransport unserer Truppen organisierten in Südtirol nunmehr die Italiener. Sie halten die Truppen in den südtirolischen Tälern zurück, um ein regelloses Zuströmen nach Bozen, wo in den letzten Tagen eine große Stockung eintrat, zu verhindern und führen sie dann in größeren, jedoch nicht regellosen, Abteilungen nach Bozen, von wo aus der glatte Abtransport über den Brenner erfolgt. Derzeit stehen etwa noch 300.000 Soldaten der ehemaligen österreichisch-ungarischen Armee in Südtirol, die alle auf den Heimtransport warten. [...]

Italienische Besatzungssoldaten bei der Einweihung des Kriegerfriedhofes in der Innsbrucker Wiesengasse.

Aus Brixen wird uns unterm 9. d. M. gemeldet: Gestern wurde unsere Stadt von den Italienern besetzt, die in verschiedenen Teilen der Stadt Quartier bezogen. Im Sanatorium Guggenberg sind zirka 20 Offiziere einquartiert; sie speisen zusammen mit den deutschen Kurgästen an einer Tafel. Auch alle Hotels haben italienische Einquartierung. [...] « IN, Nr. 298, S. 4.

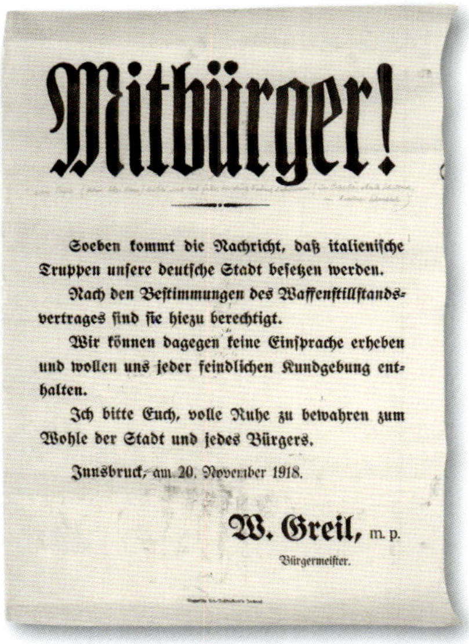

Mitbürger!

Soeben kommt die Nachricht, daß italienische Truppen unsere deutsche Stadt besetzen werden.

Nach den Bestimmungen des Waffenstillstands-vertrages sind sie hiezu berechtigt.

Wir können dagegen keine Einsprache erheben und wollen uns jeder feindlichen Kundgebung enthalten.

Ich bitte Euch, volle Ruhe zu bewahren zum Wohle der Stadt und jedes Bürgers.

Innsbruck, am 20. November 1918.

W. Greil, m. p.
Bürgermeister.

11. NOVEMBER »

Abdankung Kaiser Karls

Verzicht des Kaisers auf jeden Anteil an den Staatsgeschäften

Der Kaiser hat folgende Kundgebung erlassen:

Seit meiner Thronbesteigung war ich unablässig bemüht, meine Völker aus den Schrecknissen des Krieges herauszuführen, an dessen Ausbruch ich keinerlei Schuld trage. Ich habe nicht gezögert, das verfassungsmäßige Leben wiederherzustellen und habe den Völkern den Weg zu ihrer selbständigen Entwicklung eröffnet. Nach wie vor von unwandelbarer Liebe für alle meine Völker erfüllt, will ich ihrer vollen Entfaltung meine Person nicht als Hindernis entgegenstellen.

Demgemäß erkenne ich die Entscheidung an, die Deutschösterreich über seine künftige Staatsform trifft. Das Volk hat durch seine Vertreter die Regierung übernommen.

Ich verzichte auf jeden Anteil an den Staatsgeschäften.

Gleichzeitig enthebe ich meine österreichischen Minister ihres Amtes. Möge das Volk von Deutschösterreich in Eintracht und Versöhnlichkeit die neue Ordnung schaffen und festigen. Das Glück meiner Völker war von Anbeginn das Ziel meiner heißesten Wünsche. Nur der innere Frieden kann die Wunden dieses Krieges heilen.

Karl m. p. Lammasch m. p. « Abendblatt, Nr. 214, S. 1.

Pferde wurden in großer Zahl als Lasttiere eingesetzt – und später zum Dank in die Metzgerei gebracht.

12. NOVEMBER »

Abzug der bayerischen Truppen aus Tirol

Nach den Ereignissen der letzten Tage ist die Anwesenheit bayerischer Truppen in Tirol unnötig geworden, diese verlassen also wieder Tirol nach kurzem Aufenthalte. Der Abtransport hat schon vor mehreren Tagen begonnen und ist heute noch nicht beendet. Gestern abends passierten noch starke Trains und auch Fußtruppen der Bayern, vom Unterinntale kommend, die Stadt Hall; dort wurden sie einwaggoniert und in die Heimat zurücktransportiert.

Gemäß einer Abmachung stehen die Bayern seit Mitternacht nicht mehr auf tirolischem Boden.

Aus Seefeld schreibt man uns: Die bayerischen Truppen befinden sich seit Samstag auf dem Rückmarsch. Die Mehrzahl der Truppen, die Seefeld passieren, trägt die rote Kokarde. « IN, Nr. 299, S. 3.

13. NOVEMBER »

Tiroler! Mitbürger!

Kaiser Karl hat abgedankt. Deutschösterreich, und darin das Land Tirol, ist Freistaat der Republik geworden, das heißt, ein Staat wie die Schweiz.

Hier wie dort leitet den Staat das ganze Volk durch seine gewählten Vertreter, die Abgeordneten. Diese setzen für ganz Deutschösterreich den Staatsrat in Wien ein, für Tirol den Tiroler Nationalrat im Landhaus zu Innsbruck. Der Tiroler Nationalrat ist die oberste Behörde des Landes und hat als solche für die Wohlfahrt des Tiroler Volkes zu sorge. Dazu braucht es aber die verständnisvolle Mithilfe aller. [...]

Nur so kann Ruhe und Ordnung herrschen und jeder Staatsbürger Arbeit, Erwerb, Verdienst und ausreichendes Fortkommen finden. So ist es in der Schweiz seit Jahrhunderten gewesen, zum Vorteile ihrer Bewohner. Auch in Tirol soll es so gelten. Dann werden die Tiroler in Freiheit und Ordnung glücklich und wohlhabend wie die Schweizer werden. [...] « IN, Nr. 300, S. 3.

13. NOVEMBER »

Das Pferdefleisch

Der Stadtmagistrat teilt uns mit: Heute und in den nächsten Tagen kommt, wie schon mitgeteilt, Pferdefleisch zu dem verhältnismäßig billigen Preise von K 1,40 per Kilo bei einigen Metzgern und im städt. Fleischbankgebäude zur Ausschrotung. Da die nächsten Wochen wieder Fleischnot bringen könnten und das Fleisch nach Maßgabe der Vorräte ohne Fleischkarte und in beliebigen Mengen abgegeben wird, empfiehlt es sich, von dieser Gelegenheit Gebrauch zu machen und sich einen Vorrat für die nächste Zeit zu sichern. Ein Vorurteil gegen den Genuß von Pferdefleisch ist weder im Allgemeinen, noch bei den gegenwärtig zur Verfügung stehenden Fleischsorten berechtigt, da es sich durchaus um tierärztlich beschautes Fleisch gesunder Tiere handelt, die wegen Futtermangels geschlachtet worden sind. Um das Fleisch zu konservieren, empfiehlt sich in erster Linie das Einsalzen (Einpökeln, Einsuren) wozu in jeder Haushaltung Gelegenheit vorhanden ist [...] «

IN, Nr. 300, S. 4.

14. NOVEMBER »

Die Italiener im besetzten südtirolischen Gebiete

Wie verlautet, geht das italienische Besatzungskommando in Südtirol daran, alle Wehrpflichtigen im Alter von 19 bis 40 Jahren, auch wenn sie sich im Zivilverhältnis befinden, auszuheben und in Gefangenschaft abzuführen. Aus welchem Grunde dies geschieht, ist nicht bekannt. Der Nationalrat hat jedenfalls die Pflicht, sich mit dieser den Bedingungen des Waffenstillstandes zu widerlaufenden Anordnung zu beschäftigen, wobei gleichzeitig die Forderung gestellt werden muß, daß wir endlich von der Wiener Regierung einen authentischen Text des Waffenstillstandsvertrages mit Italien erhalten müssen. [...] Los von Wien – daß dies notwendig werden wird, wird für uns immer klarer! « IN, Nr. 301, S. 3.

Italienische Besatzungssoldaten 1920 auf der Ulfiswiese. Im Hintergrund die Häuser der Mandelsberger- und Völserstraße.

14. NOVEMBER »

Verrohte Jugend!

Aus Hall wird uns geschrieben: Zustände herrschen zu jetziger Zeit in Hall, nicht zum Beschreiben! Jungen von 7 bis 11 Jahren gehen mit geladenen Gewehren herum und schießen die armen Pferde, welche ohne Unterkunft und Futter herum sind, zusammen. Von früh bis abends hetzen die Buben diese armen Tiere ab. Hat niemand Mitleid und Erbarmen? Niemand kümmert sich, um diesen Zuständen ein Ende zu machen. Noch dazu darf man zu dieser verrohten Jugend nichts sagen, denn sie würde nicht lange zögern, auch gegen Menschen zu schießen. Es ist höchste Zeit, diesen elenden traurigen Verhältnissen Einhalt zu tun. Nochmals, habt Mitleid und Erbarmen mit den armen Pferden, die ohnehin schon so viel durchmachen mußten! « IN, Nr. 301, S. 3.

15. NOVEMBER »

Plünderer

Bei der Abwehr mehrere Tote und Verwundete

Aus Wörgl wird dem „Tir. Grenzb." berichtet: Unter den Militärmannschaften, die gegenwärtig aus Südtirol über den Brenner geführt werden, sind die verschiedenartigsten Elemente. Während die einen fast in Ordnung allen Anordnungen der Bahnverwaltung sich gefügig zeigen, haben es andere auf Raub und Plünderung abgesehn. In der Nacht zum Samstag erbrach eine zügellose Horde von ungarischen Soldaten das Frachtenmagazin und ließ sich von Gewalttätigkeiten nicht abhalten. Der Posten gab einen Schreckschuß ab; nun fielen die Plünderer den Posten selbst an. Bei der Verteidigung, wobei die Posten aus Notwehr von der Schußwaffe Gebrauch machten, gab es drei Tote und mehrere Schwerverletzte, von denen zwei den Verletzungen erlegen sind. [...] « IN, Nr. 302, S. 3.

Ein Blick auf Hall in Tirol mit der noch hölzernen Innbrücke 1928.

Im Flug über das Zillertal. Um 1930.

15. NOVEMBER »

Die „Spanische"

… geistert noch sehr stark im Lande herum, insbesondere in den Dörfern; dort sterben auffallend viele Leute. In Brandberg im Zillertale lagen im starkbevölkerten Hause des Steinerbauern nicht weniger alle 17 Personen an der Krankheit darnieder. In Aschau starb eine Person, in Erl zwei, in Niederndorf holte sich die Seuche zwei Opfer, in Unterinn am Ritten waren an einem Tage vier Begräbnisse von Leuten, die an der Grippe gestorben sind, in Villnöß starben innerhalb einer Woche 20 Einwohner an der Epidemie, in St. Johann im Pustertale erlagen ihr in den letzten 10 Tagen 8 Opfer, in St. Leonhard i. P. starben in einer Woche neun Personen an der Seuche. « IN, Nr. 302, S. 3.

17. NOVEMBER »

Zur Bildung von Soldatenräten

… haben ehestens in jeder Garnison Tirols jede Unterabteilung, jedes Kommando, jede Anstalt je einen Offizier (Beamten) und zwei Mann zu wählen. Diese so gewählten Soldatenräte der Garnisonen Tirols haben sich zu einer Vollversammlung am 21. November 3 Uhr nachmittags in Innsbruck, Militär-Kasino Stadtsäle, einzufinden, bei welcher Oberst Dr. v. Eccher präsidieren wird.

Behufs Besprechung haben sich einstweilen die Soldatenräte der Garnison Innsbruck am 18. November 3 Uhr nachmittags ebendortselbst zu versammeln.

Militärkommando Innsbruck. «

Innsbrucker Sonntagsblatt, Nr. 304, S. 2.

Der südlichste Landesteil des historischen Tirol wurde am schnellsten komplett in den italienischen Staat eingegliedert.

19. NOVEMBER »

Die Rückbeförderung italienischer Kriegsgefangener und Flüchtlinge

Der Tiroler Nationalrat teilt uns mit:

Verhandlungen, die in den letzten Tagen mit dem zuständigen italienischen Kommando geführt worden sind, haben bei den betreffenden Delegierten den Eindruck hervorgerufen, daß die italienische Verwaltung die Rückkehr der italienischen Kriegsgefangenen sowie der noch in Nordtirol befindlichen Kriegsflüchtlinge aus dem italienischen Landesteile und der sonstigen durch die gegenwärtigen Verhältnisse zurückgehaltenen im italienischen Landesteile heimatsberechtigten Personen italienischer Nationalität in ihre Heimat mit Freude begrüßen wird. Der Tiroler Nationalrat hat deshalb Anstalt getroffen, die Rückbeförderung zu ermöglichen. [...] « IN, Nr. 306, S. 3.

19. NOVEMBER »

König Viktor Emanuel in Trient

Nach einer privaten Mitteilung, die uns von geschätzter Seite aus dem besetzten Südtirol zukommt, hat König Viktor von Italien dem von seinen Truppen besetzten Trient einen Besuch abgestattet. « IN, Nr. 306, S. 3.

19. NOVEMBER »

Zeitweilige Einstellung der Kriegswursterzeugung

Die gestrige Meldung eines hiesigen Blattes, daß die Erzeugung der Kriegswürste, die in der letzten Zeit hauptsächlich zur Versorgung der Kriegsküchen gedient haben, und für deren Weiterführung von großer Bedeutung sind, eingestellt worden sei, ist, wie die TZK. von zuständiger Stelle erfährt, nur insoferne richtig, als bei den gegenwärtigen Verhältnissen, namentlich mit Rücksicht auf das augenblickliche völlige Versagen der Viehabstellung, gegenwärtig die Erzeugung der Kriegswürste vorläufig eingestellt werden mußte. Es ist aber zu hoffen, daß sie in 8 bis 14 Tagen wieder aufgenommen werden kann. « Abendblatt, Nr. 220, S. 2.

21. NOVEMBER »

Besetzung von Innsbruck, Hall und Umgebung durch die Italiener

Innerhalb der letzten 14 Tage erschienen in Innsbruck fast täglich kleine Gruppen tatsächlicher Offiziere; sie kamen in Kraftwagen vom Brenner herab und hatten verschiedene Angelegenheiten zu besorgen. Man hatte sich also in Innsbruck völlig an die Möglichkeit eines Massenbesuches der Italiener gewöhnt.

Nun kommt die Nachricht, daß eine größere Truppenmacht, rund 15.000 Mann, über den Brenner herabsteige, um die tirolische Landeshauptstadt zu besetzen, vorübergehend und vorläufig, wie es heißt, aber die Dauer des Aufenthaltes wird kaum zu bestimmen sein.

Die Italiener verpflegen sich selbst; dies ist eine sehr wichtige Feststellung für uns, denn in unserem ausgehungerten, aufgebrauchten Lande werden die verwöhnten Italiener nicht viel finden, was ihnen zur Verpflegung dienlich sein könnte, ohne die Not des Volkes noch mehr zu steigern.

Eine Parade der italienischen Besatzungstruppen auf der Ulfiswiese im Jahr 1920.

Heute werden rund 5000 Mann in Innsbruck einmarschieren, morgen folgt der Rest, etwa 10.000 Mann. Die Unterbringung der Offiziere ist in den Hotels der Stadt vorgesehen, die Mannschaften kommen in jene Ubikationen, die ehedem von unseren Truppen und von den Bayern benützt wurden, in die großen Retterbaracken und in die alten Baracken in der Höttingerau; ein großer Teil aber wird in den Dörfern des Mittelgebirges um Innsbruck untergebracht, in den Häusern der Bauern in Igls, Lans, Sistrans, Natters, Mutters u. a.

Die Privatwohnungen in Innsbruck heranzuziehen, ist vorläufig nicht geplant.

Die Besetzung der tirolischen Landeshauptstadt können die Italiener kraft des Inhaltes der Waffenstillstandsbedingungen durchführen, in denen der Punkt vorgesehen ist, daß sie strategisch wichtige Punkte des ganzen Landes besetzen dürfen, um dort zu wohnen und Ordnung zu machen.

Wie wir erfahren, besetzen die Italiener den ganzen Talkessel von Innsbruck einschließlich der Stadt Hall bis hinauf nach Zirl, aber ausschließlich dieses Ortes.

Der Nationalrat und der Bürgermeister erlassen an die Bevölkerung Innsbrucks Aufrufe, in denen unbedingt zu Ruhe gemahnt wird. [...] « IN, Nr. 308, S. 1.

22. NOVEMBER »

Die Italiener im Anmarsche gegen Innsbruck

Der für gestern angekündigte und in letzter Stunde auf Befehl abgesagte Einmarsch italienischer Truppen in die Landeshauptstadt ist nur um einen Tag verschoben worden.

Heute früh um 8 Uhr, so sagt uns eine Drahtmeldung aus Deutsch-Matrei, sind die seit Mittwoch hier lagernden Truppen aufgebrochen und in der Richtung gegen Innsbruck abmarschiert. Voran einige Panzerautomobile, dann etwa 2000 Mann Infanterie mit dem Train. Es ist nicht die gesamte Besatzung Deutsch-Matreis, die abmarschiert ist, ein Teil davon blieb zurück.

In Deutsch-Matrei und Steinach lagerten insgesamt etwa 5000 Mann.

Eines der wenigen Dokumente des Einmarsches italienischer Truppen in Innsbruck. Hier der spätere Bozner Platz.

Die italienischen Truppen in Steinach und Matrei

Wie uns aus Matrei berichtet wird, blieben die italienischen Truppen den gestrigen Tag über in den Ortschaften, in denen sie Quartier genommen hatten. Ihr Verhalten gab zu keinerlei Klage Anlaß. Die Truppen verpflegen sich selbst. Ab 5 Uhr nachmittags waren die Soldaten bereits in ihren Quartieren.

Von den in Steinach einquartierten Truppen sind heute früh etwa 2000 Mann zum Marsche nach Innsbruck aufgebrochen, es verbleiben also in Steinach und Matrei Besatzungstruppen in ziemlicher Stärke.

In Gries am Brenner waren Alpini und Infanterie, ebenfalls in der Stärke von rund 5000 Mann. [...]

Die Italiener dürften also im Laufe des Nachmittags in Innsbruck eintreffen. «

IN, Nr. 309, S. 1.

22. NOVEMBER »

Die Italiener im besetzten Südtirol

In dem von den Italienern besetzen Gebiete jenseits des Brenners sind Kundmachungen der italienischen Regierung, beziehungsweise des Oberkommandos verlautbart worden, die der Hauptsache nach besagen: 1. daß der Kurswert der Krone mit 40 Centesimi festgesetzt wird; 2. daß jeder Geldwertverkehr zwischen Nord- und Südtirol bei Kerkerstrafe von 3–7 Jahren verboten wird; 3. wird in einem an die Bevölkerung des Alto Adige gerichteten Aufruf erklärt, daß nunmehr die Italiener südlich des Brenner erlöst sind und daß die Italiener auch der nichtitalienischen Bevölkerung in Freundschaft entgegenkommen wollen. In den gemischtsprachigen Gemeinden ist überall die italienische Amtssprache eingeführt worden. Endlich ist die Schule nach dem italienischen Gesetz interkonfessionell. Wie verlautet, wird der Tiroler Nationalrat gegen diese über die internationalen Rechte bei einer Besetzung weit hinausgehenden Maßnahmen eine Kundgebung erlassen. « IN, Nr. 309, S. 3.

22. NOVEMBER »

Ausgabe von städtischem Papiergeld

Um die Knappheit an Scheidemünze und an Banknoten, welche sich in der unangenehmen Weise sichtbar macht, zu steuern, hat der Gemeinderat der Landeshauptstadt Innsbruck beschlossen, seitens der Stadtgemeinde Papiernotgeld auszugeben.

In Ausführung dieses Gemeinderatsbeschlusses gelangen zur Ausgabe: Gutscheine zu 10 h und 20 h, Noten zu 1, 5, 10 und 20 K. Die Laufzeit dieses Papiergeldes ist vorläufig bis 31. Mai 1919 befristet. [...] In der Zeit vom 1. bis 31. Mai 1919 werden die von der Stadtgemeinde ausgegebenen Gutscheine und Noten gegen gesetzliche Währung bei der Stadtkasse eingelöst werden.

Für das von der Stadtgemeinde auszugebende Papiergeld haftet diese mit ihrem gesamten Vermögen. « IN, Nr. 309, S. 3.

Um dem Mangel an Münzgeld zu begegnen, gaben beinahe alle Tiroler Gemeinden Notgeld aus. Diese meist künstlerisch hochwertig gestalteten Drucke waren beinah sofort auch Sammelobjekte.

25. NOVEMBER »

Ein italienischer Befehl

Italienische Truppen sind nun auch in Innsbruck eingezogen, um die Landeshauptstadt und deren Umgebung zu besetzen.

Das Kommando des 10. italienischen Armeekorps ließ heute in Innsbruck und Umgebung einen Armeebefehl folgenden Inhalts öffentlich anschlagen.

Gemäß Artikel 4 der Waffenstillstandsbedingungen zwischen den Alliierten und Oesterreich-Ungarn hat das italienische Oberste Heeres-Kommando die Besetzung einiger strategischer Punkte des Inntales, darunter der Stadt Innsbruck mit Umgebung angeordnet. [...]

Der Einzug in Innsbruck war wegen der vorgeschrittenen Tageszeit nicht sonderlich aufsehenerregend, zudem sind die Italiener ja erwartet worden, auch hatte die Kälte die vielen Neugierigen auseinandergetrieben, die sich tags zuvor schon an der Brennerstraße angesammelt hatten. Zum großen Teile bestand diese Schar Neugieriger aus Italienern, die seit Jahren in Innsbruck ansässig waren, Haus- und Grundbesitzern, Geschäftsleuten, Beamten, die jetzt erst Farbe zu bekennen wagten; viele von ihnen trugen die Trikolore.

Gestern folgten neuerdings Infanterie-Streitkräfte, Train und leichte Artillerie, die alle in Innsbruck Quartier erhielten. Die Dörfer in der Umgebung der Stadt haben alle Einquartierung, kaum daß unsere eigenen Truppen aus dem Lande sind.

In Hall

Die Stadt Hall beherbergt eine große Zahl italienischer Infanterie, die Trainfahrzeuge sind in der Umgebung untergebracht. Der Aufmarsch nach Hall erfolgte über die Ellbögnerstraße. « IN, Nr. 312, S. 3.

27. NOVEMBER »

Nauders besetzt

Seit 19. d. M. ist Nauders von den Italienern besetzt. Täglich ziehen hier Tausende auf dem Marsche nach Norden durch, Tausend und mehr nächtigen täglich im Ort. Die Truppen führen viele Panzerautos mit. Daß der Ort, so schreibt man uns von dort, schwer leidet, trotzdem strenge Manneszucht gehalten wird, ist begreiflich. Nach allgemeiner Schätzung müssen bereits über 15.000 Mann durchmarschiert sein und noch immer nimmts kein Ende. « IN, Nr. 314, S. 3.

27. NOVEMBER »

Mehr Licht!

Wir erhalten folgende Zuschrift: Die Bewohner der Pfarrgasse ersuchen den Stadtmagistrat in Innsbruck um Aufstellung einer Bogenlampe zur Beleuchtung der Pfarrgasse, oder wenigstens zu veranlassen, daß das bei der Kriegsküche angebrachte elektrische Licht nachts hindurch erhalten bleibt. Mit dem Erlöschen der beiden Eckgasflammen ist diese Sackgasse tatsächlich finster wie in einem Sack. « Abendblatt, Nr. 226, S. 3.

Ein Blick in die Innsbrucker Pfarrgasse und auf den Stadtturm 1917. Das Bild ist eine Jugendarbeit vom später bekannten Künstler Herbert Gurschner.

29. NOVEMBER »

Der Zwischenfall in Innsbruck

Aus dem Landhause erhalten wir folgende Zuschrift:

Am 26. November wurde, wie wir schon gestern berichteten, von einer hiesigen Kaserne, die gegenwärtig von italienischen Soldaten besetzt ist, die Trikolore herabgerissen. Der italienische Kommandant forderte vom Tiroler Nationalrate Genugtuung. Präsident Schraffl und der Militärkommandant drückten ihr Bedauern aus. Die Italiener verlangten auch, daß bei der feierlichen Hissung der Fahne am 27. November nachmittags eine Abteilung der Volkswehr anwesend ist. Dieser Akt hat sich ohne störenden Zwischenfall vollzogen.

Wir müssen die Bevölkerung in ihrem eigenen Interesse ermahnen, alles zu vermeiden, was den Besetzungstruppen Anlaß zur Ausübung von Repressalien bieten könnte.

Ueber den Akt der Genugtuung selbst erfahren wir Folgendes: Zur Hissung der neuen Fahne war eine Abteilung der Volkswehr und eine Abteilung der italienischen Besatzungstruppen ausgerückt. Inmitten des Karrees, das die Soldaten bildeten, stand ein italienischer Offizier mit der italienischen Trikolore, die italienische Regimentsmusik intonierte die italienische Nationalhymne und die beiden Soldatengruppen leisteten die Ehrenbezeugung.

Der Bürgermeister der Landeshauptstadt Innsbruck erläßt an die Bevölkerung Innsbrucks folgenden Aufruf:

Mitbürger!

Am 27. ds. Nachts wurde die an der Retterkaserne angebrachte Fahne von zwei Soldaten abgenommen und fortgetragen.

Ich mache die Bevölkerung aufmerksam, daß die italienische Fahne respektiert werden muß, und warne hiemit auf das eindringlichste vor der Wiederholung solcher Handlungen, welche die schwersten Folgen für die Stadt nach sich ziehen können.

Wir müssen alles aufbieten, damit die Besetzung Innsbrucks, welche nur eine vorübergehende Maßregel ist, ohne unliebsame Zwischenfälle und Störungen verläuft.

Es ist daher Pflicht aller Bürger, in diesem Sinne zu wirken.

Bürgermeister: W. Greil. « IN, Nr. 316, S. 2.

2. DEZEMBER »

Das Ende des Tiroler Nationalrates

Untern 14. November 1918 hat die provisorische deutschösterreichische Nationalversammlung in Wien ein Gesetz betreffend die Uebernahme der Staatsgewalt in den Ländern beschlossen. Der Inhalt dieses Gesetzes, der auf die staatsrechtliche Stellung des Landes Tirol im Rahmen des deutschösterreichischen Staatsverbandes von größtem Einflusse ist, beschäftigte am Samstag den provisorischen Tiroler Nationalrat. Der jetzige Tiroler Nationalrat ist gelegentlich des Zusammenbruches der alten Monarchie nach den von Wien ausgegebenen Weisungen aus den Mitgliedern des Landesausschusses und den im Rumpflandtage übrig gebliebenen Landtagsabgeordneten mit Zuziehung von Vertretern des deutschen Volksrates, der sozialdemokratischen Partei und eines Vertreters der Ladiner (Prof. Dr. Lardschneider) gebildet worden. [...] Niemand weiß genau anzugeben, wer die rechtmäßigen Mitglieder der jetzigen provisorischen Landesregierung sind [...] In diese auf die Dauer unhaltbaren Zustände muß Ordnung gebracht werden. Darüber besteht kein Zweifel. Den passenden Anlaß hiezu gibt die Erlassung des erwähnten Gesetzes betreffend die Uebernahme der Staatsgewalt in den Ländern. Nichtsdestoweniger ist aber auch daran festzuhalten, daß der bisherige provisorische Nationalrat die ihm aus der Not der Zeit erwachsenden Agenden vollkommen rechtmäßig erledigt hat und daß er bisher das einzige legale Regierungsorgan des Landes gebildet hat, wenn auch bereits über die Art seiner Zusammensetzung geklagt und insbesondere darauf hingewiesen worden ist, daß er das Land mit seinen durch wirtschaftliche und politische Eigenheiten ausgezeichneten Bezirken nicht nach dem Ausdrucke des Volkswillens repräsentiere. [...] « IN, Nr. 319, S. 1.

4. DEZEMBER »

Einschränkung des Gasverbrauchs

Seit gestern ist der Gasverbrauch in Innsbruck neuerdings stark eingeschränkt worden: von 9 Uhr morgens bis halb 4 Uhr abends, also während der ganzen Mittagszeit ist die Gassperre eingeführt, und kommt dann die Zeit des Verbrauchs, dann wird es zumeist nicht möglich, die Gasherde zu benützen, weil der Druck zu gering oder das Gas zu schlecht ist. « IN, Nr. 321, S. 4.

5. DEZEMBER »

Die Innsbrucker Frauen im neuen Staate

Gestern nachmittags fand im kleinen Stadtsaal eine von Frauen aus allen Gesellschafts- und Berufskreisen massenhaft besuchte Versammlung statt, deren Zweck war, zu der durch die Einführung des Frauenwahlrechts geschaffenen neuen Sachlage Stellung zu nehmen und sich über die künftigen Aufgaben der Frau im öffentlichen Leben auszusprechen und klar zu werden. Nach einer kurzen Begrüßungsansprache der Frau Virginia Brunner, die den Vorsitz führte, ergriff Frau Antonie Eckert das Wort, um die Forderungen, die durchzusetzen die Frauen nunmehr kraft ihres Wahlrechtes in der Lage sind, näher zu erörtern. Sie hat dafür ein, daß die Frauen zur Wahrung ihrer Interessen aus ihrem eigenen Kreise Vertreterinnen wählen sollen. Es gebe nicht nur Ehefrauen, die im Haushalt und in der Familie ihre Lebensaufgabe haben, sondern auch alleinstehende Frauen und Mädchen, die sich selbst einen Beruf, eine Existenzmöglichkeit suchen und ausbauen müssen. Es müssen daher alle Berufe für die Frauen zugänglich gemacht werden, was durchaus nicht bedeute, daß die Frauen etwa die Männer verdrängen möchten. [...] « IN, Nr. 322, S. 3.

6. DEZEMBER »

Kundmachung

Seitens des Kommandos der 6. italienischen Infanterie-Division in Innsbruck wird dem Tiroler Nationalrat folgendes mitgeteilt: Die hier dislozierten italienischen Truppen beweisen und bezeugen die größte Achtung vor der hierlands bestehenden republikanischen Regierungsform. Eben darum und mit größerem Rechte können sie auch verlangen, daß die Regierungsform ihres eigenen Staates in jeder Hinsicht respektiert werde. [...]

Wir fordern daher im Interesse eines möglichst friedlichen Auskommens mit den hier garnisonierenden italienischen Truppen jedermann auf, sich verhetzender Einwirkung auf die italienischen Truppen zu enthalten und warnen eindringlich davor, um den Einzelnen vor Strafen zu schützen und das Land Tirol vor unangenehmen Zwangsmaßnahmen zu bewahren.

Der Tiroler Nationalrat:
Präsident Schraffl. « IN, Nr. 323, S. 4.

In den Wirren dieser Zeit war es wenig verwunderlich, wenn Kinder mit Waffen spielten – militärische Güter wurden überall zurückgelassen. Hier der Ort des Geschehens.

7. DEZEMBER »

Bubenstücke gefährlicher Art

Am Bahndurchlasse Kapuzinergasse–Viaduktstraße stand gestern nachmittag ein mit brennendem Koks angefülltes Becken, um den Boden für Arbeiten des Gaswerkes aufzutauen. Nach Schluß des Nachmittagsunterrichtes der Volksschule Dreiheiligen passierten den Durchgang viele große und kleine

Schüler. Einer der Buben, ein Bengel gefährlichster Sorte, warf im Vorbeigehen eine geladene Patrone in den Gluthaufen. Diese krepierte natürlich und richtete folgenschwere Verheerungen an: Sechs Schüler, die um das Glutbecken herumstanden, erlitten Verletzungen mehr oder minder schwerer Art durch die Patronenteile und insbesondere Brandwunden infolge der herumfliegenden glühenden Koksstücke. Der Missetäter ist ermittelt. « IN, Nr. 324, S. 4.

9. DEZEMBER »

Der Verkehr mit Christbäumen

Christbäume in Innsbruck oder Hall müssen mit einem von der Bezirksforstinspektion Innsbruck, Hall oder Steinach ausgestellten Lizenzschein versehen sein und überdies die Marke des Amts-(Auszeige-)Hammers des Forstschutzorgans (Gemeindewaldaufsehers) tragen. Die Nichtbefolgung dieser Vorschrift wird strenge bestraft. « Abendblatt, Nr. 234, S. 1.

9. DEZEMBER »

Skiausgabe

Die Mitglieder des Skiklubs Innsbruck werden darauf aufmerksam gemacht, daß sie gegen Vorweis der Mitgliedskarte 1918–19 (zu bekommen im Sporthaus Witting) Ski und alpine Ausrüstungsgegenstände zu einem billigen Preis erhalten können. Verkaufstage Dienstag und Mittwoch dieser Woche in der Zeit von 2 Uhr nachmittags bis 5 Uhr abends im Sporthaus Witting. « Abendblatt, Nr. 234, S. 1.

10. DEZEMBER »

Für ein freies Tirol!

In den „L. Nachr." lesen wir: Einige Gemeinden des Pustertales haben in einer Kollektiveingabe an den Nationalrat in Innsbruck sich für die Selbständigkeit Tirols ähnlich der freien Republik Schweiz ausgesprochen und zugleich energisch protestiert gegen den Anschluß an Deutschland und Vornahme der Wahlen, ehevor die Frage Tirols nicht endgültig geregelt wird. « IN, Nr. 327, S. 3.

Skifahren war vor der Verbreitung von Skiliften noch harte Arbeit. Hier wird um 1910 auf der Patscher Alm „gearbeitet".

1919

Der 15. Juli 1905 war der erste Betriebstag der Innsbrucker Stadtbahn. Die Triebwagen Nr. 39 und 42, die hier in der Maria-Theresien-Straße unterwegs sind, gehörten auch zu den ersten Garnituren des angekauften Fahrparks. Hier kurz vor dem Ersten Weltkrieg.

4. JÄNNER »

Das Konzentrationslager in Gardolo

In dem unweit von Trient gelegenen Orte Gardolo und seiner Umgebung werden alle Vorkehrungen zur Unterbringung des großen Konzentrationslagers getroffen, in dem die aus den besetzten Gebieten stammenden Kriegsgefangenen Aufenthalt nehmen sollen. Die ersten Gefangenenabteilungen dürften jedoch – wie dem Bozner Roten Kreuz-Bureau mitgeteilt wird – kaum vor sechs Wochen in Gardolo eintreffen. [...] Von dort wird dann erst die Ueberstellung dieser Gefangenenformationen nach dem Lager von Gardolo möglich sein. « IN, Nr. 3, S. 5.

5. JÄNNER »

Der Geldwechsel auf den Straßenbahnen

Die Betriebsleitung der Lokalbahn teilt uns mit: Es kommt wiederholt vor, daß Fahrgäste mit großen Noten auf der Straßenbahn zahlen. Es ist selbstverständlich – wenn dies öfter vorkommt – nicht möglich, daß der Schaffner über das nötige Wechselgeld verfügt. Auch bei großem Andrange ist der Geldwechsel nicht gut durchführbar. Wenn nun der Schaffner aus den vorangeführten Gründen nicht wechseln kann, so ist er eben gezwungen, die Note in Empfang zu nehmen und den Fahrgast anzuweisen, die Herausgabe am Berg Isel zu beheben. Da der Schaffner jenen Geldbetrag abends abliefern muß, welcher der Anzahl der verkauften Fahrkarten entspricht, muß es dem Ermessen des Schaffners allein belassen werden, ob er dem betreffenden Fahrgast gegebenenfalls die Fahrgebühr kreditiert, was ja häufig vorkommt, wenn dem Schaffner der betreffende Fahrgast genügend bekannt ist; trifft dies aber nicht zu, dann muß er eben in der vorangedeuteten Weise handeln. Zur Erleichterung der Fahrkartenausgabe wird ersucht, das Fahrziel anzugeben und das Fahrgeld abgezählt bereit zu halten. « Innsbrucker Sonntagsblatt, Nr. 4, S. 2.

5. JÄNNER »

Die Weltsprache Esperanto

Man schreibt uns: Die Zeiten sind vorüber, in welchen schon die Idee einer Weltsprache als eine Utopie galt. Der Gedanke einer internationalen Welt-Einheitssprache ist eine notwendige Folge der ungeahnt entwickelten Verkehrsmittel und muß um so rascher und sicherer verwirklicht werden, je mehr die großen Massen der Völker einander näher kommen. Die Erwägung, daß keine der bestehenden Nationalsprachen diesen Menschheitsdienst zu leisten vermag, weist auf eine künstliche Sprache hin, und es besteht somit lediglich die Frage, ob wir heute schon eine solche besitzen, die allen Ansprüchen an Einfachheit, leichter Erlernbarkeit, Aussprechbarkeit und dabei doch vollkommen klarer Ausdrucksmöglichkeit auch für die schwierigsten Fälle genügt. [...] « Innsbrucker Sonntagsblatt, Nr. 4, S. 2.

9. JÄNNER »

Italienische Weihnachtsgabe

Das italienische Kommando in Innsbruck hat in den hiesigen Kindergärten und Waisenhäusern an die Kinder als Weihnachtsgabe Papiersäcke verteilen lassen, deren jeder 10 Deka gerösteten Kaffee, 30 Deka Reis, 10 Deka Zukker, 10 Deka Chokolade und eine Orange enthielt. – Die freundliche Spende wurde natürlich mit gebührendem Dank angenommen und man nimmt überhaupt gern zur Kenntnis, daß die Italiener vieles tun, um bei unserer Bevölkerung einen möglichst guten Eindruck zu machen. Noch lieber wäre uns freilich, wenn wir die Gewißheit hätten, daß die Italiener auch unsere noch in ihren Händen befindlichen Kriegsgefangenen menschlich behandeln, woran zu zweifeln wir nach verschiedenen authentischen Berichten leider noch immer begründeten Anlaß haben. Vor allem aber ist, wenn wir an den ehrlichen Willen der Italiener, uns Gerechtigkeit widerfahren zu lassen und unser Vertrauen wiederzugewinnen, glauben sollen, Eines nötig: daß sie uns unseren deutschen Süden wiedergeben! Erst dann wird das Tiroler Volk den Italienern wieder ohne schmerzlichen Groll begegnen und mit ihnen in ein freundschaftliches Einvernehmen treten können, das sicher auch im Interesse Italiens gelegen ist. « IN, Nr. 7, S. 3.

10. JÄNNER »

Streik der Postbediensteten

Wie die Wiener Blätter melden, wurde in einer gestern abends abgehaltenen Versammlung der Post- und Telegraphenbediensteten beschlossen, heute früh um 8 Uhr einen vierstündigen Streik zu beginnen. [...] Der Ausstand der Postangestellten ist in Innsbruck nicht fühlbar, es wird heute bei der Post gearbeitet wie sonst, es wäre denn, die starke Störung im lokalen Telephonverkehre in Innsbruck hinge mit dem Ausstande zusammen. « IN, Nr. 8, S. 5.

13. JÄNNER »

Ein neuer Knabenhort

In den nächsten Tagen wird in den Räumen des 2. Stockwerkes im Goldenen Dachlgebäude ein Hort für schulpflichtige Knaben der inneren Stadt eröffnet werden. Derselbe wird an den schulfreien Nachmittagen (Mittwoch und Samstag) von 2 Uhr an in Betrieb sein und durch bewährte Lehrkräfte geleitet werden, wobei geeignete Beschäftigungsspiele zur Verwendung gelangen. Gegen Abend wird den Hortteilnehmern eine kräftige Suppe gereicht werden, deren Zubereitung durch das Entgegenkommen der wegen ihres Wohltätigkeitssinnes bekannten Frau kais. Rat Thurner überwacht werden wird. [...] « Abendblatt, Nr. 7, S. 3.

15. JÄNNER »

Christlichsozial und deutschfreiheitlich

Man schreibt uns aus Natters: Auch in Natters, das nur einen Büchsenschuß weit von Mutters entfernt liegt, ereignete sich ein analoger Fall wie der des Hofrates Michael Mayr in Mutters. Auch hier wurde eine Villa mit italienischen Mannschaften mehr als ausgiebig belegt mit den Folgen, wie diese unter den gegebenen Umständen vorauszusehen waren. Doch die resolute deutschfreiheitliche Besitzerin drohte weder widersinnig der Gemeinde, noch suchte sie Hilfe bei der so „leicht entsetzten" Bezirkshauptmannschaft, sondern konstatierte ruhig ihren Schaden, ließ diesen begutachten und legte ihre Beschwerde dort vor, wohin sie gehörte – vor das hiesige italienische Kommando. Sie bestand auf Ersatz, der auch geleistet wurde. [...] « IN, Nr. 12, S. 4.

Ein Blick nach Natters mit der Nordkette im Hintergrund. Aufnahme um 1928.

Eine Werbekarte der Tiroler Landwirtschaftskammer um 1925.

16. JÄNNER »

Unsere armen Gefangenen in Italien

Man schreibt uns: Tieftraurig klingen die Nachrichten, die wir über die in Italien gefangenen armen Brüder erhalten. Wenn ihnen geholfen werden soll, so muß dies endlich sofort geschehen. Auch die kommenden Wahlen dürfen kein Hindernis sein, an die Aermsten, die Hilfe von uns erwarten, zu denken. Mit Sitzungen, Beratungen, nichts leistenden Kommissionen wird den armen, unschuldigen Menschen, die für uns zu schwer leiden, nicht geholfen. Es müssen unbedingt sofort Taten verlangt werden zur Rettung jener, unserer Besten, die noch am Leben sind, damit ihnen ihr schreckliches Los von unserem harten Gegner ehestens erleichtert und sie raschest der Heimat wiedergegeben werden. Hilfe ist nur von den Neutralen und von Wilson zu erwarten. [...] « IN, Nr. 13, S. 5.

17. JÄNNER »

Die Bekämpfung der Milchfälschung

Anläßlich einer Milchprüfung hat die allgemeine Lebensmitteluntersuchungsanstalt in Innsbruck unter 36 Milchproben acht wegen Wässerung beanständet und die betreffenden Milchlieferanten angezeigt. Die städtische Milchversorgung glaubt es der Allgemeinheit und den gewissenhaften Milchlieferanten schuldig zu sein, künftighin die Namen der Milchfälscher schonungslos zu veröffenlichen. « IN, Nr. 14, S. 5.

25. JÄNNER »

Ein Stimmungsbild vom Lande

Man schreibt uns aus dem Pitztale: Es würde auch bei uns nicht schaden, wenn auch bei uns eine Wählerversammlung stattfinden würde. Herrn Dr. Sepp Straffner würden gewiß auch bei uns mehrere gerne sprechen hören, aber ein geeignetes Lokal ist schwer aufzutreiben außer bei Fr. Weber Joel. [...] « IN, Nr. 21, S. 7.

Eine Karte aus italienischer Gefangenschaft, die über das Rote Kreuz ihre Adressatin in Innsbruck erreichte.

27. JÄNNER »

Von unseren Kriegsgefangenen in Sibirien

Die königlich dänische Gesandtschaft in Petersburg und der österreichisch-ungarische Arbeiter- und Soldatenrat in Moskau sind dahin übereingekommen, daß alle österreichischen und ungarischen Staatsangehörigen in ganz Rußland unter dänischem Schutze stehen, der Rat die Schutz- und Fürsorgetätigkeit im Sowjet Rußland durchführt, während die dänische Gesandtschaft diese Tätigkeit in den für den Rat nicht zugänglichen Gebieten namentlich in Sibirien und Turkestan weiterführt. Die Durchführung der Fürsorgetätigkeit in den durch Kriegsoperationen unmittelbar gefährdeten Gebieten wird von Fall zu Fall gemeinschaftlich geregelt. Beide Teile erklären sich bereit, im engsten Einvernehmen zu arbeiten, sodaß die Fürsorgetätigkeit keine Schädigung erleidet. Die Ueberweisung und Anforderung der Geldmittel beziehungsweise deren Beschaffung im Kreditwege erfolgt aus technischen Gründen durch die dänische Gesandtschaft, deren Finanzabteilung die damit verbundenen Arbeiten für beide Teile durchführen wird. « IN, Nr. 23, S. 4.

11. FEBRUAR »

An die Landwirte Tirols!

Die Landesregierung erläßt folgenden Aufruf:

Ich mache darauf aufmerksam, daß die Schweizer Regierung ihre bisherigen Lieferungen von Mehl und anderen Lebensmitteln, die dem Lande die volle Ausfolgung der festgesetzten Brot- und Mehlmenge in den letzten Wochen ermöglicht hat, an die Bedingung knüpft, daß im Lande Tirol jedermann auch seine Lieferungspflicht von Nahrungsmitteln erfüllt.

Die Gemeindevorstehungen, Seelsorger und alle Menschenfreunde werden deshalb ersucht, auf die Lieferungspflichtigen einzuwirken und dieselben unter Hinweisung auf die erschreckende Zahl der infolge ungenügender Ernährung sterbenden Säuglinge und Mütter auch zu freiwilligen Lieferungen zu veranlassen, insoweit das anders möglich ist. [...] Schraffl, Landeshauptmann « IN, Nr. 35, S. 3.

12. FEBRUAR »

Deutschfreiheitliche Wählerversammlung in Wörgl

Aus Wörgl wird uns geschrieben: Die Wählerversammlung der deutschfreiheitlichen Partei am 3. ds. ist als voller Erfolg für die deutschfreiheitliche Sache zu buchen. Der große Astnersaal war dicht gefüllt und die Anwesenden folgten den Auslegungen des Wahlwerbers Dillersberger mit größter Aufmerksamkeit. Herr Dillersberger besprach das Programm der deutschfreiheitlichen Partei und außerdem die Sonderbestrebungen der Volkspartei bezüglich der Selbständigkeit Tirols und wies an der Hand statistischer Daten in bezug auf Produktion, Handel und Bedarf Tirols die Gefährlichkeit dieses von der Volkspartei nur aus Parteigründen ausgespielten Experimentes nach. [...] « IN, Nr. 36, S. 5.

12. FEBRUAR »

Frauenversammlung im Saggen

Am 10. Februar fand im Restaurant „Klaudia“ im Saggen eine auch von zahlreichen Herren besuchte Frauenversammlung statt, die in Vertretung des Obmannes des Wahlbezirkes Saggen, Herr Dr. Strickner, durch Herrn Dr. Pitzner mit einer kurzen Begrüßungsrede eröffnet wurde. Als erster Redner führte Herr Ing. Swienty aus, daß der Gedanke der Heranziehung der Frau zum öffentlichen Leben schon seit langer Zeit bei den größten Geistern des deutschen Volkes, wie Bismarck und Goethe, wachte und daß daher die Verwirklichung einzig und allein die natürliche Entwicklung des deutsch-völkischen Empfindens, nicht aber das ausschließliche Verdienst der sozialdemokratischen Partei ist. [...] « IN, Nr. 36, S. 3.

Hier im Saggen fand eine der ersten Versammlungen der von nun an wahlberechtigten Frauen statt. Seit dem 12. November 1918 hatten Frauen in Österreich das allgemeine Wahlrecht. Damals keine Selbstverständlichkeit.

14. FEBRUAR »

Die Innsbrucker Studentenschaft gegen die Jugoslawen

Wir erhalten folgenden Aufruf:

An die Bevölkerung Innsbrucks!

Die Stadt Innsbruck ist bekannt wegen ihrer Gastfreundschaft. Durch lange Jahre weilten Studenten jugoslawischer Nationalität in unseren Mauern, die sich hier so frei und ungestört bewegen konnten, wie in ihrer Heimat. Als im Kriege die deutsche Studentenschaft Innsbrucks fast vollzählig zu den Fahnen geeilt war, um Volk und Heimat zu schützen, konnten die jugoslawischen Studenten dank der Mißwirtschaft im alten Staate sorglos ihren Studien nachgehen und in den Hörsälen der medizinischen Fakultät konnte man oft den Eindruck gewinnen, in einer kroatischen Stadt und nicht im Herzen Tirols zu sein. [...]

Unsere Langmut ist zu Ende. Die Vorfälle in Marburg und andern Städten schreien zum Himmel. Die deutsche Studentenschaft beschloß am 8. Februar, den jugoslawischen Studenten das Betreten der Hochschule zu verwehren und sie fordert von den Behörden, daß sie die jugoslawischen Studenten aus Innsbruck ausweist. Sollte das nicht geschehen, so sind wir bereit, den Jugoslawen das Betreten der Universität mit Gewalt zu verwehren.

Der Hochschulausschuß der gesamten deutschen Studentenschaft Innsbrucks « IN, Nr. 38, S. 5.

Drei korporative Studenten in vollem Wichs mit Fahne und Säbeln. Vermutlich von der Studentenverbindung Alemannia.

17. JÄNNER

Ein deutschfreiheitlicher Wahlerfolg

Das endgültige Wahlresultat aus dem Wahlkreise Nordtirol liegt bei Erscheinen dieses Blattes noch nicht vor. Das eine kann jedoch auf Grund der eingelangten Teilresultate mit Genugtuung festgestellt werden, daß die Deutschfreiheitliche Partei, sowohl auf dem Lande, als in den Städten und Märkten gut abgeschnitten und sich als eine nicht nur lebensfähige, sondern auch sehr ausbaufähige politische Organisation erwiesen hat. Es heißt, daß Totgesagte zähes Leben haben. Die Deutschfreiheitliche Partei ist vor Beginn des Wahlkampfes von ihren Gegnern gerne als im Absterben begriffen bezeichnet worden. Das deutschfreiheitliche Bürgertum hat Vereine mit den deutschfühlenden Bauern und den sozialemporstrebenden Festangestellten und Arbeitern, hat sich auf einem durchaus modernen politischen und wirtschaftlichen Programm neu gesammelt und steht bei zielbewußter Weiterarbeit keineswegs am Ende ihrer Erfolge. [...] IN, Nr. 40, S. 1.

3. MÄRZ

Beleuchtungsmängel

Die Bewohner des äußeren Innrains und der Völserstraße empfinden es schmerzlich, daß sie bei der so gut durchgeführten Verbesserung der Straßenbeleuchtung stiefmütterlich behandelt wurden. Von der Johanniskirche peripheriewärts herrscht eine ägyptische Finsternis, was bei der nahezu unwegsamen Straße vor dem Fürsorgeheim und dem nicht geringen Verkehr zu den Retterbaracken doppelt empfunden wird. Eine Bogenlampe vor dem Fürsorgeheim an der Ecke gegen das Krankenhaus könnte leicht abhelfen. Abendblatt, Nr. 42, S. 3.

5. MÄRZ

Italienische Herrschaft in Deutschsüdtirol

In der deutschen Gemeinde Altrei in Südtirol wurde die im Nachstehenden wörtlich übersetzte Kundmachung plakatiert:

Kundmachung: „Es wird hiemit zu jedermanns Kenntnis gebracht, daß über Befehl und Anordnung des kgl. Kommandos-Präsidiale in Altrei von heute an die offizielle Umgangssprache in der Gemeinde Altrei die italienische ist. Von der Bevölkerung ist daher als öffentliche und private Umgangssprache und Verkehrssprache nur die tatsächliche Sprache zu gebrauchen. Jeder Verkehr in öffentlichen Aemtern und Anstalten, in Verkaufslokalitäten und Wirtshäusern (!) und auf der Straße (!) hat in italienischer Sprache zu erfolgen.

Jedes Sprechen in deutscher Sprache ist verboten. Alle jene Personen, die dabei ertappt werden sollten, daß sie deutsch sprechen, werden vom hiesigen kgl. Kommando-Präsidiale militare mit einer Strafe bis zu 50 Lire bestraft.

Alle Kaiserbilder und Bilder von Mitgliedern der kaiserlichen Familie müssen dem Militärkommando Haus Nr. 1 in Altrei übergeben werden.

10. Dezember 1918.
gez. il Sindaco Casagrande. IN, Nr. 54, S. 3.

12. MÄRZ

Kundmachung

betr. Beschränkung der Einreise nach Tirol und des Aufenthaltes Fremder im Lande

Die Verordnung der Landesregierung für Tirol, vom 25. Februar 1919, L.-G.-Bl. Nr. 14, welche die Einreise nach Tirol und den Aufenthalt Fremder im Lande beschränkt, ist bereits in Kraft getreten.

1. Im Sinne des § 5 der Verordnung haben alle in Innsbruck sich aufhaltenden Fremden, das sind Personen, die in Tirol nicht ihren ordentlichen Wohnsitz haben, oder nicht in einer Gemeinde des Landes heimatberechtigt sind, binnen drei Tagen das Land zu verlassen oder beim gefertigten Stadtmagistrate (städt. Meldeamt, Amtszimmer Nr. 9), schriftlich um die Bewilligung zum Aufenthalte anzusuchen. [...]

Stadtmagistrat Innsbruck
am 7. März 1919.
Der Bürgermeister: W. Greil m. p. IN, Nr. 60, S. 5.

10. APRIL

Beschlagnahmte Schleichhandelswaren

Vom 1. bis 15. März wurden im Bezirk Reutte laut einer amtlichen Kundmachung folgende Schleichhandelswaren aufgegriffen und an die arme Bevölkerung des Bezirkes unentgeltlich abgegeben: 69,52 Kg. Butter, 7,40 Kg. Butterschmalz, 56 Kg. Backsteinkäse, 6,7 Kg. Wurstwaren, 25 Kg. Fleisch, 1,15 Kg. Speck, 2 Laibe Brot und 23,70 Kg. Seife. IN, Nr. 83, S. 4.

15. APRIL

Plenarversammlung des Arbeiter-, Bauern- und Soldatenrates Innsbruck

Gestern abends fand im Saale des Arbeiterheims eine Plenarversammlung des Innsbrucker Arbeiter-, Bauern- und Soldatenrates statt, welche Oblt. Fehrenbach leitete, der in seiner Begrüßungsansprache es scharf tadelte, daß von den gewählten Vertretern nicht weniger als 50 nicht erschienen sind, ohne ihre Ersatzmänner zu entsenden. Er erklärte, daß unter solchen Umständen ein gedeihliches Arbeiten nicht möglich sei. [...] IN, Nr. 87, S. 2.

18. APRIL

Der Mangel an Beleuchtungsmaterial

Man schreibt uns: Wegen Mangel an Beleuchtungsmaterial kann heuer in der Spitalkirche das hl. Grab nicht aufgestellt werden. IN, Nr. 90, S. 3.

Da die Versorgung mit Lebensmitteln auch lange nach Kriegsende nicht gewährleistet war und man Hamsterkäufe befürchtete, wurde der Tourismus nach Möglichkeit eingeschränkt.

18. APRIL

Die behördlich bewilligte Privat-Musikschule in Schwaz

... wird anfangs Mai l. J. eröffnet. In derselben wird Unterricht in allen Instrumenten einschließlich Gesang nach streng methodischen Grundsätzen erteilt werden. Der Zeitpunkt für die Schüleraufnahme und den Unterrichtsbeginn wird bekannt gegeben werden. IN, Nr. 90, S. 3.

24. APRIL

Eröffnung der Mensa academica

Montag, den 5. Mai wird in den Wirtschaftsräumen der Stadtsäle die für die deutschen Universitätsangehörigen errichtete Studentenmesse eröffnet werden können. In derselben soll den Hörern und Hörerinnen unserer Hochschule für mäßige Preise eine gute und ausreichende Mittags- und Abendkost geboten werden. Ueber die Bedingungen der Teilnahme und die Kartenausgabe geben die bezüglichen Anschläge an der Universität und in den Universitätsinstituten Auskunft. IN, Nr. 94, S. 5.

Ein Blick auf Schwaz in Tirol von Norden um 1930.

Maifeier der Proletarier. Menschenansammlung in der Liebeneggstraße vor dem Arbeiterheim anlässlich der 1. Maifeier 1919.

10. MAI »

Saatkartoffeldiebe

Aus Kufstein wird uns berichtet: Die Kufsteiner wären in der Nacht zum Freitag beinahe um ihre Saatkartoffeln gekommen. Diebe verübten einen Einbruch ins Gräfinmagazin und hatten den größeren Teil der heiß ersehnten Erdäpfel bereits weggeschafft, als sie entdeckt wurden. Es gelang, den Einbrecher, einen Sohn der Gemüsehändlerin Stöckl, trotz Verschleierungsversuchen festzunehmen, seine Helfer festzustellen und die Beute zustandezubringen. « IN, Nr. 107, S. 7

15. MAI »

Verhaftung eines bayerischen Spartakistenführers in Tirol

Im Achentale ist vorgestern der bekannte Spartakistenführer Axelrod von Grenzsicherungsorganen festgenommen und verhaftet worden. Gestern erfolgte seine Einlieferung nach Innsbruck und abends dessen Abschub nach Bayern.

Wir erfahren hierüber folgende Einzelheiten: Axelrod scheint nach der Säuberung Münchens von der Spartakistenbrut von dort entkommen und versprengt worden zu sein. Er befand sich in Begleitung eines Gesinnungsgenossen und einer Frauensperson; die Absicht der drei Personen war wohl, über die tirolische Grenze zu entkommen. Sie wählten hiezu aber nicht die über Kreuth führende Talstraße, sondern die Bergwege. Beim Abstiege vom Plumserjoche hatte nun der Begleiter und Gesinnungsgenosse Axelrods einen Unfall, der ihm Beschwerlichkeiten beim Weitergehen verursachte. [...] « IN, Nr. 111, S. 4.

28. MAI

Südtirols Frage an Wilson

Zeichnung von Fritz Schönpflug
„Schau mir einmal ins G'sicht, Mister Wilson, und nachher sag' mir: Bin ich deutsch oder walsch?"
Aus den „Wiener Stimmen". Abendblatt, Nr. 100, S. 3.

6. JUNI

Große Protestkundgebung gegen den Gewaltfrieden und die Zerreißung Tirols

Gestern fand im großen Stadtsaale eine von der deutschfreiheitlichen Partei Tirols veranstaltete Versammlung statt, die ursprünglich als Wählerversammlung für die auf den 15. Juni anberaumten Landtagswahlen geplant war. Die inzwischen bekannt gewordenen, das künftige Schicksal Tirols tiefberührenden Friedensbedingungen der Entente haben die deutschösterreichische Partei bewogen, von der Abhaltung einer Wählerversammlung abzusehen und an deren Stelle die Bevölkerung Innsbrucks zu einer Protestkundgebung gegen die unerhörte Vergewaltigung des Tiroler Volkes aufzurufen. Daß die Motive dieser Aenderung auf vollstes Verständnis gestoßen sind, bewies der Massenbesuch der Versammlung.

Der große Stadtsaal, einschließlich der Galerien, war bis auf das letzte Plätzchen gefüllt und der Geist, der die Versammlung beherrschte, zeigte, daß es der Ausführungen der Redner kaum bedurft hätte. Jeder Tiroler, der sein Heimatland und sein Volkstum liebt, schöpft aus seinem eigenen Urteile die Ueberzeugung, daß die in Paris diktierten Bedingungen ein solches Verbrechen bedeuten, daß sie kein anderes Gefühl als jenes der grenzenlosen Empörung auszulösen vermögen. Die Darlegungen der Redner waren darum nur ein Widerhall der Stimmung des Volkes, eine Formulierung der Empfindungen, die uns alle beherrschen. [...] « IN, Nr. 129, S. 1.

7. JUNI

» Die Grippe

Aus dem Zillertale wird berichtet: In Mayrhofen macht sich noch immer die Grippe bemerkbar. In diesem Jahre sind bereits zehn Personen derselben erlegen. Die Zahl der Todesfälle ist in Zell und Mayrhofen sehr groß; es sind bereits soviel gestorben, wie in früheren Jahren während des ganzen Jahres. « IN, Nr. 130, S. 7.

7. JUNI

» Großer Münzmangel

Hiezu schreibt man uns unterm 2. Juni aus dem Unterinntale: Hier und in der Umgebung sind die 20- und 10-Hellerstücke nahezu aus dem Verkehre verschwunden. Die Italiener bezahlen bekanntlich für eine Krone in Hartgeld eine Lire und spekulative Personen benützen diese Gelegenheit und schaffen unsere Münzen im großen über den Brenner. « IN, Nr. 130, S. 7.

Zahlreiche Protestkundgebungen – wie hier zwischen Hofburg und Landestheater – fanden 1919 gegen die Abtrennung von Südtirol statt.

10. JUNI »

Die Tabakversorgung

... ist, wie berichtet wird, im großen und ganzen gesichert, wenngleich noch etliche Monate verstreichen dürften, bis der Raucher eine Verbesserung verspüren wird. Die Raucherkarte wird wohl erst nach Jahresfrist abgeschafft werden. Die Zigarrenrohstoffsendungen aus Niederländisch-Indien werden wohl nicht so rasch dem Verbrauch zugute kommen. Diese Tabaksendungen müssen fabriksmäßig verarbeitet werden und dann müssen die Zigarren noch etliche Wochen ablagern. Was der Oeffentlichkeit noch nicht bekannt sein dürfte: auch dem Zigarettenmangel wird abgeholfen werden. Es wurde nämlich vor einiger Zeit mit Bulgarien, dem Dorado des Rauchtabaks, ein Abkommen getroffen, das uns im Laufe der Monate reichlich Rohstoffe für Zigaretten bringen soll. [...] « Abendblatt, Nr. 107, S. 2.

17. JUNI »

Das Ergebnis der Gemeinderatswahlen

Die christlichsoziale Presse ist naturgemäß mit dem Ergebnis der Gemeinderatswahlen in Innsbruck und noch mehr mit jenem bei den Landtagswahlen zufriedengestellt worden. Der „Anzeiger" meint, das Volk von Tirol habe durch seine Stimmenabgabe bewiesen, daß es reif ist, sich selbst zu regieren. Die Wahlen hätten weiter ausgedrückt, daß Tirol von der roten Heilslehre nichts wissen wolle; das zweite Ergebnis sei die Niederlage der deutschfreiheitlichen Partei, die ihren „katastrophalen Durchfall" vor allem dem terroristischen Flügel der Altdeutschen in den eigenen Reihen mit ihren kulturkämpferischen Plänen zu danken hätte. [...] « IN, Nr. 137, S. 1.

Erkennen Sie den Ort wieder? – Es ist Telfs.

18. JUNI

Südtirol gegen den Gewaltfrieden

Die Nachricht, daß in dem den deutschösterreichischen Delegierten in St. Germain übergebenen Friedensvertrage die Brennergrenze von der Entente formell bestimmt wurde, hat ganz Südtirol in tiefste Trauer versetzt. In Anbetracht der bestehenden Verhältnisse ist es leider den Südtirolern unmöglich gemacht, gegen diese ihre menschlichen Rechte niedertretende Vergewaltigung öffentlich aufzutreten. Wohl aber haben neuerdings alle deutschen und ladinischen Gemeinden des besetzten Gebietes auf eigenen Antrieb in folgender einheitlicher Kundgebung ihre Stimme vor aller Welt erhoben. [...] IN, Nr. 138, S. 5.

21. JUNI

Die Textilindustrie im Oberinntal

Wie man uns aus Imst mitteilt, werden die beiden großen Baumwoll-Weberei- und Spinnfabriken Jenny und Schindler in Telfs und Imst zunächst den Betrieb wieder teilweise aufnehmen und zwar in den Webereien. Die Anlieferung von Garn und Kohle wird für die nächsten Tage erwartet. Rohbaumwolle für die Spinnereien ist derzeit noch nicht zur Verfügung. In Imst erweitert die genannte Firma ihr Elektrizitätswerk und wird in der Fabrik die elektrische Heizung einführen. Die Weberei und Spinnerei Josef Mayr in Nassereith soll in ein Aktienunternehmen umgewandelt und vergrößert werden. IN, Nr. 140, S. 7.

27. JUNI

Die amerikanische Kinderhilfsaktion

Samstag, den 21. d. M. ist die Kommission der „Child Welfare Mission to German Austria" in Innsbruck eingetroffen. Sie bestand aus den Amerikanern Kapitän Edwin H. Robnett, Kapt. Gardner Richardson, Leutn. Gilchrist Baker Stockton, dem deutschösterreichischen Rittmeister Dowrtiel und dem Assistenten der Kinderklinik Professor Pirquets in Wien, Dozenten Dr. Ernst Mayerhofer. Nach Besprechung mit den an den Vorbereitungen beteiligten Personen bei Bürgermeister W. Greil und Besichtigung der in Innsbruck vorbereiteten Ausspeisestellen sowie der Magazine, anerkannten die amerikanischen Herren, daß das Unternehmen in Tirol ihren Absichten entsprechend eingeleitet sei und stellten ihre volle Unterstützung für die Durchführung in Aussicht. Die Belieferung des Unternehmens mit Lebensmitteln soll bis mindestens Ende September erfolgen. [...] IN, Nr. 145, S. 4.

23. JULI

Generalstreik in Deutschsüdtirol und Trentino

Aus Bozen kommt folgende Meldung: Sonntag 12 Uhr nachts trat die gesamte Arbeiterschaft von Bozen und Meran in den Generalstreik als Protest gegen den Gewaltfrieden. Alle Betriebe in Bozen und Meran standen still. Die Straßenbahnen verkehrten nicht, alle Gast- und Kaffeehäuser und Hotels waren geschlossen, nur in der Zeit von 11 Uhr mittags bis 1 Uhr nachmittags und von 6 Uhr

Mutterſprache, Mutterlaut
Wie ſo wonneſam, ſo traut

Deutſch-Südtirols Kampf um die Mutterſprache

abends ab sind dieselben geöffnet, um den Abonnenten die Möglichkeit zum Essen zu geben. Das Licht war abgedreht und erst um 8 Uhr abends trat es wieder in Funktion.

Auch in Meran war dasselbe, nur waren dort die Gastlokale geöffnet. Die Stadt war wie ausgestorben. Es war ein gewaltiger, würdevoller Protest der Gesamtbevölkerung gegen den Gewaltfrieden und die Annexion Deutschsüdtirols.

Die auf dem Gewerkschaftshause in Bozen gehißte rote Fahne mußte auf Befehl der Carabinieri gegen Mittag eingezogen werden.

Die Garnison hatte strengste Bereitschaft, die öffentlichen Gebäude standen unter starker militärischer Bewachung. Bis mittags verlief der Tag in Deutschsüdtirol in vollster Ruhe.

Auch in Trient und den anderen Städten des Trentino wurde ein 48stündiger Proteststreik durchgeführt. Es ist auch dort die Ruhe nicht gestört worden. «

IN, Nr. 167, S. 5.

25. JULI »

Ein Ochsenhandel in der fleischlosen Woche

Wie man uns aus Hötting berichtet, hat ein Bauer Höttings in der kürzlich überstandenen fleischlosen Woche einen Ochsen an einen Gastwirt in Innsbruck um 4500 K verkauft. Man ist nun dem Handel daraufgekommen. Während die Bevölkerung Not leidet, und des Fleisches entbehren muß, handeln die Bauern mit stellungspflichtigem Fleisch herum. Und da heißt es dann, es sei kein Schlachtvieh da. « IN, Nr. 160, S. 4.

25. JULI

» Gründung einer Raiffeisenkasse in Holzgau

Sonntag, den 22. Juni, fand im Gasthofe „Zum Bären" in Holzgau unter dem Vorsitze des Frühmessers Thomas Walch die Gründung einer Raiffeisenkasse statt. « IN, Nr. 160, S. 4.

25. JULI

» Das Tschirgantbergwerk

... scheint tatsächlich endgültig aufgelassen zu werden. Dieser Tage ist eine Anzahl von Arbeitern, die noch immer auf die Wiederaufnahme der Bergwerksarbeit hofften, über Veranlassung des ehemaligen Betriebsleiters Bewersdorff zum Bergbau Annaberg in Steiermark abgegangen. « IN, Nr. 160, S. 4.

29. JULI

» Tiroler Möbel

Vor einigen Tagen erschien in den Tiroler Zeitungen ein Bericht über die Gründung einer Vereinigung der Tischlereien Tirols zu einer Exportabteilung (G. m. b. H.), welche die Erzeugung von Möbeln für die Ausfuhr begünstigen soll. Es ist natürlich zu begrüßen, wenn die Ausfuhr heimischer Erzeugnisse möglichst gefördert wird, weil wir dadurch unsere elende Handelsbilanz etwas verbessern und den Leuten im Lande Verdienstmöglichkeiten schaffen können. Allerdings besteht bei uns im Lande vorerst selbst Not an Möbeln, dies wird sich aber wohl regeln. [...] « IN, Nr. 172, S. 5.

Blick von Mösern auf Pfaffenhofen und Telfs. Im Hintergrund der Tschirgant.

6. AUGUST »

Die hilflosen Kinder

Man schreibt uns aus Leserkreisen: Vergangenen Samstag Vormittag traf ich am Fenster des städtischen Lebensmittelamtes ein kleines Mädchen in Tränen aufgelöst, das unter krampfhaftem Schluchzen erzählte, sie habe das zum Einkaufen bestimmte Bargeld 20 K verloren. Kurze Zeit nachher erhielt Josef Schütz, Beamter im städtischen Lebensmittelamte (Zimmer 1 und 2) von einem Innsbrukker Geschäftsmann eine 10 K-Note mit dem Bemerken, diese habe er in der Nähe des Amtes gefunden. Vermutlich hatte man dem Kinde zwei 10 K-Noten mitgegeben, eine von diesen hat der Kaufmann gefunden, vielleicht findet sich auch noch die andere vor. Die Note kann in dem vorbezeichneten Zimmer behoben werden. «

Abendblatt, Nr. 147, S. 3.

22. AUGUST »

Wie die Gemeinde Reith ihre Heimkehrer ehrt

Es wird uns aus Reith bei Seefeld geschrieben: Es sind nun auch in unserer Gemeinde die ersten Heimkehrer aus italienischer Gefangenschaft eingetroffen. Es sind dies der 21jährige Josef Hohenegger, einziger Sohn der Wtw. N. Hohenegger, und der 19 Jahre alte Alois Heiß, der einzige Sohn des Gemeindevorstehers und jüngste Krieger der Gemeinde. Die neugegründete Musikkapelle von Reith brachte den Heimkehrern am Sonntag, den 17. August, abends bei Fackelschein und im Beisein einer Menge Bewohner des Ortes vor deren Behausungen ein Ständchen dar; manches Auge wurde naß und Tränen der Freude von Angehörigen der Heimgekehrten und Tränen des Bangens der Angehörigen der noch nicht Heimgekehrten, denn es schmachten noch neun Krieger der Gemeinde in Gefangenschaft und wir wünschen von ganzem Herzen, daß sich dieses Ständchen wiederhole, da jedem Heimkehrer von der Ortsmusik dieselbe Ehrung zugedacht ist. [...] « IN, Nr. 192, S. 4.

Reith bei Seefeld von der gegenüberliegenden Talseite aus gesehen.

25. AUGUST

Die Sommergäste mögen rechtzeitig heimreisen

Die Lage im Zugverkehrswesen

Von der Staatsbahndirektion Innsbruck wird uns mitgeteilt:

Eine Besserung der bestehenden Kohlennot ist voraussichtlich nicht zu erwarten. Eine Zugsvermehrung ist daher auf den deutschösterreichischen Staatsbahnlinien in nächster Zeit ganz ausgeschlossen.

Da mit 1. September in den deutschösterreichischen Alpenländern die Sperre der Sommerfrischen erfolgen soll, wird den Sommergästen empfohlen, die Heimreise rechtzeitig anzutreten. « Abendblatt, Nr. 159, S. 2.

26. AUGUST

„Unnachsichtige Strenge" bei Automobil-Luxusfahrten

Infolge der drückenden Benzinnot wurden bekanntlich für den Betrieb von Personenautomobilen Sparmaßnahmen verfügt, die in erster Linie die Hintanhaltung von Luxus- und Vergnügungsfahrten, sowie die Einstellung des Verkehres an Samstagen, Sonn- und Feiertagen betrafen. Diese Anordnung wird vielfach nicht eingehalten, namentlich die Fahrten an Sonn- und Feiertagen wollen nicht aufhören. Es wird nun von amtlicher Seite aus Wien in Erinnerung gebracht, daß eine strenge Ueberwachung des Automobilverkehres eingeleitet wurde und daß bei Ueberschreitungen der erwähnten Verordnung gegen die Schuldtragenden mit unnachsichtlicher Strenge vorgegangen werden würde. In Innsbruck hat man von dem Bestande der Verordnung überhaupt noch nichts bemerkt. « Abendblatt, Nr. 160, S. 2.

6. SEPTEMBER

Zum Eisenbahnerstreik

[...] Die Hauptleitung der Gewerkschaft deutscher Eisenbahner und deutscher Postler hat anläßlich der Streikbewegung auf den Eisenbahnen eine Sitzung abgehalten, die zu einer Erklärung führte, die allen Ortsgruppenleitungen zur Kenntnis gebracht, [...] um der so vielfach verbreiteten irrigen Meinung, daß die Eisenbahner und Postler nicht infolge wirtschaftlicher Sorgen den Streik ins Leben gerufen haben, sondern ihre für Streiks vorteilhafte Stellung in unbedachter, gewissenloser Weise zum Schaden der ganzen Bevölkerung auszunützen trachten. Die von der Regierung und der Oeffentlichkeit behauptete Streiklust der deutschösterreichischen Eisenbahner und Postler ist eine naturgemäße und nicht vermeidbare Auswirkung der Unfähigkeit der deutschösterreichischen Regierungsstellen, die Verbraucher vor der ständig ansteigenden Gier der Hyänen unseres Wirtschaftslebens zu schützen. Die Eisenbahner und Postler können ebensowenig wie die anderen Staatsangestellten, wie die Festangestellten überhaupt, von dem Gelde sich und ihre Familie erhalten, das ihnen von den Arbeitgebern als Entlohnung, Teuerungszulagen und Aushilfen geboten wird. [...] « IN, Nr. 205, S. 5.

Ein Eisenbahnbautrupp am Innsbrucker Hauptbahnhof um 1927.

5. SEPTEMBER »

Der Bau der Pitztaler Straße

Aus Imst wird uns geschrieben: Mit Erlaß vom 27. Jänner 1913 hat das damals bestandene Ministerium für öffentliche Arbeiten das Projekt der Pitztaler Straße unter Zugrundelegung eines Kostenvoranschlages von einer Million Kronen genehmigt und zu diesen Kosten einen 30prozentigen Beitrag von 300 000 Kronen bewilligt. [...] Als der Krieg kam, mußte sich natürlich jedermann mit dem Gedanken abfinden, daß die Verwirklichung des Straßenbaues auf lange Jahre hinaus aufgeschoben sei. Die ins Riesenhafte gehenden Summen an Kriegsgefangenen brachten aber eine Korrektur dieser Erwartung: Um diese Gefangenen zu beschäftigen, wurden mehrere Straßenbauten in Angriff genommen und auch die Pitztaler Straße befand sich hierunter. Im Juli 1915 wurde ihr Bau begonnen. 1917 benötigte man die Gefangenen an anderen Orten und der Bau der Pitztaler Straße wurde bis zu Beginn laufenden Jahres ausgesetzt. [...] « IN, Nr. 206, S. 7.

12. SEPTEMBER »

Die trostlose Lage der Nichtselbstversorger auf dem Lande

Aus Absam wird uns geschrieben: Der Nichtselbstversorger hat wohl in allen Orten Deutschösterreichs heutzutage Grund zur Klage, weniger der Staatsangestellte und der Arbeiter, welche Berufsstände in ihren Konsumvereinen Zubußen zu entsprechenden, oft ziemlich verminderten Preisen erhalten. Wie anders sind dagegen die Verhältnisse in unserer lieblichen Gemeinde Absam. Nicht genug, daß wir im August durch 14 Tage zu zwei Drittel der Gebühr ein elendes, stets feuchtes Maisbrot bekamen, verkürzt man uns seit voriger Woche die Brotgebühr um – die Hälfte – für eine Person also ¾ Laib die Woche. Als „Zubuße" wurde dann großmütig vergangenen Samstag ½ Kilogramm Polenta pro Person verabreicht. [...] « IN, Nr. 209, S. 4.

20. SEPTEMBER »

Die Innsbrucker Butterversorgung

Die in einer gestern veröffentlichten Einsendung zum Gegenstande abfälliger Kritik gemachte Butterversorgung ist wohl wirklich derart, daß sie zu berechtigten Beschwerden Anlaß gibt. Die Klage hat aber ihr Ziel verfehlt, denn sie war an die falsche Adresse gerichtet. So richtig es ist, daß die Innsbrucker Buttersammelstelle über einen Buttervorrat verfügt und daß Bauern Butter abliefern, so unbestreitbar ist es, daß das Quantum an vorrätiger Butter heute noch, wie wir uns selbst überzeugt haben, viel zu gering ist, um die gesamte Bevölkerung einmal damit versorgen zu können. Es sind rund 1500 Kilogramm Butter vorhanden und selbst wenn man bei den bisher verausgabten 6 Dekagramm pro Kopf bleibt – bleiben muß – so reichten eben die 1500 Kilogramm nicht für die zu versorgenden 84 000 Menschen. Von einer Teilausgabe ist abgesehen worden, da dies wieder bei jenem Teile der Bevölkerung – und es ist dies der weitaus überwiegende – der keine Butter bekäme, Mißstimmung hervorgerufen hätte. Die Versorgung des anderen Teiles hätte, wenn der Buttereingang in dem jetzigen Maße anhält, erst nach Monaten erfolgen können. So entschloß man sich, die Butter einzulagern, was in den reinlich gehaltenen Kühlräumen der städtischen Großmarkthalle geschehen ist. [...] « IN, Nr. 216, S. 5.

24. SEPTEMBER »

Warum bekommen wir statt der Kohlen kein Holz?

Man schreibt uns: Die Kohlenfrage ist schon längst verneinend entschieden. Indessen kann jeder in allen Tälern und Wäldern unseres so holzreichen Landes geschlagenes Holz in hunderttausenden von Stämmen liegen sehen, welches offenbar der „Arbeitslosen", jedoch vergeblich, zu harren scheint. Nichts ist also bisher zur rechtzeitigen raschen Herbeischaffung unseres mehr als nötig vorhandenen natürlichen Ersatzmittels der Kohle geschehen und geschieht noch nichts, wenn es auch schon für lange Zeit zu später ist. Frage: Wie können die Staats- und Stadtregenten solches verantworten? Denn die bisherige Holzlieferung ist ja lächerlich gering, gänzlich ungenügend. Niemand bedürfte zum Hausgebrauche der Kohle, wenn genügend Holz geliefert würde und doch scheint niemand daran zu denken! Der Hausverstand schient ziemlich verloren gegangen zu sein. « IN, Nr. 219, S. 4.

7. OKTOBER »

Französische Besetzung Nordtirols?

Aus Paris verlautet, daß in militärischen und politischen Kreisen Frankreichs große Unzufriedenheit mit den Grundsätzen herrsche, nach denen die Italiener die Besetzung Nordtirols ausüben. Gegen den Protest der Vertreter Italiens soll daher von Frankreich beantragt worden sein, die italienische Besatzung Nordtirols ganz oder teilweise abzulösen und durch 2000 Mann Franzosen zu ersetzen. « IN, Nr. 230, S. 3.

7. OKTOBER »

Schleichhandel mit Saccharin

Beim Kriegswucheramte lief am 2. d. M. die Anzeige ein, daß ein Bauer im Begriffe sei, ein größeres Quantum Saccharin zu verkaufen. In kurzer Zeit gelang es auch, den Schleichhändler festzunehmen. Doch hatte er sich des Saccharins bereits entledigt. Der Verhaftete, ein Häusler aus Telfs mit Namen Johann Kleißl, redete sich aus, 3 Kg. Saccharin von einem Unbekannten in „Kommission" genommen zu haben. Er bot es in mehreren Geschäften um 900 Kronen per Kilogramm an. Kleißl, der außerdem einen schwunghaften Kartoffelhandel betreibt, wurde der Staatsanwaltschaft überstellt. « IN, Nr. 230, S. 3.

18. OKTOBER »

Der konstituierende Parteitag der Popolari in Trient

Am 12. Oktober fand in Trient unter dem Vorsitze des Abgeordneten Gentili der konstituierende Parteitag der Popolari (Volkspartei) statt. Der Abg. Degasperi erstattet Bericht über die Tätigkeit des vorbereitenden Komitees. Nach seinen Ausführungen wurden mehrere Entschließungen verlesen. In einer allgemein gehaltenen Entschließung wird der Abbau der Kapitalistenwirtschaft, die allgemeine Abrüstung und die Beseitigung des Militarismus verlangt und die Forderung erhoben, daß die Vertreter der christlichen Parteien sich an die Spitze der internationalen Pazifistenbewegung stellen. In der Entschließung wird schließlich die Autonomie verlangt. [...] « IN, Nr. 240, S. 7.

18. OKTOBER »

Die Tschechen in Innsbruck

In der Morgenausgabe der „Narodni Listy" vom 9. Oktober findet sich folgende Notiz: „Die Tschechen in Innsbruck, einige Hundert an der Zahl, gründen eine ‚Tschechische Gesellschaft' (‚Ceska spolecnost'), die das tschechische Leben konzentrieren soll. Sämtliche Anfragen sind an folgende Adresse zu richten: Bohuslaw Rudis (Gottlieb Rudisch), Innsbruck, Höttingerau 40". (Soll vielleicht auch noch Innsbruck verwenzelt werden?! Anm. d. Red.) « IN, Nr. 240, S. 7.

18. OKTOBER »

Zweikampf am Iselberg

Vergangenen Montag fand am Berg Isel zwischen einem reichsdeutschen Fähnrich und einem italienischen Offizier in den Morgenstunden ein Pistolenduell statt, welches unblutig verlief. Ursache war, daß erstgenannter beim Abspringen aus der Trambahn gegen letzteren anrannte, worauf ihm dieser seinen Stock über den Kopf hieb. « IN, Nr. 240, S. 7.

23. OKTOBER

13.000 Milchkühe von Tirol nach Wien

Zu dieser in Nr. 241 vom 20. Oktober unseres Blattes erschienen Notiz erhalten wir vom Landeswirtschaftsamte noch folgende Aufklärung, aus der erfreulicherweise hervorgeht, daß es sich tatsächlich nicht um 13.000, sondern nur um 1363 Stück Vieh handelt. Der Irrtum dürfte auf einen Hörfehler unseres Wiener Vertreters oder dessen Gewährsmannes beruhen, der 1300 mit 13.000 verwechselte. [...] IN, Nr. 244, S. 2.

23. OKTOBER

Ein Streik der Bauarbeiter in Innsbruck

... ist gestern ausgebrochen. Der Ausstand wurde bisher nicht beigelegt; obwohl die Genossenschaft der Baumeister die Lohnforderungen der Baugehilfen bewilligt hat. Der Grund hiefür ist das Verlangen des Bauarbeiterzentralverbandes in Salzburg, daß nicht nur die Lohnforderungen bewilligt werden, sondern auch der im Mai zwischen den Arbeitgebern und den Gehilfen abgeschlossene Kollektivvertrag als ungültig erklärt werde. IN, Nr. 244, S. 3.

Heute unvorstellbar: Eine Baustelle war weitestgehend Handarbeit.
Entsprechend wurden sehr viele – auch kleine – Hände benötigt.

20. NOVEMBER »

Preistreiberei mit einem gestohlenen Hunde

Dem Johann Keller wurde kürzlich ein Brackierhund gestohlen. Dieser wurde dann in einem Gasthofe an den Metzger Brenner um K 270 verkauft. Von diesem ging er um K 900 in den Besitz eines gewissen Reifreiter in Brixen über. Einige Tage darauf erstattete Keller die Anzeige und bemerkte dazu, daß ihm der Hund K 1000 gekostet hatte. Der Dieb wird als ein gewisser, etwa 40jähriger Mann mit schwarzem Schnurr- und Vollbart beschrieben. Er trug einen Regenmantel und Rucksack und soll ein Hilfsarbeiter in Hinterriß sein. « Abendblatt, Nr. 220, S. 3.

6. DEZEMBER »

Schwere Ausschreitungen in Innsbruck

Mehrere Geschäfts- und öffentliche Lokale und Klöster ausgeräumt und verwüstet – Heftige Zusammenstöße zwischen Wachmannschaften und Demonstranten – Einschreiten der italienischen Besatzung

Ein Aufruf der Bundesregierung:

Die Stadt Innsbruck war heute der Schauplatz höchst bedauernswerter Vorfälle, die durch die gegenwärtige große Not an Lebensmitteln verursacht wurden. Es besteht die Gefahr, daß derartige Demonstrationen von unlauteren Elementen zu weiteren beklagenswerten Ausschreitungen gegen Hab und Gut einzelner Mitbürger mißbraucht werden.

Ich wende mich an die ordnungsliebenden Bewohner der Stadt und rufe sie zur Mitwirkung auf, damit die Ordnung in Innsbruck baldigst wieder hergestellt werde. Alles, was die hungernde Bevölkerung erbittern oder neuen Anlaß zu Ruhestörungen geben könnte, muß vermieden werden. Die Geschäftsinhaber müssen es unterlassen, durch Schaustellung von dem Volke unerschwinglichen Lebensmitteln aufreizend zu wirken. Jede Ansammlung auf der Straße hat zu unterbleiben. Das Herumstreichen der Kinder und jugendlichen Personen ist hintanzustellen. Allen Anordnungen der mit der Aufrechterhaltung der Ordnung betrauten Organe ist unbedingt Folge zu leisten.

Die heutigen Vorfälle haben den Ernst unserer Ernährungslage deutlich dargetan. Die Regierung tut, was in ihrer Macht steht, um der Not abzuhelfen.

Ich hoffe, daß ich mich nicht umsonst mit diesem Aufruf an die ruheliebende Bevölkerung wende. Möge sie ihren ganzen Einfluß geltend machen, daß diese traurigen Vorfälle keine Wiederholung finden.

Innsbruck, am 5. Dezember 1919
Schraffl, Landeshauptmann « IN, Nr. 280, S. 1.

1920

Die Versorgung der Bevölkerung durch die Wirtshäuser mit Speisen zu bezahlbaren Preisen wurde durch die zunehmende Teuerung immer mehr zum Problem.

2. JÄNNER »

Ein Ultimatum der Stadtgemeinde an die Wirte

In einer Sitzung der Gefällssektion am Mittwoch wurde beschlossen, den streikenden Gastwirten eine Art Ultimatum zu stellen, das heute 5 Uhr nachmittags abläuft. Der Antrag hatte folgenden Wortlaut:

Der Herr Bürgermeister wird beauftragt, den Wirten eine Frist zu stellen, innerhalb der diese ihren Küchenbetrieb zu öffnen haben, damit die auf den Gasthausbesuch angewiesenen Konsumenten versorgt werden können. Sollten sich die Gastwirte weigern, der Aufforderung nachzukommen, und nicht willens sein, an die Einheimischen Speisen zu einem um 20 Prozent erhöhten Tarif abzutreten, wobei den Wirten aber die Preisstellung für Fremde freigestellt ist, so wird der Bürgermeister beauftragt, eine Reihe von Gastwirtschaften anzufordern und in diesen Wirtschaftsküchen zu errichten, um auf diese Weise für die Abgabe von Speisen an die Bevölkerung zu sorgen.

Als vorläufig anzufordernde Gastwirtschaften kommen „Breinößl", „Maria Theresia", „Grauer Bär" und „Hellenstainer" in Betracht. Auch sollen gegebenenfalls neue Konzessionen erteilt werden. « IN, Nr. 1, S. 3.

2. JÄNNER »

Die Jungfrauen von Absam

Aus Absam wird uns berichtet: Am 28. Dezember hielt der Jungfrauenbund von Absam im Gasthof Ebner eine Christbaumfeier mit Glückstopf ab. Jede Jungfrau mußte ein Best dazu hergeben. Bei der Verlosung klappte die Sache jedoch nicht, denn eigentlich sollten nur diejenigen Lose kaufen können, die ein Geschenk abgegeben hatten. Aber auch hier wurden wieder die Jünglinge von Absam bevorzugt; zum Staunen der Beteiligten erhielten die Burschen die meisten Lose und

Der Wallfahrtsort Absam ist durch sein Marienbild bis heute weitum bekannt. Diese Darstellung stammt aus dem Jahr 1916.

Treffer, während manche Jungfrau leer ausging. Als die Lose zur Neige gingen, wurden wieder aufgerollte leere hingegeben. Der Abgang war derart, daß die Lose weit überzahlt wurden. [...] Das originellste war, daß die Burschen sich vor der Saaltüre anstellten, wie bei einer Brotverteilung. Als die Saaltüre geöffnet wurde, wurden diese mit Freuden empfangen. Getanzt wurde bis spät in die Nacht. « IN, Nr. 1, S. 4.

2. JÄNNER »

Versteinerter Kognak

Aus Rattenberg wird uns geschrieben: Ein hiesiger Geschäftsmann hatte vor einigen Monaten Kognak gekauft, die Ware jedoch bisher nicht erhalten. Nun wurde sie ihm vor einigen Tagen avisiert. Er hatte 2000 K zu deponieren, doch als die Kiste vor Zeugen geöffnet wurde, befanden sich darin an Stelle der ersehnten Ware – Steine. Bis zur Rückzahlung der 2000 K dürfte wohl eine geraume Zeit verstreichen. « IN, Nr. 1, S. 4.

5. JÄNNER

Julfeier der deutschvölkischen Turngemeinde Innsbruck

Die deutschvölkische Turngemeinde Innsbruck veranstaltet am 6. Jänner im Gasthofe Auckenthaler in Pradl ihre Julfeier verbunden mit einem Werbeturnen, Musikvorträgen, Gabentisch usw. Beginn 4 Uhr nachmittags. « IN, Nr. 3, S. 3.

7. JÄNNER

Schweres Trambahnunglück am Westbahnhof

Am Dreikönigstag nachmittag 4 Uhr ereignete sich an der Haltestelle der Lokalbahn am Westbahnhof, dort wo der Wagen nach dem Passieren des großen Viaduktes von der Neuhauserstraße in scharfer Kurve in die Andreas Hoferstraße einbiegt, eine folgenschwere Entgleisung, die leider ein Todesopfer, mehrere Schwerverletzte, sowie zahlreiche Leichtverletzte forderte. Ueber den Verlauf des Unglücks erfahren wir folgendes: Gegen 4 Uhr nachmittag kam ein Triebwagen mit einen Beiwagen in gewöhnlicher Fahrt vom Viadukt herabkommend, gegen den Westbahnhof, als in der Nähe der Kurve die Bremsen versagten, die Wagen in rasches Tempo kamen und an der Biegung aus dem Geleise geschleudert wurden. Durch das eingetretene Tauwetter war der Straßenboden naß und schlüpfrig, die Wagenräder fanden daher keinen Widerstand. Der Motorwagen fuhr mit großer Gewalt gegen die Aufgangsstiege beim Eingang des Hotel Westbahnhof und zertrümmerte die beiden stark betonierten Stiegenwände vollständig, dadurch kam der Führerwagen quer über die Straße zum Stehen. [...] Denn gerade an der Stelle warteten mehrere Fahrgäste ahnungslos auf die Trambahn; der Unfall erfolgte so rasch, daß sich die Gefährdeten nicht mehr rechtzeitig in Sicherheit bringen konnten und von dem umstürzenden Beiwagen geradezu erdrückt wurden. [...] Tödlich verletzt wurde der 24-jährige Hans Berghammer, der infolge schwerer innerer Verletzungen gleich nach seiner Aufnahme ins Spital verschied. [...] « Abendblatt, Nr. [illegible], S. 3.

9. JÄNNER

Ein Pferdeschmuggler entwischt

Aus Prutz wird uns berichtet: Am Sonntag, den 4. Jänner, abends kamen zwei Gendarmen aus Pfunds mit einem Herrn und zwei Pferden nach Prutz; die Gendarmerie wollte den Herrn samt den zwei Pferden nach Landeck in die Bezirkshauptmannschaft bringen, weil er die Pferde in die Schweiz schmuggeln wollte; die zwei Gendarmen und der Pferdebesitzer kehrten in einem Gasthaus in Prutz ein, um sich zu stärken. Der Postenleiter borgte vom Wirt auch einen passenden Schlitten zur Weiterfahrt nach Landeck und gab dann dem Pferdebesitzer den Auftrag, einzuspannen, während dem die Herren Gendarmen noch im Gastzimmer blieben. Nachdem der Pferdebesitzer eingespannt hatte, fuhr er allein davon und scheint auch an seinen Bestimmungsort (die Schweiz) gelangt zu sein. IN, Nr. 6, S. 5.

12. JÄNNER

Abzug der italienischen Garnison

Wie uns mitgeteilt wurde, wird die derzeitige italienische Garnison (Grenadierregiment Nr. 2) Innsbruck demnächst verlassen. Der Abmarschbefehl kam am Sylvestertage, mußte aber geheim gehalten werden. Bisher ist es dem hiesigen italienischen Kommando noch unbekannt, ob es sich nur um einen Wechsel oder ein gänzliches Abziehen der Truppen aus Nordtirol handelt, doch neigt man zu der Ansicht, daß keine neuen Truppen nachkommen werden. Mit dem Grenadierregiment verlassen auch die verschiedenen Anstalten und Trains Innsbruck. General Rossi bleibt bis zum gänzlichen Abzug der Truppen in Innsbruck. – In den letzten Tagen sah man die Italiener eifrig packen und für den Abmarsch Vorbereitungen treffen. IN, Nr. 8, S. 3.

Blick auf die Gemeinde Prutz in Richtung Kaunertal. Die Gemeinde liegt am Ausgang des Kaunertales in das Oberinntal.

Seit dem Krieg wurde die Bedeutung der Fliegerei als Verkehrs- und Kriegsfahrzeug allgemein anerkannt. Aus der Gründung des Fliegerverbandes entstand 1925 der erste Innsbrucker Flughafen.

19. JÄNNER

Elektrizitätseinrichtungen der Gemeinde Prutz

Von dort wird berichtet: Die Gemeinde Prutz erbaute in Faggenbach ein provisorisches Elektrizitätswerk, das von der A. E.-G. „Union" ausgeführt worden ist. Diese Firma brachte das Werk innerhalb 10 Wochen zum Brennen, was bei der jetzigen Brennmaterialnot gewiß für die Gemeinde eine Wohltat ist. [...] Wie man hört, beabsichtigt im heurigen Frühjahr die Kuranstalt Obladis von Prutz nach Obladis eine elektrische Schwebebahn zu bauen. IN, Nr. 14, S. 5.

21. JÄNNER

Die Not in Volders

Aus unserem dortigen Leserkreis erhalten wir zur Ergänzung der Notiz „Kein Zucker in Hall" u. a. folgende Mitteilungen: Auch hier in Volders gibt es keinen Zucker, leider aber auch von anderen Lebensmitteln soviel wie nichts. Wochenlang kein Brot, kein Mehl, kein Fleisch, Butter überhaupt nicht, Kartoffel 6 Kilo im Zeitraum eines Jahres, wovon sollen eigentlich die Volderer Nichtselbstversorger leben? [...] IN, Nr. 16, S. 4.

24. JÄNNER

Gründung des Tiroler Fliegerverbandes

(Sitz Innsbruck.) Man schreibt uns: Am 22. ds. fand die definitive Gründung des Tiroler Fliegerverbandes statt. Aus dem Berichte des Herrn Feldpiloten Major Eccher, der in rein privater Hinsicht anwesend war, geht klar hervor daß die heimische Flugstation nur mit primitiven Mitteln (Holzhangars aus Wien usw.) ausgebaut werden wird. Es wird daher Hauptaufgabe des Verbandes sein, alle seine Energie und Kräfte einzusetzen, um unsere Heimat vor solch schweren

Schädigungen zu schützen. Hier gibt es nur eine Losung: „Entweder recht oder sonst besser gar nichts!“ Vom provisorischen Hauptausschusse werden besonders zwei Hauptarbeiten festgelegt: 1. Beschaffung eines entsprechenden Flugfeldes und 2. Durchführung der Vorarbeiten für die Gründung einer Flugbetriebsgesellschaft mit heimischem Kapital. [...] « IN, Nr. 19, S. 5.

27. JÄNNER »

Tanzverbot im Bezirk Kitzbühel

Die Bezirkshauptmannschaft Kitzbühel teilt mit, daß trotz der allgemeinen Notlage, bei einem Teil der Bevölkerung die Neigung vorherrscht, den Fasching in altgewohnter Weise durch Abhaltung von Tanzunterhaltungen usw., zu begehen. In der Erwägung, daß die gegenwärtigen Verhältnisse die größte Sparsamkeit bei der Verwendung von Lebensmitteln, Heizmaterialien usw. erfordert, findet sich die Bezirkshauptmannschaft veranlaßt, die Abhaltung von Tanzunterhaltungen im Fasching 1920 im allgemeinen zu verbieten. [...] « IN, Nr. 21, S. 5.

31. JÄNNER »

Ein neues Sägewerk

Aus St. Johann i. T. wird uns berichtet: Dem Vernehmen nach wird hier von Max Klausner und Genossen im Bräufelde, nächst dem Bahnhofe, ein neues großes Sägewerk erbaut, für das kolossale Holzvorräte aufgestapelt werden. « IN, Nr. 25, S. 7.

4. FEBRUAR »

Der Zündholzschmuggel

... wird gegenwärtig von gewisser Seite, wie es scheint, recht rege betrieben. In der Schweiz kosten zwei Schachteln 15 Rappen, das sind reichlich 10 Kronen, Grund genug also, mit den unscheinbaren Zündern Handel ins Ausland zu betreiben, mag auch daheim die Not an solchen groß sein. Vielleicht wäre es doch noch vorteilhafter, durch eine Ausgabe der Zünder im Wege der Gemeinde oder sonst einer Kontrolle den Einwohnern zu Zündhölzern zu verhelfen und die damit verbundenen Erschwernisse in Kauf zu nehmen, als zuzusehen, wie alles aus bloßer Geldsucht ins Ausland verschachert wird. « IN, Nr. 27, S. 3.

Eine seltsame Werbung einer Zigarettenfabrik: ein rauchendes Kind.

5. FEBRUAR »

Tausch

Gebe Virginia oder Lebensmittel für Brot. Anderer. an den Auskunftstaf. unter 2212.

Suche **Kartoffeln** gegen Türken zu tauschen. Näh. Schneeburggasse 35 Hötting.

Gebe weißes Batistkleid Schnürlsamtjacke starke Schuhe Nr. 37 für Lebensmittel und Mantelstoff. Schöpfstraße 4 1. Stock rechts.

Gebe neue schwarze **Damenschuhe 40** gefütterten Wetterkragen, Zigarren usw. für Lebensmittel. Bürgerstraße 24 2. Stock vorm. bis 1 Uhr u. ½8–9 Uhr abends.

Wieviel **Brennspiritus** erhalte ich für 10 Kilo Kartoffeln? Gottlieb Huber, Herzog-Friedrich-Straße 26 4. Stock.

Was bekomme ich für 200 **Sport.** 100 Aeyptische an Geld oder Lebensmitteln? Zuschriften unter „Meistgebot 2331" an die Verw. « IN, Nr. 28, S. 7.

10. FEBRUAR »

Unbefugter Käsehandel

Matthias Höck in Wörgl wurde wegen unbefugten Verkaufes von Käse durch die Bezirkshauptmannschaft Kufstein zu acht Tagen Arrest und 3000 Kronen Geldstrafe verurteilt. Die Landesregierung hat nunmehr dieses Erkenntnis bestätigt. « IN, Nr. 32, S. 3.

12. FEBRUAR »

Verurteilte Schleichhändlerin

Hedwig Geisler, Krämerin in Innsbruck, wurde wegen wiederholten Schleichhandels mit Fleisch und Butter zu einem Monat Arrest und zu 1000 Kronen Geldstrafe rechtskräftig verurteilt. « Abendblatt, Nr. 28, S. 3.

13. FEBRUAR »

Eine Mordtat

Man berichtet aus Toblach: In der kleinen Kapelle an der Straße von Toblach nach Innichen, dem sogenannten „Nader Stöckl", fand am 8. d. M. morgens ein vorbeifahrender Fuhrmann die Leiche einer jungen Frauensperson. Deren Kopf war durchschossen. Ein Selbstmord konnte nicht vorliegen, da keine Waffe zu finden war. Es ergab sich, daß das Mädchen, das Maria Fronthaler heißt, 19 Jahre alt ist, und von der Lienzer Gegend stammt, kurz vor ihrer Auffindung ermordet worden sein dürfte. Ueber das Motiv der Tat bestehen nur Vermutungen und vom Mörder weiß man bis zur Stunde noch nichts. Die Leiche wurde am 10. d. M. hier beerdigt. « IN, Nr. 35, S. 4.

Ein Probeschnellzug auf der Strecke von Wörgl nach Saalfelden 1912.

Gesamtansicht des Volksbades in der Schulstraße 4, heute Michael-Gaismair-Straße 4. Links hinten ist gerade noch die Volksschule Wilten in der Leopoldstraße 15 erkennbar.

14. FEBRUAR »

Innsbruck ohne Volksbad

Seit mehr als einem Jahre sind die Volksbäder der Landeshauptstadt Innsbruck außer Betrieb. In der letzten Gemeinderatssitzung hat eine dringliche Anfrage der GR. Hagenauer und Gen. diesen Mangel berührt; der Obmann der städtischen Lichtwerke GR. Kapferer hat aber mit der Erklärung der allgemeinen Kohlennot ein weiteres Eingehen auf diese Frage abgeschnitten. Außer Zweifel ist der Stand unserer Kohlenversorgung ein kritischer und es bedarf wohl aller ökonomischer Einteilungskünste, um den wichtigsten Bedarf unserer elektrischen Licht- und Kraftquellen wenigstens im dringendsten Ausmaß zu decken. Andererseits ist aber die Frage einer öffentlichen Badegelegenheit im Interesse der Volksgesundheit von so unabweisbarer Wichtigkeit, daß die Stadtverwaltung doch nicht Jahr und Tag vergehen lassen kann, ohne wenigstens nach besten Kräften einen Ausweg zu suchen. [...] « IN, Nr. 36, S. 4.

16. FEBRUAR »

Rodelrennen um die Meisterschaft auf der Jaufenstraße

Anschließend an das Meisterschaftsbobrennen am 1. Februar wurde am 2. Februar die Meisterschaft der Jaufenstraße für Rodeln ausgetragen. Es nahmen daran 17 Damen und 48 Herren teil. Die ausgezeichnete Bahn ermöglichte sehr gute Zeiten [...]. « IN, Nr. 37, S. 4.

Dieser junge Mann hat an dem Rodelrennen noch nicht teilgenommen.

20. FEBRUAR »

Eine kühne Tat

Aus Kitzbühel wird uns berichtet: Großen Mut zeigte dieser Tage der Jüngling J. Nendl, Kaufmannssohn in Kitzbühel, der einer jungen Dame, die beim Ueberschreiten des Bahngeleises in Windau vom herannahenden Zuge überrascht und ins Unglück gestürzt wäre, hilfsbereit, sein eigenes Leben nicht achtend, beisprang und die Dame rettete. « IN, Nr. 41, S. 4.

20. FEBRUAR »

Was ist's mit der Zigarettenzubuße?

Die Raucher in Imst stellen diese Frage und schreiben uns: „Die Wiener Raucher bekommen seit Oktober 1919, die Innsbrucker seit November eine Tabakzubuße von wöchentlich 9 Stück Zigaretten. Diese Zubuße wird auch in Reutte ausgegeben. Wir Raucher in Imst warten noch immer vergeblich auf die uns schon so lange versprochene Zubuße, und erlauben uns an die Finanzbezirksdirektion die Anfrage, aus welchem Grunde uns die Zubuße vorenthalten wird. Oder ist es vielleicht Grundsatz in unserem demokratischen Staate, Staatsbürger verschieden zu behandeln?" « IN, Nr. 41, S. 4.

20. FEBRUAR »

Der Streik in Landeck beigelegt

Die mit der Leitung des Industriellenbundes geführten Verhandlungen sind so weit gediehen, daß in der Textil- und Karbidfabrik in Landeck die Arbeit Montag wieder aufgenommen wurde. Die Forderungen der Arbeiter wurden rückwirkend bis 8. Februar 1920 bewilligt. Die im Betriebe beschäftigten Arbeiter erhielten eine 100prozentige Teuerungszulage. « IN, Nr. 41, S. 4.

26. FEBRUAR »

Billige Muliwürste

Vor etwa 14 Tagen verbrannte am Innrain eine Baracke, in der die Italiener eine Anzahl Mulis untergebracht hatten, wobei auch ein solches Tier umkam. Der Pferdehändler Simon Kroisenbrunner in Innsbruck erwarb dieses verendete Tier vom italienischen Kommando um 50 Lire. Kroisenbrunner gewann aus dem Kadaver 175 Kilogramm Fleisch, das er ohne weiteres dem Pferdemetzger Karl Grabner in der Innstraße um 40 K für das Kilogramm, d. i. um 7000 K verkaufte. Der Pferdemetzger Grabner verwurstete dann das Mulifleisch und verkaufte die Würste um 70 K das Kilogramm. Das Kriegswucheramt hat heute den Kroisenbrunner verhaftet und in das Gefangenhaus des Landesgerichtes überstellt und gegen ihn und Grabner die Strafanzeige bei der Staatsanwaltschaft erstattet. « IN, Nr. 46, S. 3.

26. FEBRUAR »

Ein Rätsel

Aus Hall wird uns geschrieben: Kürzlich las man in den „Innsbrucker Nachrichten" die Höchstpreise für Molkereiprodukte. So sollte man den Graukäse um 14 Kronen pro Kilo und Butter um 40 Kronen pro Kilo erhalten. Da in Hall die Fleischnot so groß ist, so möchte die dortige Bevölkerung wissen, welche Verkaufsstelle oder welcher Bauer für solche Höchstpreise seine Produkte ausgibt. « IN, Nr. 46, S. 3.

Ähnlich den Pferden wurden den Eseln ihre duldsame Tragerei schlecht gedankt. Entsprechend zäh waren wohl die Würste.

8. MÄRZ »

Rege Beteiligung an der Anschlußaktion

Mehrere Tausend Zustimmungserklärungen bereits eingelaufen – Einige Worte über die freiwillige Volksabstimmung

Die Deutschdemokratische Gesinnungsgemeinschaft in Tirol, der gemäßigte Flügel der Deutschfreiheitlichen Partei in Tirol, hat eine Aktion angeregt, um die Tiroler Landesregierung zu einer freiwilligen Volksabstimmung für den Anschluß an Deutschland zu veranlassen. Sie wurde zu diesem Schritte durch die in weiten Kreisen der Tiroler Bevölkerung fußende Anschauung bewogen, daß nur der Anschluß an Deutschland die einzige Rettung Tirols, wie Oesterreichs überhaupt aus dem politischen und wirtschaftlichen Chaos sei; sie bezweckt durch diese Aktion, die keine ungesetzmäßige Handlung, sondern nur ein berechtigtes, dem Volksempfinden entgegenkommendes Verlangen ist, die offene Frage des Anschlusses der einzig möglichen Lösung raschest zuzuführen. [...] « Abendblatt, Nr. 45, S. 1.

10. MÄRZ »

Volkszählungsergebnisse

Rattenberg 327 männliche, 317 weibliche, Summe 644 Personen. Radfeld 223 männliche, 227 weibliche, Summe 450 Personen. « IN, Nr. 57, S. 5.

17. MÄRZ »

Einstellung des Personen- und Güterverkehres auf der Südbahn

Das Betriebsinspektorat der Südbahn in Innsbruck ersucht uns um Aufnahme folgender Kundmachung:

Wegen drohenden äußersten Kohlenmangels wird zufolge Auftrages des Staatsamtes für Verkehr ab Mittwoch, den 17. März 1920 auch auf der Südbahn der öffentliche Personen- und Gepäcksverkehr eingestellt. [...] « IN, Nr. 63, S. 4.

Viele Tiroler sahen nach dem Verlust Südtirols nur mehr die Möglichkeit eines Anschlusses an Deutschland.

Blick vom Bozner Platz in die damals Karlstraße genannte heutige Wilhelm-Greil-Straße mit dem Landesmuseum im Hintergrund. Rechts das Eckhaus Bozner Platz 1, in dessen Erdgeschoß sich das „Café Lehner" befand.

17. MÄRZ

Eine neuerliche Razzia nach Schiebern und Schleichhändlern

Polizei und Gendarmerie veranstalteten gestern nachmittags in mehreren Kaffee- und Gasthäusern Innsbrucks, hauptsächlich aber in den Cafés Lehner und Maria Theresia, neuerdings eine mehrstündige Razzia nach unbefugt sich aufhaltenden Personen. Die Eingänge der Lokale wurden von Gendarmen gleichzeitig besetzt, Kontrollorgane begaben sich in die Gastlokalitäten und überprüften die Identitätsausweise und Aufenthaltsberechtigung der Anwesenden. Personen, die sich nicht gehörig ausweisen konnten, wurden zur weiteren Ueberprüfung ihrer Aufenthaltsberechtigung zur Polizei abgeführt. Bei Feststellung der Identität soll, wie uns berichtet wird, die Polizei allerdings sehr tolerant vorgegangen sein. So genügte z. B. der Vorweis einer Straßenbahnabonnementskarte als Personaldokument und Aufenthaltsberechtigungsausweis. Diese Vorgänge, besonders jene bei Untersuchung des Café Maria Theresia, erregten großes Aufsehen. [...] IN, Nr. 63, S. 4.

18. MÄRZ

Die wirtschaftliche Schädigung der Deutschtiroler

In der Wiener „Reichspost" wird in einem Südtiroler Brief von der ungerechten Behandlung der vielen Deutschen, die zwar in Südtirol längst ansässig, nicht aber dort geboren sind, berichtet. Diese werden von der italienischen Regierung als „Ausländer" betrachtet und behandelt. „Dabei hörten", so heißt es in dem Brief, „seit der Besetzung Südtirols im November 1918 für alle in Südtirol Wohnenden alle Einkünfte in Oesterreich auf, die Coupons unserer Papiere wurden uns nicht mehr eingelöst und so sind unsere in Oesterreich liegenden oder aus österreichischen Papieren bestehenden Vermögen bald 1½ Jahre fruchtlos und beim schlechten Kurse unverwertbar. Wir leben also von den zur Zeit des Zusammenbruches in Südtirol bestandenen Guthaben oder hiesigen Unternehmungen, falls diese überhaupt einen Ertrag liefern. [...] IN, Nr. 64, S. 7.

Ein Vorgriff um ein paar Jahre: Mit der Eröffnung des Flughafens 1925 konnte der süddeutsche Aero-Lloyd für einen regelmäßigen Kurs München–Innsbruck gewonnen werden, der mit dieser Fokker F. III durchgeführt wurde.

1. APRIL

Passagierflüge des Tiroler Fliegerverbandes

Es wird uns mitgeteilt: Nach den Anschluß-Propagandaflügen werden vom Fliegerverband Passagierflüge ausgeführt. Hiezu werden Anmeldungen bereits entgegengenommen. Das Flugzeug kommt Samstag vormittags und bleibt Sonntag und Montag in Innsbruck. Der Flugplatz wird abgesperrt und zur Deckung der großen Auslagen eine Eintrittsgebühr erhoben. Jene Herren, die Sammlungen für den Verband abhalten und sie dem Verband abliefern, erhalten die entsprechende Anzahl Anwärterscheine für Freiflüge des Tiroler Fliegerverbandes. – Bisher sind an Spenden eingelaufen: Fräulein Jörgler (Innsbruck) 40 K; Westbahnpersonal (Sammlung des Herrn Pircher) 100 K und 1 Lire; Herr E. Wechner, Pfaffenhofen bei Telfs, 10 K. IN, Nr. 74, S. 5.

3. APRIL

Obligatorische Leichenaufbahrung in Kufstein

Man schreibt uns von dort: In der Sitzung des Kufsteiner Gemeinderates am 25. März d. J. beschwerte sich ein bäuerlicher Gemeinderat darüber, daß die Aufbahrungen von Leichen in den außerhalb der eigentlichen Stadt gelegenen Bauernhöfen nicht gestattet, vielmehr eine solche in einer der beiden Leichenhallen zur Pflicht gemacht worden sei und daß die bezügliche Verfügung namentlich in den Kreisen der bäuerlichen Bevölkerung Mißstimmung hervorrufe. Dem Beschwerdeführer wurde eröffnet, daß diese Anordnung keineswegs eine neue, sondern schon längst beschlossene und in Geltung stehende sei und daß deren strenge Einhaltung die politische Behörde aus gesundheitlichen Gründen unentwegt fordere. IN, Nr. 75, S. 7.

7. APRIL

Das Ende einer Tiroler Volksbühne

Vor kurzer Zeit wurde in den Innsbrucker Zeitungen berichtet, daß das altbekannte Pradler Bauerntheater niedergerissen und das Material anderweitig verwendet werden soll. [...] Abendblatt, Nr. 64, S. 3.

12. APRIL

Der Mandolinenklub Innsbruck

...hielt am 8. ds. im Gasthofe „Weißes Kreuz" seine erste ordentliche Generalversammlung ab. Nach Verlesung der Statuten wurde die Wahl der Klubleitung vorgenommen, die nachstehendes Resultat ergab: Obmann Passamani, Dirigent Lagger, Schriftführer Purtscheller, Kassierin Frl. Artmann, Archivarin Frl. Moskon, Ersatzmänner Pöschl, Bedendo. Klublokal Gasthof „Weißes Kreuz", Herzog Friedrichstraße. Tag der Probe jeden Freitag 8 Uhr abends. Anmeldungen von Mandoline-Spielern nach Noten, Damen und Herren, werden in der Lederhandlung Falschlunger, Marktgraben Nr. 23 entgegengenommen. IN, Nr. 82, S. 5.

Eine echte Schönheit – die Mandoline.

16. APRIL

Die Bautätigkeit in Reutte

Die Firma Schretter in Reutte läßt in Hüttenmühl eine Papierfabrik erbauen, deren Neubau schon unter Dach ist; die hiezu nötigen Wasserbauten sollen auch bald begonnen werden. Die Firma Hosp, mechanische Werkstätte und Eisengießerei am Bahnhof in Reutte, läßt ihre Räumlichkeiten umbauen und gedenkt noch Ende dieses Monats ihren Betrieb, der wegen des Umbaues unterbrochen war, wieder fortsetzen zu können; größere Geschäftsaufträge warten schon auf ihre Ausführung. Hotel- und Brauereibesitzer Adler-Reutte läßt sich in Lermoos eine Villa erbauen. Sämtliche Bauten werden vom Baumeister Wacker in Reutte ausgeführt. « IN, Nr. 86, S. 5.

22. APRIL

Fußballwettspiel in Bozen

Am Sonntag, den 18. April, fand in Bozen ein Fußballwettspiel zwischen dem dortigen FC. „Wacker" und dem Sportklub Meran, 2. Mannschaft, statt. FC. „Wacker"-Bozen, welcher erst seit kurzer Zeit besteht, stellte eine gute Mannschaft. Beide Mannschaften lieferten ein schönes Spiel. Meran gelang es, in der ersten Spielhälfte zwei Treffer zu erzielen, in der zweiten fiel Meran noch ein dritter Treffer zu. Gegen Schluß des Spieles raffte sich die Mannschaft des FC. „Wakker" zusammen und konnte noch zwei Treffer erzielen. Das Spiel endete für Meran 3 : 2. « Abendblatt, Nr. 75, S. 3.

Der Waltherplatz in Bozen – „der" Platz der Südtiroler Landeshauptstadt. Hier um 1925.

Die Postkarte zeigt um 1930 eine Panoramaansicht von Mehrn bei Brixlegg in Tirol. Dieser Ort verfügt über eine Heilquelle, die unter dem Altar der Filialkirche entspringt und die für das Heilbad „Bad Mehrn" genutzt wird.

8. MAI

Eine Mutter mit drei Kindern in den Tod gegangen

Zu dieser von hiesigen Blättern gebrachten Meldung über Frau Riedhart werden wir von Fräulein Riedhart in Brixlegg ersucht, festzustellen, daß das Motiv der beklagenswerten Tat keineswegs auf einer „schlechten Behandlung" von Seite ihrer Schwiegermutter beruhte, sondern – wie sich aus den hinterlassenen Briefen (in die wir selbst Einsicht genommen haben) ergibt – in der hochgradigen Schwermut, an der Frau Riedhart schon lange Monate, seit Krankheit und Tod ihres Mannes, gelitten hat und zuletzt in geistige Verwirrung ausartete, was auch die ärztliche Diagnose ergab. Das Verhältnis zu ihrer Schwiegermutter war immer ein gutes. IN, Nr. 104, S. 3.

17. MAI

Der wirtschaftliche Anschluß Tirols an Deutschland

Eine Unterredung mit Landeshauptmann Schraffl

Die durch die österreichische Regierung beabsichtigte Einhebung eines 1900-prozentigen Zollaufschlages auf deutsche Ware schützt zwar die Industrieinteressen Wiens, macht aber die Lage der Tiroler Industrie, die auf die Einfuhr aus Deutschland dringend angewiesen ist, unhaltbar und stellt allein schon aus diesem Grunde die Notwendigkeit eines wirtschaftlichen Anschlusses Tirols an Deutschland in den Vordergrund. [...] IN, Nr. 110, S. 1.

Das Colosseum war nach dem Ersten Weltkrieg eine Veranstaltungsbühne, die ein breites Programm anbot. Nicht alles wäre auch heute noch möglich. Sie befand sich in der Messehalle.

26. MAI

Das Graben nach Geschoßen auf militärischen Schießstätten

Das Landesbefehlshaberamt ersucht uns um Veröffentlichung folgender Zeilen: „Mit Bezug auf mehrere in letzter Zeit vorgekommene Fälle bringt das L.-B.-Amt der Bevölkerung zur Kenntnis, daß Beschädigungen an den militärischen Schießstätten, so namentlich das Graben nach Geschoßen und deren Bestandteilen in den Geller- und Kugelfangdämmen, strengstens verboten ist; die betreffenden Personen werden zur Ausweisleistung verhalten und es wird ihre Bestrafung veranlaßt werden. Außerdem wird auch aufmerksam gemacht, daß ein derartiges Gebaren, speziell das Graben nach Blindgängern, Minen und dergleichen, für die Betreffenden – weil sie im Allgemeinen mit derlei Manipulationen nicht vertraut sind – lebensgefährlich ist.“ IN, Nr. 117, S. 5.

5. JUNI

Im „Colosseum“ in der Ausstellungshalle

..., das am 1. Juni bereits hätte eröffnet werden sollen, sind die großzügigen Umbauarbeiten noch in vollem Gange. Die Eröffnung wurde nun endgültig auf 1. Juli festgesetzt. Für das große Eröffnungsprogramm wurden bereits erstklassige Kräfte verpflichtet. IN, Nr. 125, S. 5.

5. JUNI

Aus Wattens

... wird uns geschrieben: Nach langer Pause fand heuer bei herrlichem Wetter wieder in feierlicher Weise die Fronleichnamsprozession statt. Musik sowie eine kleine Schützenformation rückten wie in der Vorkriegszeit aus. Nur das schöne Geläute ertönte nicht wie vordem, doch hofft man, daß im nächsten Jahre der Turm auch wieder seine Glocken haben wird. – Am Peter- und Paulstage soll voraussichtlich nach vielen Jahren der Bezirksfeuerwehrgautag wieder in Wattens abgehalten werden. Es werden zu dem Feste schon alle Vorbereitungen getroffen.

IN, Nr. 125, S. 5.

10. JUNI

Der Gemeinderat in Reutte

... hat in seiner letzten Sitzung die Beschaffung der Lebensmittel und die Aufbringung der Milch für die vielen Nichtselbstversorger der Gemeinde besprochen. Es wurde beschlossen, sich an die Nachbargemeinden mit dem Ersuchen um Milchaushilfe für die Zeit, wo die Kühe auf der Alm sind, zu wenden. Auch die Holzversorgung bildet eine ständige Sorge für die Gemeinde. Zur Aufarbeitung und Bringung des durch Windbrüche niedergelegten Holzes in den Wäldern sind die erforderlichen Arbeiter nicht aufzutreiben. Die Gemeinden Höfen und Ebenbichl wurden an das Netz des Elektrizitätswerkes der Gemeinde angeschlossen. Auch mit der Gemeinde Heiterwang wird wegen der Lieferung von elektrischer Kraft verhandelt. [...] IN, Nr. 129, S. 4.

Heute kaum mehr wiederzuerkennen: Blick auf die alte Pfarrkirche Wattens (Hl. Laurentius) und die umliegenden Häuser gegen Südosten.

17. JUNI

Merkwürdige Verhaftungen in Meran

Am letzten Sonntag wurden in Meran auf der Promenade einige Studenten und zwei Mädchen wegen Tragens der Tiroler Farben Rot-Weiß von zwei Karabinieri verhaftet. Mehrere Kameraden der Verhafteten folgten singend und pfeifend der Eskorte bis zur Wachstube. Die Delinquenten wurden mit der Ermahnung, das „Gesetz" in Zukunft nicht wieder zu verletzen, entlassen. – Am gleichen Tag wurde ebenfalls in Meran von zwei italienischen Offizieren ein Meraner Bürgerssohn verhaftet, weil er eine schwarz-rot-goldene Masche trug. Die „Meraner Zeitung" schreibt dazu: Wir bezweifeln, daß das Militär überhaupt ein Recht hat zu solchem Vorgehen. Schwarz-rot-gold sind die deutschen Nationalfarben, aus unserem Herzen kann die Liebe zu unseren Farben auch durch roheste Gewalt nicht ausgerissen werden. Die Italiener sollten sich doch daran erinnern, daß in Italienischtirol unter österreichischer Herrschaft trotz aller Verbote die italienische Trikolore doch immer wieder getragen wurde, – daß sich nationales Empfinden also mit dem Polizeiknüppel nicht totschlagen läßt, sondern nur immer heißer und ungestümer zum Ausdruck kommt. IN, Nr. 135, S. 5.

Meran konnte dank seines milden Klimas bereits auf eine lange Tradition von Kurtourismus zurückblicken. Entsprechend bedeutsam war der Ort unter den neuen Verhältnissen.

24. JUNI

Die beschlagnahmte Waffenlieferung

Wie wir bereits kurz berichtet haben, wurde am Dienstag ein Auto, das mit Waffen und Munition beladen, von Innsbruck nach Imst fahren sollte, vor der Abfahrt angehalten. Die Waffen wurden über Aufforderung des Abg. Erl von der Polizei beschlagnahmt. In dem Auto waren 455 größtenteils neue bayerische Mausergewehre und eine Revolverkanone verladen gewesen. Die Waffen waren zur Bewaffnung der Heimwehren des Imster Bezirkes bestimmt. Als Waffendepot diente das Prämonstratenserkloster Wilten. Den Waffentransport leitete von Innsbruck aus der Bürgermeister von Imst persönlich. Der Frächter hatte einen Transportschein bei sich, der ihm im Namen der Landesregierung die Erlaubnis gab, die

Waffen nach Imst zu befördern. Die Waffen wurden im Hofe des Rathausgebäudes abgeladen und gestern dem Landesbefehlshaber übergeben.

Da nach obigem, der „Volkszeitung“ entnommenen Berichte, die Landesregierung Transportscheine für Waffen ausstellt, müßte man annehmen, daß sie mit der Bewaffnung großer Schichten der Bevölkerung einverstanden ist. Eine Klarheit ist dringend notwendig. Der gegenwärtige Zustand ewiger Verheimlichungen und des Treibens ungesetzlicher Nebenregierungen ist unhaltbar. In die Bevölkerung wird die größte Unruhe getragen und vor lauter Bewaffnungsangelegenheiten wird die Lösung der wichtigsten und naheliegendsten Fragen von der Landesregierung außeracht gelassen: entsprechende Ernährung und Versorgung der hungernden Bevölkerung Tirols. « IN, Nr. 141, S. 3.

5. JULI »

Kolosseum

Der Umbau der Ausstellungshalle, über dessen ebenso kühne wie großzügige Lösung schon ausführlich berichtet wurde, ist binnen neun Wochen so weit fortgeschritten, daß ihn die Direktion schon jetzt seinem Zwecke zuführen zu können glaubte und am Samstag zum erstenmal seine Pforten öffnete. Ganz Innsbruck erblickte in der Eröffnungsvorstellung ein ganz außergewöhnliches Ereignis und strömte daher in dichten Scharen ins Kolosseum. Der Eindruck, den die hier noch nie dagewesenen Dimensionen dieser innenarchitektonischen Kraftleistung machen, entspricht tatsächlich den gehegten Erwartungen, obwohl vorerst nur der wichtigste Raum, das Amphitheater mit einer Riesenbühne und einer Zirkusmanege, in der Hauptsache fertiggestellt ist. [...] Dieser gewaltige Schau- und Spielraum bietet mit den hier zur Verfügung stehenden reichen modernen Mitteln so große, schöne Möglichkeiten zu ungewöhnlichen, den Ruf Innsbrucks als Kulturzentrum Tirols fördernden künstlerischen Taten, daß es schade wäre, wenn diese Möglichkeiten nicht ausgenützt würden! In dieser Hinsicht hat uns das Gebotene vorläufig doch einigermaßen enttäuscht. Die allgemein erwartete Sensation ist ausgeblieben – hoffentlich kommt sie noch. « IN, Nr. 149, S. 5.

9. JULI »

Schrebergärten in Rattenberg

Von dort wird uns geschrieben: Als im Vorjahre mit der Anlage der Schrebergärten bei uns begonnen wurde, waren es nur wenige Parteien, die sich daran beteiligten, obwohl der Pachtzins ein äußerst mäßiger war. Es fehlte vielen an Mut, die damit verbundenen Arbeiten durchzuführen, obschon bei uns Jahr aus Jahr ein ein sehr empfindlicher Gemüsemangel herrschte. Als aber die Schrebergartenbesitzer die Früchte ihres Fleißes einheimsten und alle über den Winter reichlich versorgt waren, da fand das gute Beispiel Nachahmung oder wohl richtiger gesagt der Neid und nicht zuletzt der Selbsterhaltungstrieb erschloß die bessere Einsicht und zur Stunde gibt es in Rattenberg nur wenig Familien, die abseits

Eine der Lehren aus dem Krieg war die Anlage von Schrebergärten, die die Lebensmittelnot lindern sollte und Kindern einen Zugang zur Natur eröffnete.

der Schrebergärten stehen. Unsere Gemeindevorstehung kam den Pächtern entgegen und als die Anbauzeit kam, wimmelte es Tag für Tag auf der ausgedehnten Pachtfläche von geschäftigen Menschen, die vom frühen Morgen bis in den späten Abend hinein bestrebt waren, der Mutter Erde ihre Sämereien und Pflanzen anzuvertrauen. Heute bieten unsere Schrebergärten einen höchst erfreulichen Anblick. Kartoffel, Mais und Bohnen, die den hervorragenden Teil des Anbaues bildeten, haben Mühe und Arbeit reichlich belohnt, nur dort, wo das Reinigen des Bodens unterlassen wurde, sind die Ernteaussichten wenig erfreulich. Sehr häufig findet man eine Bohnenart, die früher als Schweinefutter verwendet wurde, gepflanzt. Es ist die Pferde- oder Saubohne, die heute als Nahrung des Menschen mit Recht großen Anwert findet, da die große Frucht sehr wohlschmeckend und nahrhaft ist. Für andere Gemüsesorten, als Salat, Kohlrüben, Kraut, rote Rüben usw. wurde ebenfalls gesorgt, so daß daran in der Zukunft kein Mangel mehr herrschen wird. Es wäre nur noch zu wünschen, daß den Pächtern, die ihre Gärten auch fernerhin behalten wollen, dieses Recht durch die Stadtgemeinde gewährleistet wird. « IN, Nr. 153, S. 4.

21. JULI »

Der Abzug der Italiener aus Nordtirol

Das Kommando der 7. Infanteriedivision (Trient) des italienischen Heeres ersucht uns um Veröffentlichung folgender Mitteilung:

An die Bevölkerung des Oberinn- und des Oberdrau-Tales

Heute wurde der Vertrag von Saint Germain ratifiziert. // Die Regierung Sr. Majestät des Königs von Italien hat in gewissenhafter Beobachtung der Bestimmungen dieses Vertrages ohne Verzug angeordnet, daß die im Oberinntale liegenden Truppen sich in die Grenzen des Königreiches zurückzuziehen haben. // Die italienischen Truppen, welche während ihres Verweilens unter Euch sich die

Aufgabe gestellt hatten, durch freigebige Mitarbeiter die Rückkehr zum normalen Leben zu erleichtern und gleichzeitig Bande der Freundschaft und guten Nachbarschaft zwischen Italien und Deutsch-Oesterreich zu knüpfen, rüsten sich mit loyaler Pünktlichkeit zum Weggehen. // Unser Abschiedsgruß enthält den Wunsch, daß das normale Leben unter Euch in Bälde wieder hergestellt sein möge und daß unsere Bande der Freundschaft in Zukunft niemals mehr gestört werden mögen.

Der Kommandant der 7. Infanteriedivision
(General Tagliaferri) « IN, Nr. 163, S. 4.

23. JULI »

Aufruf an Menschenfreunde!

Aus sibirischer Gefangenschaft ist ein Kamerad zurückgekehrt, dem beide Füße gelähmt sind. Sein Aufenthalt ist im Rollstuhl. Er ist vollkommen erwerbslos und es wird daher gebeten, den Armen zu unterstützen. Beiträge wollen an die Schriftleitung der „Innsbrucker Nachrichten" abgegeben werden, wo der Name des Invaliden bekannt ist. « IN, Nr. 165, S. 4.

Zahllose Soldaten kehrten verwundet und verstümmelt aus dem Krieg heim. Die ohnehin angespannte Lage ließ nur wenig öffentliche Unterstützung zu. So romantisch wie auf dieser Darstellung ging es selten zu.

28. JULI »

Einbrüche und Gendarmerie

Aus Telfs wird uns geschrieben: In den letzten Tagen gelang es unserer braven Gendarmerie, zwei großen Einbrüchen auf die Spur zu kommen, die Uebeltäter der gerechten Strafe zu überliefern und ein Lager von gestohlenem Gut im Werte von mehr als 100.000 Kronen an das Tageslicht zu fördern. Es betrifft dies den Einbruch zu Neujahr in die Villa Jenny und Schindler, wo erstklassige Bettwäsche und ein größeres Quantum Eßbestecke aus Silber dem Täter in die Hände fielen und den vor zirka einem Monat ausgeführten Einbruch nach einer größeren Menge Leinenstoff in die Fabrik Jenny und Schindler. Der Hauptverdienst an dieser wackeren Tat gebührt dem Gendarmerie-Rayonsinspektor Andrä Wallner und seinem Gehilfen Gendarm Hans Küchl. « IN, Nr. 169, S. 5.

7. AUGUST »

Erschossen

Wie wir soeben erfahren, wurde in Heiligkreuz gestern nach 8 Uhr abends der 17jährige Sohn Alois des ehemaligen Besitzers des Obingerhofes, Mayer in Absam, im nahen Felde von einem beim Bruder des Bauern bediensteten Knechte erschossen. Es wird erzählt, daß der Knecht sich abends mit einem alten Militärgewehr ausgerüstet, gegen Felddiebe auf die Lauer gelegt habe. Als der junge Obinger zufällig vorbeikam, habe ihn der Knecht angerufen, und da er nicht stehen blieb, sofort auf ihn geschossen. Der Schuß traf den jungen Mann so unglücklich am Knie, daß er an Verblutung starb, bevor ihm ärztliche Hilfe zuteil werden konnte. Die Schuld am traurigen Ausgange des Unglückes liegt auch darin, daß der Knecht, anstatt sich um den Verletzten zu kümmern, ihn einfach im Felde liegen ließ. Erst als er im Dorfe später erzählte, daß er einen Menschen angeschossen habe, hielt man Nachschau und gewahrte mit Entsetzen, daß es der Sohn des Bauern sei, der schon im Sterben war. [...] « IN, Nr. 178, S. 6.

Ein Aquarell von Heiligkreuz bei Hall in Tirol von Josef Redlich aus dem Jahr 1913.

Blick ins Wipptal, links die Pfarrkirche von Natters mit einigen Häusern. Viel größer war die Gemeinde 1916 nicht.

20. AUGUST »

Gartenverwüstung

Einige boshafte Burschen haben kürzlich in Natters den Garten des Besitzers Karl Allessandrini heimgesucht und dort alle Tabakpflanzen und Krautköpfe abgeschnitten. Das Zwecklose dieses Bubenstreiches bewies, daß die abgeschnittenen Pflanzen alle im Garten aufgefunden wurden. « IN, Nr. 189, S. 5.

27. AUGUST »

Die Mittenwaldbahn ohne Licht

Aus den Kreisen des Publikums erfahren wir, daß die Mittenwaldbahn auf der Strecke von Mittenwald über die Tirolergrenze gegen Innsbruck zur Nachtzeit meist ohne beleuchtete Wagen fährt. Es müßte der Bahnverwaltung wohl gelingen, die angebrachten Glühbirnen durch entsprechende Sicherungen vor Diebstahl zu schützen. « IN, Nr. 195, S. 5.

3. SEPTEMBER »

Frauenschulen

Endlich geht der vieljährige, durch den Krieg immer wieder zurückgestellte Plan, eine Mädchen-Gewerbeschule zu errichten, der Verwirklichung zu. Ein Kuratorium hat die nötigen Vorarbeiten veranlaßt und so kann mit Beginn des neuen Schuljahres am 15. September d. Js. die neue Schule, für die bereits 78 Einschreibungen vorliegen, eröffnet werden. Sie gliedert sich in: 1. eine Gewerbeschule für Weißnähen und Kleidermachen, 2. eine höhere Lehranstalt für wirtschaftliche Frauenberufe und 3. eine Hauswirtschaftsschule mit Schülerinnenheim. [...] Für die vorläufige Unterbringung der neuen Gewerbeschule sind im Sibererschen Waisenhause Räume zur Verfügung gestellt worden, für die Hauswirtschaftsschule im Siebererschen Greisenasyl.

Nachdem GR. Holzhammer die Errichtung der neuen Schule freudig begrüßte, genehmigte der Gemeinderat einstimmig die Vorschläge des Bürgermeisters. «

IN, Nr. 201, S. 5.

Ein Sonderpersonenzug auf der Mittenwaldbahn 1912. Das Besondere an diesen Lokomotiven ist, dass sie die ersten „Vollbahn-Elektrolokomotiven mit Wechselstromantrieb“ Österreichs waren.

14. SEPTEMBER »

Dr. Renners Wahlrede in Innsbruck

Eine stürmische Versammlung im großen Stadtsaale

Die sozialdemokratische Parteileitung hatte ihren berühmtesten Mann eingeladen, nach Tirol zu kommen, um für die kommenden Wahlen als Redner Stimmung zu machen.

Gelegenheit bot sich hiezu genug. Der große Stadtsaal war gestern abends bis auf das letzte Plätzchen gefüllt. Auf den Galerien drängten sich die Leute in dichten Reihen, im Saale saßen sie zu Hunderten vorne beim Versammlungstische auf dem Boden und obwohl die Versammlung bis annähernd Mitternacht andauerte, blieben alle bis zum Schlußworte.

Die Versammlung wurde wiederholt gestört. Im Hintergrunde des Saales hatten sich Mitglieder anderer Parteien gruppiert, die durch Zwischenrufe die Rede des Staatssekretärs öfters unterbrachen und zu Gegenkundgebungen der Sozialdemokraten Anlaß boten. Der Lärm und die Zwischenrufe steigerten sich, als ein großdeutscher Redner den Staatssekretär wegen seiner äußeren Politik heftig angriff. Man konnte deutlich merken, daß sich eine starke Gegenstimmung bemerkbar machte, die aber, ihre eigentliche Absicht – die Versammlung zu sprengen – infolge der kräftigen Gegenagitation nicht durchsetzen konnte. [...] « IN, Nr. 209, S. 1.

16. OKTOBER »

Holzsammelverbot

Von der Waldinteressentschaft Mutters wird uns mitgeteilt: Im Interesse der bedürftigen Bevölkerung hatte die Gemeinde Mutters das ganze Jahr hindurch schweigend geduldet, daß in den der Interessentschaft gehörigen Waldungen Holz gesammelt und unentgeltlich in die Stadt geführt wird. Leider hat dieses gewiß große Entgegenkommen, einige Waggons Holz langen nicht, die auf diesem Wege „bezogen" wurden, eine Anzahl wenig erkenntlicher und unersättlicher Elemente veranlaßt, sich nicht mit dem herumliegenden Astholz zu begnügen, sondern man schaltete und waltete mit fremdem Eigentum wie mit dem eigenen. Junge Stämme wurden abgeschnitten, von den wirklichen Besitzern hergerichtetes Holz ließ man einfach mitgehen, ja sogar Wegeinfassungen wurden demoliert und gestohlen. Daß unter solchen Umständen das Menschenfreundlichsein gewaltsam unterdrückt wird, ist klar, und sieht sich die Waldinteressentschaft Mutters gezwungen, ab heutigem Tage ein Holzsammelverbot zu erlassen. Jeder, der Holz aus den Interessentschaftswäldern ohne speziellen Erlaubnisschein entnimmt, müßte demnach abgefaßt und wegen Holzdiebstahl zur gerichtlichen Anzeige gebracht werden. « IN, Nr. 237, S. 4.

16. OKTOBER »

Nationalsozialismus

In der letzten Versammlung der nationalsozialistischen Partei

Wir werden ersucht, folgenden Bericht zu veröffentlichen: Am Donnerstag abends hielt die nationalsozialistische Partei Tirols ihre letzte größere Versammlung vor dem Wahltag ab. Im Gegensatze zu früheren Veranstaltungen der Nationalsozialisten war diese im Appollosaal des Deutschen Cafés abgehaltene Wählerversammlung recht gut besucht gewesen und verlief ohne jeglichen Mißton, so daß die Anwesenden größtenteils den Eindruck mitgenommen haben dürften, die Grundsätze der Partei sind beachtenswert und sie könnten es einmal auch mit neuen Leuten versuchen. Mancher dürfte sich gesagt haben: Die alten Abgeordneten haben uns wiederholt das Blaue vom Himmel versprochen, gehalten haben sie aber nach der Wahl nicht viel. Ein Hecht im Karpfenteich, der mit dem schematischen Parteiwesen etwas aufräumt, würde nicht schaden. [...] « IN, Nr. 237, S. 4.

26. OKTOBER »

Weihnachtspakete aus Amerika

Eine Spezialaktion des „amerikanischen Hilfslagerhauses"

Mehr denn je mag das Herz der an Teuerung und Mangel Leidenden auf die Weihnachtsfeier hoffen als Lichtpunkt in einem beklagenswerten Schicksal. Vielen Tausenden eröffnet sich ein Weg zur Erfüllung ihrer Wünsche. Es ist kein Zweifel, daß die Angehörigen und Freunde in Amerika, die in den ersten Monaten des Bestandes des „Amerikanischen Hilfslagerhauses", dieses Instrument zur Uebersendung von Lebensmitteln benützt haben, geneigt sind, für eine Erleichterung in der Notlage unserer Heimat gerade zu Weihnachten zu sorgen. Weihnachten ist in Amerika zu sehr Herzenssache der Allgemeinheit, höchstes Fest im Jahre, das alle empfindsamen Gemüter zur Mithilfe für Bedrückte drängt. Wir können darauf zählen, daß ungezählte Freunde in Amerika die schon einmal vollzogene Spende aus diesem Anlasse wiederholen werden. [...] « IN, Nr. 245, S. 3.

3. NOVEMBER »

Verschärfte Vorschriften beim Einschreiten der Gendarmerie

Das Landesgendarmeriekommando für Tirol hat anläßlich der im Bezirke Lienz vorgekommenen Gendarmenmorde allen Gendarmerieorganen die größte Vorsicht im Dienste zur Pflicht gemacht und angeordnet: Jede Anhaltung zwecks Ausweisleistung – auch dem Gendarmen sonst ungefährlich erscheinender Personen – hat stets mit schußbereitem Karabiner und unter dem Anruf „Hände hoch" zu erfolgen. Sodann ist stets zunächst eine Personendurchsuchung nach etwaigen Waffen oder Werkzeugen usw., die als Waffen verwendet werden könnten, vorzunehmen. Beim geringsten Anzeichen eines gewaltsamen Vorgehens gegen den Gendarmen ist sofort von der Waffe Gebrauch zu machen. « IN, Nr. 251, S. 3.

13. NOVEMBER »

Beim italienischen Konsulat in Innsbruck

... fand am Donnerstag um 11 Uhr vormittags ein feierlicher Empfang anläßlich des Geburtstages des Königs von Italien statt. In einem festlich geschmückten Raume empfing Konsul Armao zuerst das Personal des Konsulates, dann die Mitglieder der italienischen Militärmission unter Führung des Majors Roseda und schließlich die italienische Kolonie. [...] « IN, Nr. 259, S. 3.

Ein sehr seltenes Dokument von italienischen Besatzungssoldaten in Landeck um 1920.

29. NOVEMBER »

Warum keine Zitronen eingeführt werden

Aus kaufmännischen Kreisen wird uns geschrieben: Trotz der Bemühungen mehrerer Innsbrucker Kaufleute ist es nicht gelungen, von der Ein- und Durchfuhrstelle des Staatsamtes für Finanzen die Bewilligung zur Einfuhr von Zitronen zu erwirken, weil sie vom obigen Amte als Luxusartikel angesehen werden. Wenn schon Waren, wie Feigen, Rosinen, Mandeln usw., nicht in die Klasse der Luxuswaren eingereiht und waggonweise eingeführt werden dürfen, sollte man doch auch den in jedem Haushalt schwer entbehrten Zitronen, deren Saft einen eminenten Faktor in gesundheitlicher Hinsicht darstellt, und deren Schalen ein schwer zu ersetzendes Gewürz für unseren ohnehin äußerst mageren Küchenzettel bilden, die Einfuhr trotz der Valutaschwierigkeiten gestatten. An die Ein- und Durchfuhrstelle sei im Interesse der Bevölkerung das Ersuchen gerichtet, sich ernstlich zu bemühen, für Zitronen baldigst, wenn auch in beschränktem Maße, die Einfuhr zu erlangen. « IN, Nr. 272, S. 5.

Das Kriegerdenkmal am Arzler Kalvarienberg um 1930 mit Blickrichtung Nordosten.

22. DEZEMBER »

Kriegerdenkmal in Arzl bei Innsbruck

Es wird uns geschrieben: Dem rührigen Kriegerdenkmalkomitee ist es gelungen, an die Errichtung eines würdigen Kriegerdenkmals zu schreiten. Ein stattliches, im modernen Barock gehaltenes Heldendenkmal gelangt auf dem höchsten Punkte des Kalvarienberges zur Aufstellung und wird mit seinem interessanten architektonischen Aufbau und glänzend gelöster Verbindung mit sinnvoller, dekorativer Zier weithin sichtbar ein dauerndes Zeichen tirolischer Treue und Dankesabstattung der Heimat sein. Für das gute Gelingen bürgt Entwurf und Ausführung des heimischen Bildhauers und Steinmetzmeisters Leopold Seebed jun. in Innsbruck-Wilten, der durch manche kunstvolle Monumentalbauten und Denkmäler schon Hervorragendes geleistet hat. « IN, Nr. 291, S. 4.

24. DEZEMBER »

Einschränkung des Fleischverbrauches in Südtirol

Aus Bozen wird berichtet, daß das Generalkommissariat angeordnet hat, daß vom Mittwoch, 3 Uhr nachmittags bis einschließlich den ganzen Freitag jeder Woche der Verkauf an das Publikum und die Verabreichung in öffentlichen Lokalen von Rindfleisch, Fleisch von Büffeln, Schafen, Ziegen, Schweinen, Pferden und zwar von frischem, wie Gefrierfleisch, von rohem, gekochten oder in Büchsen aufbewahrten Fleisch verboten ist. Die Fleischverkaufsgeschäfte müssen von Mittwoch, 3 Uhr nachmittags, bis einschließlich den ganzen Freitag jeder Woche geschlossen bleiben. Ausnahmen gelten nur für Kranke und für Spitäler. «

IN, Nr. 293, S. 7.

31. DEZEMBER »

Kramsach als Industrieort Kr/Ne-5104

Man schreibt uns aus Kramsach: Zu den bisherigen Industrien: Messingwerk Achenrain und Glashütte kommt in nächster Zeit auch noch eine große Faßbinderei. Seit kurzem werden in Unterkramsach Galanteriewaren aus hartem Holz erzeugt und es dürfte dieses Unternehmen sich bald weiter ausdehnen. In der Bramböck-Au werden die Vorbereitungen zum Bau einer Säge getroffen, um dort die mittels Trift hier anlangenden Saghölzer zu verschneiden. « IN, Nr. 298, S. 8.

1921

4. JÄNNER »

Ein Meraner Hotel in italienischem Besitz

Wie aus Südtirol gemeldet wird, ist das Hotel „Imperial" um den Kaufpreis von 520.000 Lire in den Besitz eines Italieners übergegangen. « IN, Nr. 2, S. 4.

5. JÄNNER »

Die fürsorgliche Staatsbahndirektion Innsbruck

Es wird uns geschrieben: Wenn jemand, so wie ich, beruflich gezwungen ist, zwischen Wien und Innsbruck öfters hin- und herzupendeln, dem muß unbedingt der Unterschied der Betriebsführung im Bereiche der Staatsbahndirektion Innsbruck mit jenem in der benachbarten Linzer Direktion auffallen. Zwischen Salzburg und Innsbruck sind die Garnituren durchwegs gleichmäßig geheizt; die Abteile sind fast immer gut beleuchtet, rein gekehrt und in Ordnung gehalten. Zerbrochene Fensterscheiben gehören zu den Seltenheiten. [...] « IN, Nr. 3, S. 4.

15. JÄNNER »

Tanzschule Wergles, Café Auckenthaler. Heute Samstag abends 8 Uhr Kostümfest. Morgen Sonntag, 3 Uhr nachmittags, Dirndlabend. Anmeldungen für Anfänger- als auch modernen Kurs ehestens erbeten. « IN, Nr. 11, S. 4.

Schloss Tirol bei Meran um 1925/30.

15. JÄNNER »

Ein Käuferstreik

Auf dem letzten Viehmarkt in Bruneck gaben die Käufer ein nachahmenswertes Beispiel. Die Verkäufer des aufgetriebenen Viehes verlangten derart hohe Preise, daß ein förmlicher Käuferstreik einsetzte und die geldhungrigen Verkäufer fast das ganze Vieh unverkauft heimtreiben mußten. In vielen Fällen wären ähnliche Maßnahmen wohl die wirksamsten Mittel zum Preisabbau. « IN, Nr. 11, S. 4.

20. JÄNNER »

Regenschirme

... nach den neuesten Modegenres, mit Elfenbein-, Horn- und Edelholzgriffen, für Damen und Herren verkauft en gros direkt Wiener Erzeuger nach mitgebrachten Mustern. Nur persönliche Anfragen bis Freitag bei Wayrauch, Hotel Arlbergerhof, Zimmer 77, von 10 bis 12 und 2 bis 4 Uhr. « IN, Nr. 15, S. 7.

22. JÄNNER »

Feuerwehrversammlung in Arzl und Mühlau

Bei der am 16. ds. Mts. abgehaltenen Vollversammlung der freiwilligen Feuerwehr Arzl wurde Herr Franz Giner, Gastwirt, zum Hauptmanne, Herr Hans Wach zum Stellvertreter und Herr Walter Riedl zum Schriftführer gewählt. Nach sechsjähriger Pause wird am Faschingsonntag wieder ein Feuerwehrball abgehalten werden. Das Reinerträgnis dient ausschließlich zur Anschaffung von Sanitätsausrüstungsgegenständen. « IN, Nr. 17, S. 5.

Die eifrige Freiwillige Feuerwehr in Rinn bei einem von zahlreichen Schaulustigen beobachteten Einsatz um 1930.

22. JÄNNER »

Auflassung der Imster Buchdruckerei

Es wird uns geschrieben: Nunmehr ist die hiesige Josef Eggersche Buchdruckerei aufgelassen, die Maschinen und anderen technischen Einrichtungsgegenstände sind nach Innsbruck verkauft und bereits abtransportiert worden. Imst befindet sich bedauerlicherweise seit zweieinhalb Dezennien in einer Periode ständigen wirtschaftlichen Niederganges, der besonders die ehedem hochentwickelten Gewerbe in seinen Kreis zieht. Die von der Gesamtbevölkerung tief bedauerte Auflassung der Buchdruckerei ist auf diesem Wege nach abwärts ein neuer Schritt. Die Druckerei ist im Jahre 1887 von Karl Lampe gegründet worden. Die geschäftliche Tüchtigkeit des Gründers brachte sie unter Unterstützung weiter Kreise bald zur Blüte. [...] « IN, Nr. 17, S. 5.

22. JÄNNER »

Tausch

Tausche Kohlen gegen Bettwäsche. Zuschriften unter „K. 9486“ an die Verw.

Schöner, zerlegbarer **Jagdstutzen** für Gemsbart zu vertauschen oder zu verkaufen. Näheres Erlerstraße 7, Hausmeister.

Gutgehende **Nähmaschine** ist gegen Lebensmittel zu tauschen oder wird zu kaufen gesucht. Angebote mit Preis und Marke unter „Sofort 4052“ an die Verw.

Gebe **10 frische Eier** für eine Schachtel Sport. Anträge unter „Eier 4020“ an die Verwaltung.

Gebe täglich 1 Liter frische Milch und Aufzahlung gegen getrag. Damenkleider. Briefe unter „Auch andere Lebensmittel 4013“ an die Verw.

Dieser Geldschein wurde durch die Österreichisch-Ungarische Bank gedruckt und war zwischen 1892 und 1924/25 gültiges Zahlungsmittel in der k.u.k. Monarchie bzw. den Nachfolgestaaten.

100 Kronen Belohnung demjenigen, der meine Eisenbahn-Fahrlegitimation 2. Klasse, lautend auf den Namen Sepper Franz, zustande bringt. Abzugeben Zeughausgasse 6, Innsbruck.

Welcher Hausbesitzer tauscht sein Haus oder Villa für erstklassigen Bau- oder Ackergrund? Anbote unter „Gute Gelegenheit 4107“ an die Verwaltung.

Wer gibt **Holzkoffer** oder versperrbare Kiste für Kohlen oder Gemsbart? Angebote an Gottlieb Huber. Herzog-Friedrich-Straße 26, 4. Stock.

Gebe **Eier** für Brot u. Saccharin. Innstraße Nr. 12, im Hof.

Gebe fast neuen **Sportanzug**, braun, für mittl. Statur, für gut erhaltene Federmatratze mit Oberteil, sowie ein neuer Strohsack mit frischem Stroh kann abgegeben werden. Briefe unter „Reinlich 4070“ an die Verw. « IN, Nr. 17, S. 11.

24. JÄNNER »

Gewichtiger Schieberreichtum

Der „Tiroler Grenzbote“ berichtet aus Innsbruck eine sehr bezeichnende Geschichte. Ein Schleichhändler renommierte in einer Innsbrucker Gasthausgesellschaft, daß er 6 Kilo Tausenderbanknoten in seiner Wohnung verwahre. Flugs kam eine Wette um 40 Liter Wein (Kostenpunkt 3200 Kronen) zustande. Es wurden einige Zeugen bestimmt, die mit dem Prahler in die Wohnung gingen, um den Sachverhalt zu prüfen und die Tausender buchstäblich abzuwiegen. Nach einiger Zeit kamen die Herren zurück und berichteten, daß sie nicht 6 Kilo, sondern 6,90 Kilo Tausender vorgefunden haben. Die Praxis, der Gewinn und die Gesinnung unserer Schieber kann wohl nicht krasser beleuchtet werden. « IN, Nr. 18, S. 4.

29. JÄNNER

Eine neue Bäckerei in Hall

Aus Brixen i. T. wird uns geschrieben: Diese Woche ist der hier allgemein beliebte Bäckermeister Otto Rädler, nachdem er hier sein Anwesen verkauft, nach Hall übersiedelt, wo er die Erhart'sche Bäckerei erworben hat. Rädler hat hier das Bäckereigewerbe durch 12 Jahre zur vollsten Zufriedenheit der Bevölkerung ausgeübt, vier Jahre war er an der Front. Sein Scheiden wird allgemein bedauert. Die Brixener gratulieren den Haller Bürgern zu einem so ausgezeichneten Bäcker und Mitbürger. IN, Nr. 23, S. 3.

29. JÄNNER

Eine wackere Tat

Aus Absam wird uns berichtet: Am 26. ds. scheute ein vor dem Gasthause Ebner stehendes Pferd, das an einen Leiterwagen gespannt war und raste durch die Breitwegerstraße. Ein alter Mann und mehrere Kinder waren schon in Gefahr, in der engen Gasse von dem Pferde niedergerannt zu werden, als Malermeister Reitmann, der gerade des Weges kam, rasch entschlossen, dem Pferd in die Zügel fiel und das scheue Tier zum Stehen brachte. Außer einigen Kontusionen am Arm blieb der wackere Mann unversehrt. IN, Nr. 23, S. 3.

9. FEBRUAR

Sprechabend der national-sozialistischen Partei

Es wird uns geschrieben: Der am Freitag, den 4. Februar d. M., im Arlbergerhof, abgehaltene Sprechabend verlief in sehr anregender Weise. Als erster Redner erläuterte Universitätsoberbibliothekar Margreiter die kulturellen Grundlagen des nationalen Sozialismus. Ein Dauerbau dieser innervölkisch ausgleichenden, die herrschenden Gegensätze versöhnenden Weltanschauung könne nur auf einer gediegenen kulturellen Grundlage erstehen. [...] IN, Nr. 31, S. 3/4.

Kienasts Ochsengespann – eine Form des Paketdienstes um 1914. Auch damals galten die Fahrer als rabiate Verkehrsteilnehmer.

9. FEBRUAR

Ein bunter Abend mit Heringsschmaus im Hotel „Sonne“

... wird am Aschermittwoch, den 9. Februar, von den Solomitgliedern des Stadttheaters und zwar den Damen: Frau Karla Zieglmayer, Steffy Sary, Frl. Speer und den Herren: Karl Zieglmayr, Karl Haysek und Rudolf Spiegl veranstaltet. Beginn 8 Uhr abends. Eintritt 30 K. Vorverkauf und Tischbestellungen beim Portier im Hotel „Sonne“. IN, Nr. 31, S. 4.

17. FEBRUAR

Internationales Bobrennen auf der Jaufenstraße

Aus Sterzing wird uns berichtet: Begünstigt vom herrlichsten Wetter wurde Sonntag den 13. ds.auf der Jaufenstraße das internationale Bobrennen um den Wanderpreis von Turin ausgetragen. Der Wintersport-Verein Sterzing hat zu dem von der Firma Albert Concotti u. Co. in Turin gestifteten Wanderpreis noch drei weitere Preise aus eigenen Mitteln gespendet. Dem Starter stellten sich zehn Bobs, von denen einer außer Konkurrenz fuhr. [...] IN, Nr. 38, S. 3.

Der heutige Südtiroler Platz mit dem Vereinigungsbrunnen, dahinter das Hotel Arlbergerhof und das Hotel Zur Sonne. Die Aufnahme stammt wohl aus der Zeit um 1910.

17. FEBRUAR »

Haller Fastenmarkt

Der Stadtrat Hall teilt mit, daß die Abhaltung des Haller Fastenmarktes am Montag, den 21. Februar, unter der Bedingung bewilligt wurde, daß nur Klauentiere aus seuchenfreien Gemeinden der politischen Bezirke Innsbruck und Schwaz zum Auftriebe zugelassen werden. « IN, Nr. 38, S. 3.

23. FEBRUAR »

Filmaufnahmen in Innsbruck

In der nächsten Woche finden neuerdings in der Umgebung von Innsbruck Filmaufnahmen für einen Gebirgsfilm statt, wozu Darsteller gesucht werden. Näheres im Inseratenteil. « Neueste Zeitung, Nr. 43, S. 3.

23. FEBRUAR »

Zuchthasendiebstahl

Den Portieren des Kriegsbeschädigtenspitals in Innsbruck wurden in der Nacht vom Samstag auf Sonntag in ihrer Wohnung (ehemalige Blatternbaracke des Garnisonsspitals) aus versperrtem Raume zwei Zuchthasen gestohlen. «

Neueste Zeitung, Nr. 43, S. 3.

24. FEBRUAR »

Ringkämpfe im Kolosseum

Bei den gestrigen Ringkämpfen standen sich vier Paare gegenüber. Beim ersten Zusammentreffen Alois Patiglers gegen Josef Franz im freien Ringkampf setzte Patigler gleich bei Beginn des Kampfes seinem Gegner arg zu. Seine große Form läßt erkennen, daß er zur Zeit in seiner Gewichtsklasse kaum einen Gegner im freien Ringkampfe finden wird, er siegte über Franz in elf Minuten. Als zweites Paar war der viel erwartete Kämpfer Rißbacher gegen Solar. Rißbacher siegte in neunzehn Minuten. [...] « Neueste Zeitung, Nr. 44, S. 3.

24. FEBRUAR »

Die Reschenscheideck-Bahn

Wien, 23. Februar. (Priv.) Der Bau der Reschenscheideckbahn ist, nachdem vor einigen Tagen der lange Tunnel bei Landeck an der Arlbergbahn durchgeschlagen wurde, der Vollendung nähergerückt. Der Vortrieb wurde bereits 1918 von der österreichischen Militärverwaltung begonnen, aber dann eingestellt. Durch die Bahn wird nicht nur eine zweite vollwertige Nord-Süd-Verbindung zwischen Deutschtirol und Bozen hergestellt, sondern auch eine direkte Verbindung mit dem Engadin vorbereitet. « Neueste Zeitung, Nr. 44, S. 3.

Blick durch eine Straße Trients auf den Kirchturm von Santa Maria Maggiore um 1917.

24. FEBRUAR »

Protestversammlung in Trient

Trient, 22. Februar. Im Rathaussaale in Trient fand am Sonntag die angekündigte Protestversammlung gegen die Gefahr des Ausschlusses der „gemischten Zone“ aus dem Wahlkreis Trentino und der Zuweisung zum Deutsch-Südtiroler Wahlkreise statt. [...] « Neueste Zeitung, Nr. 44, S. 3.

26. FEBRUAR »

Die Faszisten in Neumarkt

Ueber einen neuen unglaublichen Verstoß der Faszisten berichten die „B. N.“ aus der „Liberta“: Am Mittwoch nachmittags begab sich eine Abteilung von einigen zwanzig Trientiner Faszisten nach Neumarkt, um einige Aufschriften mit Doppeladler zu beseitigen, darunter am Gemeindeamte. Dem Bürgermeister Baron Longo wurde sodann befohlen, die Trikolore auszuhängen. Baron Longo zeigte keine Lust dazu und forderte die Landleute auf, zu ihm zu halten. Zur Vermeidung unliebsamer Zwischenfälle telegraphierte man an das Zivilkommissariat in Bozen, das natürlich den förmlichen Auftrag zum Hissen der Fahne erteilte. Als der eine und andere Austriacante in verächtlicher Weise den Hut aufbehalten wollte, veranlaßten Stockhiebe derartige Individuen zu besserem Benehmen. Als ein Lastauto aus Bozen mit Carabinieri, das aus Gründen der Vorsicht zur Aufrechthaltung der Ordnung erschienen war, eintraf, hatten sich die Faszisten bereits an ihren Wohnsitz zurückbegeben. « IN, Nr. 46, S. 6.

2. MÄRZ »

Entwürfe für neue Briefmarken

Die Postdirektion Innsbruck teilt mit: Wie bekannt, veranstaltet die österreichische Postverwaltung zur Erlangung künstlerischer Entwürfe für die neuen Postmarken einen allgemeinen Wettbewerb unter den österreichischen Künstlern. [...] Die Frist für die Einreichung der Entwürfe endigt unwiderruflich am 12. März. « Neueste Zeitung, Nr. 49, S. 3.

9. MÄRZ »

Bevorstehender Streik der Spitalsärzte

Die Organisation der Spitalsärzte in Innsbruck hat in ihrer Vollversammlung am 7. März den einstimmigen Beschluß gefaßt, am 15. März in den Ausstand zu treten. Die unmittelbare Ursache dieses schwerwiegenden Entschlusses war dadurch gegeben, daß die Hilfsärzte ob ihrer wirtschaftlichen Notlage erklärten, den Spitaldienst einstellen zu müssen.

Diese Gruppe von Aerzten wartet schon seit mehr als ein halbes Jahr auf die Erfüllung der seinerzeit im Sommer 1920 vom Staatsamt für Unterricht gemachten Zusagen. Diese Zusagen, so gering sie auch sind (Bezug eines monatlichen Stipendiums von 435 Kronen und freie Verpflegung) wurden in Betreff Verpflegung nicht, in Bezug auf das Stipendium nur mit großen Verzögerungen erfüllt, so daß die Hilfsärzte bis heute zum Beispiel den Gehalt für den Monat Februar noch nicht erhalten haben. Man kann sich die Notlage der Aerzte vorstellen, die bei ihrem schweren Dienste genötigt sind, für den Bezug des Essens aus eigenen Mitteln eine Summe auszulegen, welche den Betrag des Stipendiums um das Dreifache übersteigt. [...] «

IN, Nr. 55, S. 3.

12. MÄRZ »

Plakatentwürfe für das Passionsspiel Erl 1922

Am 17. März um 3 Uhr nachmittags findet in der Wagnerschen Kunstdruckerei, 3. Stock, das Preisgericht über die bis zum 15. März dorthin einzusendenden Entwürfe für das Plakatbild des Erler Passionsspieles von 1922 statt. Als Preisrichter sind geladen die Herren Museumsvorstand Dr. J. Garber, Universitätsprofessor Dr. H. Hammer, akademischer Maler H. Lanzinger, Staatsgewerbeschuldirektor Architekt R. Schober, Architekt Luis Welzenbacher, der Leiter der Wagnerschen Kunstdruckerei Oswald Hengst (als kunsttechnischer Beirat), der Obmann des Passionsspielvereines und der Leiter der nächstjährigen Spiele. Die eingesandten Entwürfe werden nach Ostern im Landesmuseum ausgestellt werden. « IN, Nr. 58, S. 3.

Entwurf für eine „Einladung zum Atelierfest Welzenbacher, Samstag 5.9. 9h Abends“ von Erich Torggler.

12. MÄRZ

Neuuniformierung der Sicherheitswache

Morgen Sonntag wird die städt. Sicherheitswache in Innsbruck zum ersten Male in ihrer neuen Uniform ausrücken, die nach deutschem Vorbilde (Münchner Polizei) hergestellt ist. Die neue Uniformierung besteht aus grüner Mütze nach deutschem Schnitt mit dem Stadtwappen und rot-weißer Kokarde, die Blusen sind mit Achselstücken versehen, die bisher üblichen Litzen und Aufschläge entfallen. Die neue Uniform ist nicht nur gefällig und praktisch, sondern enthält auch den Vorteil der Angleichung an die Wachmannschaften des Deutschen Reiches. IN, Nr. 58, S. 3.

18. MÄRZ

Die Sachschäden der neuen Innsbrucker Universität

Die „Neueste Zeitung" berichtet von der Reise eines Vertreters des Unterrichtsministeriums nach Innsbruck zum Studium der Wiederherstellung des neuen Universitätsgebäudes am Innrain. Bekanntlich wurde das Gebäude, das erst während des Krieges fertiggestellt wurde, nach dem Zusammenbruch von den italienischen Besatzungstruppen als Kaserne verwendet. Durch die Kasernierung soll der prachtvolle Neubau derart beschädigt worden sein, daß zu seiner Wiederherstellung die Riesensumme von 50 Millionen Kronen – das Zehnfache der gesamten Baukosten – ausgesetzt werden muß. So sehr die herrschende Teuerung und die horrenden Materialpreise die ungeheuren Wiederherstellungskosten erklärlich machen, erscheint doch die Riesensumme von 50 Millionen Kronen etwas zu hoch; hoffen wir, daß bei näherer Besichtigung und Berechnung die Instandsetzung der neuen Universität doch unter Bedingungen erfolgen kann, die Land und Staat nicht gar so schwer belasten. IN, Nr. 63, S. 3.

Das Hauptgebäude der Innsbrucker Universität am Innrain. Hier eine Aufnahme um 1920.

18. MÄRZ

Achtung Bergler und Ausflügler!

Amtlich wird verlautbart: Ein junger Mann, der es unterlassen hat, einen von ihm am vergangenen Sonntag wahrgenommenen Waldbrand sofort den Bewohnern der nächstgelegenen Häuser anzuzeigen und Hilfe herbeizuholen, wurde mit Straferkenntnis der Bezirkshauptmannschaft Innsbruck vom 17. März wegen Uebertretung des Forstgesetzes zu einer Arreststrafe von drei Tagen verurteilt. – Aus diesem Anlasse wird besonders aufmerksam gemacht, daß nicht nur die Anwendung der größten Vorsicht bei Anmachung von Feuern und dem Gebrauche feuergefährlicher Gegenstände zur Verhütung von Waldbränden gesetzliche Pflicht ist, sondern daß auch jedermann gesetzlich verpflichtet ist, bei Wahrnehmung eines Waldbrandes oder eines kleinen, nicht ausgelöschten Feuerherdes, insoferne er nicht imstande ist, das Feuer selbst gänzlich zu löschen, sofort die nächst erreichbaren Menschen zu verständigen und zur Hilfe herbeizuholen. IN, Nr. 63, S. 3.

1. APRIL

Aufkauf der Oberinntaler Ziegelwerke durch eine reichsdeutsche Kapitalistengruppe

Aus Landeck wird uns berichtet: Ein Konzern reichsdeutscher Großindustrieller, die Stinnes-Gruppe, die ihre Hand auf die Kohle-, Papier-, Zeitungs- und Verkehrs-Industrie, sowohl in Deutschland, wie in Deutschösterreich gelegt hat, sucht sich nunmehr auch der österreichischen Tonwerke zu bemächtigen. Ein Agent der Stinnes-Gruppe wurde damit betraut, die Vorarbeiten für die Erwerbung der Imster Ziegelei, vormals Michael Drax, und der anderen Oberinntaler Ziegelwerke in die Wege zu leiten. Auch für das Oberinntaler Holz interessiert sich die Stinnes-Gruppe. IN, Nr. 73, S. 4.

Der Obernberger See war aufgrund seiner Schönheit seit jeher ein beliebtes Ausflugsziel. Hier um 1905.

7. APRIL »

Für 3 Stunden 500 Kronen Führerlohn

Es wird uns geschrieben: Am 3. und 4. April unternahmen mehrere Innsbrucker Touristen eine Bergtour ins Obernbergtal am Brenner. Sie konnten dabei die Nächstenliebe eines Gastwirtes und gutsituierten Bauern dieser Gegend kennen lernen. Am 3. ds. traf in seinem Gasthof ein Fräulein, von Beruf Krankenwärterin in einer Heilanstalt in der Nähe von Innsbruck, ein, mit dem Vorhaben, übers Joch in ihre Heimat unweit südlich des Brenners zu wandern und dort ihre schwerkranke alte Mutter zu besuchen. Die Reise mit der Bahn konnte sie sich wegen der zu großen Paßkosten und Paßschwierigkeiten nicht leisten. Sie ersuchte den Gastwirt, ihr den Weg zu weisen, worauf er auch sofort zustimmte, sie bis zum Joch oder auch weiter zu führen. Das Mädchen wollte sich bis zum Joche führen lassen. Dafür verlangte der Gastwirt von der armen Wärterin, die nur fünf Tage Urlaub hatte und außerdem für ihren Dienst einen Ersatz auf ihre Kosten beistellen mußte, sage und schreibe fünfhundert Kronen Führerlohn. Das Fräulein erzählte das abends den Touristen, die darüber sehr erstaunt waren. Sie beschlossen, am folgenden Tage die zweite Tour wieder auf dasselbe Joch, wie am Vortage, zu unternehmen, um gleichzeitig dem Mädchen und zwei deutschen Brüdern aus der Rheinpfalz den Weg zu zeigen. Dadurch wurde dem „armen" Bauern und Gastwirt der „bescheidene" Verdienst entzogen, welchen er in drei Stunden Gehzeit hin und zurück gemacht hätte. « IN, Nr. 78, S. 4.

9. APRIL

Eine Innsbrucker Filmgesellschaft

In Innsbruck hat sich unter dem Firmatitel: „Tiroler Heimat-Film“ eine Filmgesellschaft gegründet. Das materiell reichlich fundierte Unternehmen hat es sich zur Aufgabe gestellt, die tirolische Heimatkunst in möglichst künstlerisch einwandfreier und vor allem stilechter und bodenständiger Weise zur Verfilmung zu bringen. Der Gesellschaft ist es gelungen, von dem heimischen Dichter Franz Kranewitter dessen Tragödie „Um Haus und Hof“ für einen tirolischen Kolossalfilm zu erwerben. Die Filmbearbeitung und Inszenierung besorgt der Oberspielleiter der Kammerspiele (Exlbühne Innsbruck) Herr Ed. Köck; die Hauptrollen des Stückes werden neben Ferdinand und Anna Exl die Hauptkräfte der Exlbühne spielen. Mit der Verfilmung von „Um Haus und Hof“ wird bereits in der nächsten Woche begonnen. Die Tiroler Heimat-Filmgesellschaft hat soeben ihren ersten Film „Das stille Tal“ von Hans Runz vollendet, ein Winterhochgebirgsfilm, der unter Eduard Köcks Regie mit Anna Exl und Ludwig Auer in den Hauptrollen in den Stubaier Alpen unweit der Franz-Senn-Hütte aufgenommen wurde. Die Atelieraufnahmen sind in Innsbruck aufgenommen worden. Die künstlerische Gestaltung der Innenräume besorgte Herr Architekt Hans Fritz (Tyrol). IN, Nr. 80, S. 4.

14. APRIL

Totschlag

Aus dem Zillertal wird uns gemeldet: In der Nacht vom 10. auf den 11. d. M., kam es auf dem Nachhausewege von einer in einem Privathause abgehaltenen Tanzunterhaltung in Stummerberg bei Kaltenbach zwischen dem 19 Jahre alten, nach Sabatta, Provinz Belluno in Italien, zuständigen Holzarbeiter Franz Quinz und dem 34jährigen, nach Stummerberg zuständigen Bauernsohn Franz Hollaus zu einem Wortwechsel und einer kurzen Balgerei, in deren Verlauf Hollaus von Quinz durch einen Messerstich in die linke Brustseite getötet wurde.

Die Begleiter der beiden hatten während der Balgerei zur Ruhe gemahnt und sie aufgefordert, von einander abzulassen; als diese scheinbar der Mahnung auch Folge leisteten, setzten die drei Begleiter und das Mädel ihren Heimweg fort. Am Montag aber fand man die Leiche Hollaus. « IN, Nr. 84, S. 4.

17. APRIL »

Die Volksbefragung in Tirol

Wien, 16. April. (Priv.) In Angelegenheit der Volksabstimmung in Tirol ist man geneigt anzunehmen, die Entente werde erklären müssen, daß die Bundesregierung ihrerseits alles getan habe, um die Länder von selbständigen Schritten in der Anschlußfrage abzuhalten, jedoch keine Macht besitzt, ihrem Willen in den Ländern Geltung zu verschaffen und daß die Entente daher von der Durchführung der angedrohten Einstellung der Hilfsaktionen und der Wiederherstellung der Befugnisse der Reparationskommission absehen werde, zumal hiedurch das größte Elend über Oesterreich heraufbeschwört und andererseits naturgemäß die Propaganda für den Anschluß an Deutschland unterstützt würde. Es handle sich bei der Volksabstimmung in Tirol am 24. April bekanntlich nur um eine Willensmeinung über den Anschluß, während die praktische Durchführung des Anschlusses noch in weiter Ferne stehe. « Neueste Zeitung, Nr. 86, S. 1.

Kundgebung vor dem Landestheater anlässlich der am 24. April 1921 abgehaltenen Volksabstimmung über den Anschluss Tirols an Deutschland.

20. APRIL »

Die Eröffnung der Bozner Messe

Am Dienstag Vormittag ist die Messe in Bozen eröffnet worden, nachdem schon am Vorabend die Handels- und Gewerbekammer eine Reihe von Ehrengästen, darunter den Generalkommissär Exzellenz Credaro, zu einem Imbiß eingeladen hatte. Am Eröffnungstage selbst erschallten vom Turm der Pfarrkirche in aller Frühe schon Fanfarenklänge und die Bürgerkapelle zog klingenden Spieles durch die Straßen. [...] « IN, Nr. 89, S. 5.

4. MAI »

Aufruf!

Am 27. April d. J., zirka 7 Uhr abends, wurde in Innsbruck in der Nähe des Hotels „Goldenes Schiff" ein Herr von einem Wachmanne während der Eskorte zur Wachstube mit einem Gummiknüttel niedergeschlagen und, schon am Boden liegend, mit weiteren Schlägen traktiert. Augenzeugen dieses Vorfalles werden zur näheren Aufklärung des Sachverhaltes ersucht, in der Kanzlei des Rechtsanwaltes Dr. Kneringer in Innsbruck, Maria-Theresienstraße 1, vorzusprechen. « IN, Nr. 101, S. 7.

6. MAI »

Saccharin frei!

Die österreichische Zuckerstelle teilt mit: Saccharin ist bei allen Zuckerverschleißern ohne Karte oder sonstigen Nachweis erhältlich. Zuckerverschleißer, die über keinen hinreichenden Vorrat an Saccharin verfügen, haben ihren Bedarf bei ihrem Zuckerlieferanten (Bezirksverteiler) anzusprechen. Die Bezirksverteiler fordern den Bedarf an Saccharin für die von ihnen zu beliefernden Zucker-Kleinverschleißer bei ihrem Saccharin-Hauptvertreter an. « IN, Nr. 102, S. 3.

Diese Karte trägt die Unterschrift: „Das Begräbnis des durch die Fascisten anläßlich der Bozener Messe am 24. April 1921 ermordeten Lehrers Franz Innerhofer."

7. MAI

Nachklänge zum Bozner Blutsonntag

Südtiroler Stimmungsbilder aus den Tagen nach dem Fascistenattentat

Seit Montag, den 25. April, ist der Eisenbahnverkehr und damit jede regelmäßige Post- und Nachrichtenverbindung mit Südtirol unterbrochen. Außer den ersten telephonischen Meldungen ist seit acht Tagen keine authentische Nachricht mehr über die Vorgänge am Georgitag und ihre Folgen über den Brenner gedrungen; die Verbindung wird zur Zeit nur durch Automobile aufrechterhalten. Auf diesem Wege sind uns nun Nachrichten aus Südtirol zugekommen, die verschiedene Einzelheiten und Ergänzungen über das Fascistenattentat bringen und dadurch einen zusammenhängenden Ueberblick über das Geschehene und über die gegenwärtige Lage unserer Südtiroler Brüder ermöglichen. Wir bringen im Nachstehenden verschiedene Nachträge zur Ergänzung und Vervollständigung des bereits Bekannten. [...]

Wie Schulleiter Innerhofer fiel

Das „M. T." berichtet u. a.: Innerhofer zog in der Musikkapelle mit der großen Trommel mit. Als dann die Bombe fiel, nahm er den Knaben und flüchtete mit ihm durch die Rauschertorgasse bis zum Ansitz Stillendorf und dort hinein, er war schon hinter dem Tor, der Knabe hinter ihm, noch vor dem Tor; er wollte ihn rasch hereinreißen, um ihn in Sicherheit zu bringen, und in dem Augenblicke schoß der Fascist den Revolver auf ihn ab, der Schuß traf ihn mitten ins Herz, er sank mit dem Ruf: „O mein Gott!" zu Boden. Es wurde ein Pater gerufen, der ihm die letzte Oelung erteilte. Der Sterbende, der noch bei vollem Verstande war, betete still nach, an der einen Hand hatte er noch den Trommelschlägel, mit der anderen drückte er das Notenbüchel an die durchschossene blutende Brust und bat: „Bringet dies Büchl meiner Frau!" Betend verschied er. Am Ort der Bluttat gedenkt die Familie von Zallinger einen Gedenkstein zu errichten.

Weitere Opfer des Fascistenüberfalles

Der „Tiroler" berichtet: Die Liste der Opfer des Fascistenüberfalles ist noch immer nicht vollständig, obwohl wir außer dem Todesopfer bereits 52 verletzte Personen aufgeführt haben. [...] « IN, Nr. 103, S. 3.

7. MAI

» Die Eröffnung der Dampfschiffahrt auf dem Achensee

... erfolgt Donnerstag den 12. Mai; es wird bis auf weiteres folgende Fahrordnung eingehalten: Ab Seespitz nach Scholastika 9 Uhr 50 vormittags, 2 Uhr 30 nachmittags; ab Scholastika nach Seespitz 11 Uhr 5 vormittags, 3 Uhr 25 nachmittags. Das Schiff hat Anschluß von und zu den fahrplanmäßigen Zügen der Achenseebahn. Bescheinigungen, die die ständigen Bewohner von Innsbruck zur Erlangung von Fahrpreisermäßigungen berechtigen, sind im städtischen Elektrizitätswerke Innsbruck, Marktgraben Nr. 12, 1. Stock, erhältlich. « IN, Nr. 103, S. 6.

8. MAI

» Die Streikbewegung in Südtirol

... dauert noch immer an, doch besteht die Aussicht, daß bis Ende dieser Woche der Ausstand beigelegt wird und sowohl auf den Kleinbahnen, wie auf den Hauptstrecken der Südbahn der normale Verkehr wieder aufgenommen wird. [...] « Neueste Zeitung, Nr. 103, S. 4.

Dampfer am Achensee mit dem klingenden Namen „Stadt Innsbruck".

12. MAI

Neue Verhandlungen über die Schlachtung jugoslawischer Rinder in Innsbruck

Wie wir von amtlicher Stelle erfahren, ist gestern von der Marburger Firma Mesna ein Angebot an den Stadtmagistrat Innsbruck eingelangt, auf Grund dessen neue Verhandlungen über die vielbesprochene Transitschlachtung jugoslawischer Rinder in Innsbruck eingeleitet werden sollen. Das Angebot soll verschiedene Verbesserungen gegenüber dem ersten Vertragsentwurf enthalten und u. a. auch die Lieferung vollwertigen Fleisches für den Eigenbedarf Innsbrucks zum Innsbrucker Marktpreis enthalten. [...] IN, Nr. 107, S. 3.

14. MAI

Eine künstlerische Weinkarte

Die Direktion des „Café München", die schon bei der Herstellung des prächtigen Lokales viel guten Geschmack und großen Kunstsinn bewiesen hat, legt nun eine Weinkarte auf, die als ein hervorragendes Zeugnis des Wertes unserer alpenländischen graphischen Industrie betrachtet werden muß. Die Karte – eigentlich ein Heft in großem Format – zeigt auf dem Umschlag ein Bild nach einem Original Weber-Tyrols und enthält im Inneren prächtige Farbendrucke mit Ansichten des Kaffeehauses nach Skizzen des Architekten Lois Welzenbacher, dem künstlerischen Gestalter des ganzen Unternehmens. Der rein graphische Teil des Heftes paßt sich mit seinem feinen geschmackvollen Stil gut der ganzen vornehmen Weinkarte an. Sowohl die Herstellung der Klischees der Farbenbilder als auch den Druck selbst besorgte die Wagnersche Universitäts-Buchdruckerei in Innsbruck, die damit wieder ein schönes Zeugnis für ihre hervorragende Leistungsfähigkeit abgelegt hat. IN, Nr. 109, S. 3.

Innenansicht des „Café München" in der Meraner Straße Nr. 7. Das Café wurde nach einem Umbau und einer neuen Innenausstattung durch Lois Welzenbacher im Jahr 1920 eröffnet. Im Jahr 1944 fiel es den Bombenangriffen zum Opfer.

27. MAI

Tiroler Notgeld in Amerika

Großes Interesse herrscht für Tiroler Notgeld in Amerika, speziell für jenes nach Entwürfen von Oswald Hengst, hergestellt in der Wagnerschen Universitäts-Buchdruckerei, Innsbruck. Ein amerikanisches Haus machte große Bestellungen bei der Firma M. Wograndl in Innsbruck, Maximilianstraße 5, und übermittelte für die prompte Lieferung südamerikanisches Notgeld. Notgeldsammler können dieses bei der genannten Firma besichtigen. IN, Nr. 118, S. 4.

1. JUNI

Urania-Führung durch die Tabakfabrik Schwaz

Auf Grund des neuen Fahrplanes ist die Abfahrt der Teilnehmer für 12 Uhr 05 Minuten festgelegt worden. Abfahrt von Schwaz 20.07. Es wird noch einmal mitgeteilt, daß die Urania bei der Fabriksdirektion erwirkt hat, daß dortselbst kleine Mengen an Tabakfabrikaten gegen Regiepreise abgegeben werden. Nachdem bei dieser Führung daher keine Teilnehmer mehr aufgenommen werden können, so sieht sich die Urania gezwungen, falls sich noch genügend Teilnehmer melden, eine zweite Führung durch die Fabrik zu unternehmen. Das Datum der zweiten Führung wird noch bekanntgegeben werden. Voranmeldungen bei Max Jeggle, Burggraben 6. IN, Nr. 122, S. 3.

1. JUNI »

Ein Denkmal für Franz Innerhofer

Wie die Südtiroler Presse mitteilt, beabsichtigt man, zum Andenken an den am 24. April in Bozen von den Fascisten ermordeten Franz Innerhofer ein Denkmal an seinem Grab zu errichten. « IN, Nr. 122, S. 3.

3. NOVEMBER »

Die Massengräber am Col di Lana

Ungezählte Tausende liegen auf dem Col di Lana, Oesterreicher und Italiener. Sie liegen zum geringen Teil in Einzelgräbern, die sich mehrfach an den Seitenabhängen befinden, zum Teil aber in Massengräbern und zerstreut in der blutgetränkten Erde. Italienische Soldaten sind es, die die Ausgrabungen der verwesten Leichname besorgen. In der letzten Zeit kamen aus Italien verschiedene Angehörige von gefallenen Kriegern, um bei den Exhumierungsarbeiten persönlich anwesend zu sein. [...] « Neueste Zeitung, Nr. 249, S. 2.

5. NOVEMBER »

Streik auf den Innsbrucker Lokalbahnen

Die Personalvertretung der Bediensteten der Lokalbahn Innsbruck–Hall i. T. hat gestern bei der Betriebsleitung die Erklärung abgegeben, daß das gesamte Personal am Samstag, den 5. ds., in den Ausstand tritt. Es wird somit von diesem Zeitpunkte an auf den Linien 1, 2, 3 und 4, sowie auf der Hungerburgbahn kein Zug mehr verkehren, solange der Ausstand anhält. – Der Verkehr auf der Stubaitalbahn wird weiterhin aufrecht erhalten. – Seit heute früh ruht also der gesamte

Verkehr auf allen Linien der Lokalbahn. Die Schulkinder und alle jene, die aus Pradl und vom Saggen frühzeitig an ihrer Arbeitsstätte sein müssen, haben bereits den Wegfall der Trambahnverbindung empfindlich verspürt. In kürzester Zeit wird es sich ja zeigen, ob die Lokalbahn für die Landeshauptstadt Innsbruck ein Bedürfnis oder wirklich nur ein Luxus ist. Der Verwaltungsrat gibt in einer Darstellung der Lage der Lokalbahn als einzigen Ausweg zur Sanierung die Verlängerung der Arbeitszeit der Lokalbahner an, wodurch es möglich wäre, Personal zu ersparen und die Ausgaben herabzusetzen. « IN, Nr. 253, S. 4.

9. NOVEMBER »

Konzert zu Gunsten der Feuerwehr in Silz

Von dort wird uns geschrieben: Die Sängergesellschaft Förg, die sich schon im Vorjahre durch Gesang und Spiel die vollste Anerkennung erworben hat, gab auch heuer wieder eine Aufführung zum Besten. Besonders hervorzuheben ist, daß Herr Förg das Reinerträgnis zu Gunsten der Ortsfeuerwehr widmete, wofür ihm der beste Dank des Feuerwehrkommandanten und aller Silzer ausgesprochen wurde. Die nicht unbedeutende Summe, die Herr Förg in selbstloser Weise der guten Sache widmete, möge auch in Eintracht und Geselligkeit erhöhtes Interesse für die Feuerwehr wecken helfen. « IN, Nr. 256, S. 7.

Diese Karte um 1910 zeigt eine Panoramaansicht von Silz in Tirol gegen den Mötzer Larchwald. Zu sehen ist die Pfarrkirche Silz (Petrus und Paulus) mit den umliegenden Gebäuden und Häusern inmitten von Feldern und Wiesen. Im Hintergrund eine steile Felswand, die teilweise bewaldet ist (Mötzer Larchwald).

Anlässlich der 250-Jahr-Feier der Universität Innsbruck – Defilee der studentischen Korporationen vor der Jesuitenkirche 1927.

19. NOVEMBER »

Neue Studentenverbindung in Hall

Es wird uns geschrieben: Hier hat sich unter dem Namen „Freie Burschen Körner" eine farbentragende Verbindung gegründet, die, auf streng völkischer Grundlage fußend, sich die Verbreitung und Vertiefung des nationalen Gedankens in der akademischen Jugend in Hall zur vornehmsten Aufgabe gemacht hat. Ohne auf äußere Formen das Hauptgewicht zu legen, will die neue Vereinigung doch nicht auf gewisse Formen und Gebräuche verzichten, die mit deutschem Burschentume von altersher aufs engste verknüpft sind. [...] « IN, Nr. 264, S. 5.

2. DEZEMBER »

Lichtbildervortrag über die Innschiffahrt

Der Tiroler Seemannsverband berichtet: Sonntag, den 4. ds., um 10 Uhr vormittags veranstaltet der Tiroler Seemannsverband im Zentralkino in Innsbruck einen Lichtbildervortrag über die Innschiffahrt, verbunden mit der Vorführung eines Films der ehemaligen Kriegsmarine. Eintritt frei. Gleichzeitig machen wir alle Mitglieder aufmerksam, daß am Samstag, den 3. ds., um 8 Uhr abends, im Vereinslokal, Gasthof Steden, die diesmonatliche Vollversammlung stattfindet, bei der die Vormerkung für die Weihnachtsbescherung entgegengenommen wird. « IN, Nr. 275, S. 4.

2. DEZEMBER »

Vom Gemeinderat Reutte

Von dort wird uns über die letzte Sitzung berichtet: Mit Rücksicht auf die Teuerung wurde eine bedeutende Erhöhung der Gehälter aller Gemeindeangestellten sowie der Entlohnung für den Bürgermeister beschlossen. Ein Gesuch zur Errichtung eines Herren- und Damenfriseursalons im sogenannten Wienerhaus wurde abgewiesen und dafür diese Lokale für Wohnungen angefordert. Ein Antrag, zur Linderung der Wohnungsnot Blockhäuser in der sogenannten Tränke zu errichten, wurde vorläufig vertagt. Bei der Kontrolle der elektrischen Lichtabnehmer wurden einige unangemeldete Lampen, Heizgitter und Bügeleisen festgestellt, für die Strafen von 500, 200 und 100 Kronen verhängt wurden. Im Wiederholungsfalle werden diese Strafen erhöht. [...] « IN, Nr. 275, S. 4.

5. DEZEMBER »

Die Beerdigung des Schloßherrn von Matzen

Am 1. Dezember nachmittags wurde William Baillie-Grohman, Besitzer des Schlosses Matzen, in der Familiengrabstätte im stillen Friedhof von Mariatal beerdigt. Die Leiche wurde in der Schloßkapelle von Dekan Wegscheider von Reith ausgesegnet und auf einem mit Tannengrün und Kränzen reich geschmückten Wagen in Begleitung des Brandenberger alten Militär-Veteranenvereines und zahlreicher Trauergäste zur letzten Ruhestätte geleitet. « IN, Nr. 277, S. 3.

13. DEZEMBER »

Ein Liebesdrama in Pradl

Der 24jährige Adolf Agostini und die 17jährige Amanda Filipp waren vor etlichen Monaten die Helden eines Liebesdramas, das sich in einem bescheidenen Zimmer in Pradl abgespielt hatte. Agostini hatte seiner Geliebten eine Revolverkugel ins Herz gejagt, hierauf gegen sich selbst mehrere Schüsse abgegeben. Während das Mädchen sofort tot war, blieben ihm zwei Kugeln in der Brust stecken; er wurde operiert und geheilt und hatte sich nun wegen Mordes vor dem Schwurgericht (Vorsitz Hofrat Dr. Ratz) zu verantworten. [...] « IN, Nr. 283, S. 4.

15. DEZEMBER »

Bahnhof-Einbruch

In der Station St. Johann i. T. wurde vor einigen Tagen der Gepäcksaufbewahrungsraum mittels Nachschlüssels geöffnet und daraus folgende Gegenstände gestohlen: Verschiedene Stoffarten im Werte von über 200.000 K, ferner 3 Paar Schuhe, ein Waffenrad mit Torpedofreilauf, ein rötlich-brauner Lederkoffer, Gummiwasserstiefel, Skischuhe und andere Schuhe. Die Gegenstände gehören den Reisenden. « IN, Nr. 285, S. 3.

22. DEZEMBER »

Kinderausspeisung und Wohltätigkeitsvorstellung im Colosseum

Freitag, den 23. d. M. findet dank der Mildtätigkeit einiger hier lebender Ausländer im Colosseum eine Kinderausspeisung und Wohltätigkeitsvorstellung statt. Ausgespeist werden tausend Kinder, deren Auswahl bereits durch das hiesige Jugendamt getroffen wurde. Die Kinder essen in Partien zu je 200 ab 11 Uhr vormittags. An die Ausspeisung schließt sich zuerst eine Varietee-Vorstellung mit besonders ausgesuchtem Programme im Wintergarten, hierauf findet eine Kinovorstellung im Kino-Varietee statt. Während zur Kinderausspeisung nur die vom Jugendamte ausgewählten Kinder Zutritt haben, ist die Varietee- und Kinovorstellung allen Kindern im Alter von 6 bis 14 Jahren unentgeltlich zugänglich. Mit Rücksicht auf die Beschränktheit des Raumes kann der Zutritt Erwachsenen nicht gestattet werden. Die Kinder werden durch die Pflegerinnen des Jugendamtes beaufsichtigt. Zum Schlusse findet eine kleine Christbaumfeier mit einer Bescherung für die vom Jugendamte ausgewählten tausend Kinder statt. « IN, Nr. 291, S. 3.

30. DEZEMBER »

Ein neues „abnehmbares" Autorad

Ueber diese wichtige autotechnische Erfindung eines Innsbrukkers wird uns mitgeteilt: „Der Motorwagen", offizielles Organ der Deutschen Automobil- und Flugtechnischen Gesellschaft, veröffentlicht in Heft 35 eine Beschreibung eines neuen Systemes des abnehmbaren Rades, dessen Erprobungen günstige Resultate zeitigten. – Die Erfindung stammt von Arthur Hugo Nicodem, Mitglied der A. T. G., Innsbruck. Der Erfinder, der seine Arbeit im Inlande verwerten wollte, mußte sich infolge unüberbrückbarer Hindernisse an je eine deutsche und englische Firma zwecks Verwendung seiner Erfindung wenden. « IN, Nr. 297, S. 3.

1922

2. JÄNNER

» ## Silvester-Rummel

Wie im Vorjahre, so waren auch an diesem Sylvesterabend 1921 alle Gaststätten und Vergnügungsorte in Innsbruck von Leuten überfüllt, die das neue Jahr nicht im Bette, sondern in lustiger Gesellschaft erwarten wollten. Es wird an diesem Abend in Innsbruck wohl kein Lokal gegeben haben, wo nicht mindestens eine Unterhaltung stattgefunden hätte, im ganzen dürfte der Rekord vom Vorjahre (53 Sylvesterrummel) in diesem Jahre noch überboten worden sein. [...] In den großen, auch sonst stark frequentierten Kaffeehäusern und Vergnügungsstätten stießen und drängten sich die Leute ab 8 Uhr abends und ärgerten sich über diese ungemütliche Ueberfüllung, denn wer nicht rechtzeitig sich einen Platz hatte reservieren lassen, mußte stehen oder weggehen. Beim Zahlen der Zeche kam dann der weitere Aerger über die hohen Preise des Weines, der Samstag nachts in Unmenge geflossen ist. Unter 2000 Kronen Zeche dürften wenige weggekommen sein; in einem Kaffeehause allein wechselte der Zahlkellner zwischen 2 und 3 Uhr nachts, in einer Zeit, in der die meisten Gäste sich entschlossen, nachhause zu gehen, nicht weniger als „47 Zehntausender". « IN, Nr. 1, S. 7.

Fulpmes – Dorfansicht mit Habicht um 1928.

4. JÄNNER »

Unglück beim Holztreiben

Aus Fulpmes wird der „V. Z." berichtet: Am Freitag wurde durch die Gewalt eines abfahrenden Stammes der Bauer Josef Mair, Glatz, sehr schwer verletzt. Das Unglück geschah bei der neuen Säge an der Ruez. Es scheint, daß die Vorsichtsmaßregeln nicht genügend gehandhabt werden; die Benützung eines offenen Weges ist durch das Holztreiben, das die Stämme auf, oft sogar über den Weg schleudert und dadurch die an und in der Säge Arbeitenden gefährdet, vollkommen in Frage gestellt. « IN, Nr. 3, S. 5.

4. JÄNNER »

Blutiges Ende eines Tanzabends

Aus Graun berichtet der „Tiroler": Anläßlich einer Tanzunterhaltung in einem Gasthause kam es am 27. Dezember zwischen mehreren angeheiterten Burschen zu einer Balgerei, bei der auch Flaschen und Gläser eine Rolle spielten. Ein Bursche warf seinem Gegner ein Messer zu. Der Angreifer brachte dem Verletzten durch einen Stich noch eine zweite Wunde am Kopfe bei. Als die Carabinieri erschienen, trat der Stänkerer den Sicherheitsorganen mit dem Messer in der Hand entgegen. Die Carabinieri gaben auf ihn einen Schuß ab, worauf er überwältigt und geschlossen abgeführt werden konnte. « IN, Nr. 3, S. 5.

Der legendäre Bürgermeister Wilhelm Greil nach einem Porträt von Josef Schretter.

7. JÄNNER »

Eine neue Wasserkraftanlage in Tirol

Zur Wiederaufnahme der Kupferbergbaue bei Kitzbühel

Die österreichische Bundesverwaltung hat in jüngster Zeit in Jochberg bei Kitzbühel in Tirol eine Wasserkraftanlage erbaut, die, obwohl sie nur eine Leistung von 770 ausgebauten Pferdekräften aufweist, wegen der Lösung der in den örtlichen Geländeverhältnissen liegenden Bauschwierigkeiten, die u. a. einen etwa 500 Meter langen Stollen und einen über 100 Meter langen Eisenbetonaquädukt notwendig machten, in fachlichen Kreise Interesse erwecken dürfte.

Die Anlage versorgt den Bundesbergbau „Kupferplatte" in Jochberg mit Kraft und ermöglicht die Wiedereröffnung der alten staatlichen Kupferbergbaue „Kelchalpe" und „Schattberg" bei Kitzbühel. Das Wasserkraftwerk, das sein Betriebswasser der Jochberger Ache entnimmt und seit Mitte November im Betriebe steht, erforderte eine Bauzeit von knapp zwei Jahren. [...] « IN, Nr. 5, S. 6.

9. JÄNNER »

Das Bürgermeisterjubiläum Wilhelm Greils

Die Festsitzung des Innsbrucker Gemeinderates

[...] Im Adlersaale, dessen Stirnseite mit grünen Blattpflanzen festlich geschmückt war, hatten sich sämtliche Mitglieder der beiden bürgerlichen Parteien eingefunden; die Mitglieder der sozialdemokratischen Fraktion blieben der Festsitzung korporativ fern.

Nachdem der Jubilar, Bürgermeister Greil, im Saale erschienen war, erhoben sich die Mitglieder des Gemeinderates von den Sitzen und GR. Dr. Pembaur ergriff als Vertreter der Großdeutschen Partei das Wort zu einer ausführlichen Würdigung des festlichen Anlasses. In großen Zügen entwarf der Redner an der Hand der wichtigsten Errungenschaften ein übersichtliches Gesamtbild der erfolgreichen Amtstätigkeit unseres Bürgermeisters. Er betonte die ersprießliche, unermüdliche Arbeit, die der Jubilar in seiner 36jährigen Tätigkeit im Innsbrucker Gemeinderat entfaltet hat und erwähnte auch die Verdienste Wilhelm Greils als Vertreter der Interessen Innsbrucks im Tiroler Landtag. [...] « IN, Nr. 6, S. 4.

Das Hotel „Grauer Bär" in der Innsbrucker Universitätsstraße. Foto um 1910.

11. JÄNNER »

Volksmission

Die Freunde der Volksmission werden daran erinnert, daß keine Bibelstunde beim „Grauen Bären" stattfindet. Sie werden zu den religiösen Vorträgen eingeladen, die Herr Pfarrer Geest aus Berlin-Schöneberg diese Woche bis Freitag abends täglich in der evangelischen Kirche hält. Die Fragen, die er behandeln wird, sind: von Dienstag bis Freitag: Gott und Geld. Jesus Christus, unsere einzige Rettung. Können wir des ewigen Lebens gewiß werden? Der Sinn des Leides. Beginn jeweils Punkt 8 Uhr. Bibelstunde täglich um vier Uhr, Richard Wagnerstraße 4. « IN, Nr. 8, S. 4.

11. JÄNNER »

Ueberschwemmung in Fulpmes

Durch den starken plötzlich eintretenden Frost ist der Schlikkerbach in Fulpmes durch die starke Vereisung aus dem Bett getreten und hat die Schleifmühlgasse überschwemmt. In einem Stall standen die Kühe tief im eiskalten Wasser, Holzschuppen, Keller, alle tiefer liegenden Objekte standen unter Wasser. Erst in der Früh, als die Schleusen überall geöffnet wurden, kehrte der Bach wieder in sein Bett zurück. « IN, Nr. 8, S. 5.

16. JÄNNER »

Die Aufräumungsarbeiten in Klausen

Durchbruch des Kanals zum Stausee

Wie uns aus Klausen berichtet wird, sollte am 13. Jänner nachmittags die Sprengung zur Oeffnung des künstlichen Abzugskanals vorgenommen werden, der die Wasser des seit dem Unglück am 9. August gestauten Sees ableiten soll. Hiezu hatte sich eine Kommission mit Ehrengästen aus Bozen, Generalkommissär Credaro samt Frau und Zivilkommissär Postinger, Abg. Walter und viele Ingenieure in Klausen eingefunden. Der Eisack hatte aber die Ankunft der Kommissäre und Ehrengäste nicht abgewartet, sondern riß sich um ¾12 Uhr mittags selbst ein riesiges Loch in den letzten Sperrdamm, durch das er wie ein Wildbach reißend seinen Abzug nahm. Um 2 Uhr nachmittags war der Fluß- und Seespiegel schon um zwei Meter gesunken. Das Abzugwasser glich einem Muhrbruch und verbreitete einen faulen Gestank, weil es alle möglichen Ablagerungen mitführte. [...] « IN, Nr. 12, S. 5.

19. JÄNNER »

Bürgermeister Franz Maurer-Igls †

Wie aus Igls berichtet wird, ist dort der Bürgermeister von Igls, Franz Maurer, Gastwirt zum Stettnerhof, an Lungenentzündung nach kurzer Krankheit gestorben. Bürgermeister Maurer, der im 40. Lebensjahre stand, bekleidete sein Amt als Gemeindevorsteher seit drei Jahren. Er war Obmann des Kriegerdenkmalausschusses, Obmannstellvertreter des Musikvereines und des Sportvereines Igls und allgemein sehr beliebt. « IN, Nr. 15, S. 5.

Höchstwahrscheinlich stammt die Aufnahme aus der Gegend von Klausen um 1925.

19. JÄNNER »

Bau-, Wohnungs- und Siedlungsgenossenschaft in Zell am Ziller

Von zuständiger Stelle erhalten wir folgenden Bericht: Wie bereits in anderen Orten wurde auch in Zell am Ziller eine Bau-, Wohnungs- und Siedlungsgenossenschaft gegründet, deren Aufgabe darin besteht, durch den Bau von Kleinwohnungen (Einfamilienhäusern und Anlegung von Kolonien) den sich hier aufhaltenden Angestellten und Arbeitern eine Wohnungsmöglichkeit zu bieten. Die zum Bau nötigen Kredite werden dieser Genossenschaft von der gemeinnützigen Wohnungsfürsorge-Kreditanstalt, reg. Gen. m. b. H. in Wien, deren Mitglied die Genossenschaft ist, gewährt und es wurde zu diesem Zwecke eine Zweigstelle dieser Anstalt in Zell a. Z. errichtet, die bereits am 8. Jänner d. Js. eröffnet worden ist. [...] « IN, Nr. 15, S. 5.

25. JÄNNER »

Die Gemeindewahlen in Südtirol

Nach heftigem Wahlkampf ein deutscher Sieg auf der ganzen Linie

Wir haben bereits kurz berichtet, daß den Südtiroler Gemeindewahlen am Samstag ein Wahlkampf von bisher in Südtirol noch nicht erlebter Heftigkeit vorausgegangen ist. Noch niemals – einstimmig heben alle Südtiroler Blätter diese Tatsache hervor – sind Störungen des Wahlaktes in so grober Art erfolgt, wie es am Sonntag z. B. in Bozen der Fall war. [...] « IN, Nr. 20, S. 3.

Zell am Ziller mit Kirche und Brücke über die Ziller. Die hölzerne Brücke ist für höchstens 3000 Kilogramm zugelassen.

27. JÄNNER

Die geltende Teuerungszulage in der Tiroler Industrie

Wie die „V. Z." meldet, wurde auf Grund der Feststellungen der paritätischen Lohnkommission die gleitende Teuerungszulage für die Arbeiterschaft der Eisen-, Metall- und Maschinenindustrie am 25. d. M. mit 330 Prozent und mit folgender Abstufung festgesetzt: Für Familienerhalter 890 Prozent, für männliche ledige Arbeiter ab 22 Jahren 887 Prozent; für männliche Arbeiter, die noch nicht 22 Jahre alt sind und für alle Arbeiterinnen, die nicht Familienerhalter sind 882 Prozent. Mit der erhöhten Teuerungszulage von 890 Prozent beziffert sich der Stundenlohn auf 306 Kronen 90 Heller. Auch die Nachtschichtarbeit-Entlohnung wurde neu geregelt. Die Nachtschichtzulage beträgt pro Schicht 24 Kronen plus der gleitenden Teuerungszulage und wird ab 1. Jänner d. J. rückwirkend verrechnet. IN, Nr. 22, S. 3.

27. JÄNNER

Zur Kleingebäckerzeugung

... wird uns geschrieben: Die Genossenschaft der Bäcker in Innsbruck und Umgebung im Einvernehmen mit den Konsumvereinigungen hat in ihrer letzten Vollversammlung beschlossen, ab Donnerstag, den 26. ds. die Herstellung von Kleingebäck, das sind Semmel, Kipfl, Salzstangln usw. einzustellen. Begründet wurde der Beschluß damit, daß die Herstellungskosten auf eine Höhe anlangen, die dem Luxusgebäck gleichkomme und sich daher nicht mehr auf die Allgemeinheit abwälzen lassen könne. Aus diesem Grunde bleibt der notwendige Absatz aus. Die so genannten Fastenbretzen bleiben bis auf weiteres. Nachdem die Bäcker jetzt nur mehr das weiße Einheitsbrot, die Zeilensemmel, herstellen, wäre es gewiß im Interesse der Bevölkerung wünschenswert, wenn man auch an die Erzeugung von Schwarzbrot in kleinerem Format, z. B. in Form der früher so beliebten Bosniaken, denken würde. IN, Nr. 22, S. 3.

31. JÄNNER

Der Verein der Oberösterreicher in Ibk

... hielt, wie uns berichtet wird, am Samstag seine Jahreshauptversammlung ab. Obmann Fritz Herrle begrüßte die zahlreich erschienenen Mitglieder und Gäste. Die Jahresrückschau gab ein erfreuliches Bild über das tätige Wirken des Ausschusses, sowohl auf humanitärem Gebiete, wie auch in der Pflege heimischer Sitte und landsmännischer geselliger Veranstaltungen. IN, Nr. 25, S. 3.

31. JÄNNER

Einen tragischen Tod

... erlitt in der vergangenen Woche der gewesene Bahnwächter Johann Baumann von Fieberbrunn. Baumann, der aus Leogang stammte, war früher Besitzer des Kesselhäusls in Fieberbrunn, das durch Feuer vernichtet wurde.

Fieberbrunn um 1930/35.

Er erhielt darauf den Bahnwächterposten 133 bei Grub in Fieberbrunn, der ihm insofern zum Verhängnis wurde, als er in Ausübung seines Dienstes bei Begehung der Strecke einen Selbstmörder mit abgetrenntem Kopf auf den Schienen liegend vorfand, worüber sich Baumann derart entsetzte, daß er in Trübsinn verfiel. Als er später nach Leogang versetzt wurde, ereilte den vom Schicksal verfolgten Mann dort ein neues Unglück. Im Winter 1921 war seine Tochter an der Bahnstrecke mit Schneeschaufeln beschäftigt. Während sie dem herannahenden Zug ausweichen wollte, erkletterte sie nebenan die Schneewand, wobei ihr der Schnee unter den Füßen brach und sie unter den vorbeifahrenden Zug fiel. Als Baumann die zerstükkelte Leiche seiner Tochter sah, entsetzte er sich neuerdings so furchtbar, daß er irrsinnig werden mußte und später in die Irrenanstalt nach Hall überführt werden mußte, in welcher der vom Schicksal so hart verfolgte Mann seinem unheilbaren Leiden erlag. Seine Leiche wurde in Fieberbrunn beerdigt. « IN, Nr. 25, S. 3.

1. FEBRUAR »

Dirndlabend der Tanzschule J. Hubbert und Frau

Mittwoch, 8. Februar, von 8–4 Uhr früh großer Dirndlabend im „Gold. Schiff". Vollständige Kapelle „Typographia". Eintritt 200 K inkl. Steuer. Garde frei. Zutritt nur Schüler und Bekannte. Schüleraufnahme zum Unterricht täglich von 8 bis 11 Uhr abends Innrain 37. Zu anderer Zeit: Telephon 947/8. « IN, Nr. 26, S. 3.

2. FEBRUAR »

Fremdenverkehr in Kitzbühel

Von dort wird uns berichtet: Durch den selten schönen und schneereichen Winter begünstigt, hat Kitzbühel heuer einen außergewöhnlich regen Fremdenbesuch aufzuweisen. Insbesondere das englische Sportpublikum, das bereits im Frieden sehr stark vertreten war, scheint seine alte Vorliebe für Kitzbühel wieder zu bezeugen. Lobend sei hervorgehoben, daß die ausländischen Fremden der Notlage der Bevölkerung volles Verständnis entgegenbringen, sich durch bescheidenes Auftreten und insbesonders auch durch große Wohltätigkeit auszeichnen. [...] « IN, Nr. 27, S. 3.

2. FEBRUAR

Straßen- und Wasserbauten in Tirol

Zum Landtagsbericht vom 1. Februar

Der Tiroler Landtag befaßte sich gestern vormittags in seiner Sitzung mit dem Programm über die Straßen- und Wasserbauten im Jahre 1922. Für die Straßenbauten wurden aus dem Landeshaushalte insgesamt 36,627.000 Kronen bewilligt. Diese Summe wird zum Ausbau nachfolgender Straßenzüge verwendet: Gerlosstraße, Pitztalerstraße, Tilliacherstraße, Tuxerstraße, Pillerseestraße, Leutascherstraße, Kalserstraße, Kaunertalstraße, Lech- und Tannbergstraße, Oetztalerstraße, Panznauntalstraße, Spießerweg, Donraubergweg, Kolsaßtalweg, Alpachtalweg, Höttinger Höhenstraße, Thierseestraße, Eibergstraße, Windauerstraße, Brixentalerstraße, Gasteigerweg, Aschenauer-Bühel, Glemmstraße, Straße Fieberbrunn–St. Johann, Straße Anras–Abfaltersbach, Virgenerstraße, Fimbertalweg und Straße Amras–Aldrans.

Für jede dieser genannten Straßen sind Summen von einer halben bis fünf Millionen bewilligt. Zu reparieren sind ferner die Innbrücken bei Roppen und Silz, wofür zusammen 975.000 Kronen vorgesehen sind. IN, Nr. 27, S. 3.

9. FEBRUAR

Die Lichtkatastrophe in Innsbruck

Die Lichtkalamität, von der wir schon seit einiger Zeit empfindlich heimgesucht werden, hat gestern abends ihren bisherigen Höhepunkt erreicht und es steht leider zu befürchten, daß sie sich in den nächsten Tagen noch verschärfen wird. Innsbruck, das seine ganze Beleuchtung nun schon seit so viel Jahren ganz auf das elektrische Licht eingestellt hat, war gestern abends fast einer völligen Dunkelheit preisgegeben. In den Straßen der Stadt war der Schein des zunehmenden Mondes wohl fast die einzige Lichtquelle. Es war jedenfalls ein seltsamer Anblick, wenn man zum Beispiel die Maria Theresienstraße um 7 Uhr abends im typischen

Die Innstraße in Innsbruck um 1930.

Mondlicht sah, während die elektrischen Bogenlampen, die doch sonst dem abendlichen Straßenbilde das eigentliche Gepräge verleihen, als matte, rot schimmernde Lichtflecken beobachtet werden konnten. Die Fenster waren ebenfalls nur ganz matt beleuchtet und es sah aus, als ob hinter ihnen in den Zimmern und Stuben Oelfunzeln seligen Angedenkens als „Lichtspender" verwenden werden würden. [...] Ab 7 Uhr konnte auch die Straßenbahn nicht mehr verkehren. [...] « IN, Nr. 33, S. 4.

15. FEBRUAR »

Eine gewaltsam verhinderte Wohnungsräumung

Vier Revolverschüsse auf die räumenden Amtsorgane

Gestern nachmittag hat sich im Haus Leopoldstraße 37, im ersten Stock, eine aufregende Szene abgespielt. Der Mieter einer Wohnung widersetzte sich gewaltsam der behördlichen Räumung, gab auf das Amtspersonal vier Revolverschüsse ab und hat dadurch bis auf weiteres die Räumung verhindert. [...] « IN, Nr. 38, S. 3.

20. FEBRUAR »

Beim Ranggeln getötet

Aus Bruneck berichtet der „Tiroler": In der letzten Woche ereignete sich hier ein bedauerlicher Unglücksfall. Einige Finanzieri rangelten. Aus Unvorsichtigkeit erhielt ein Unteroffizier mit einem Fuß einen so unglücklichen Stoß in den Unterleib, daß er eine schwere innere Verletzung erlitt. Er mußte operiert werden, verschied aber am nächsten Tage. « IN, Nr. 42, S. 4.

Die Mühlbacher Klause im Südtiroler Pustertal um 1910.

Das Lechtal im Außerfern – hier Elbigenalp, das seine Bewohner nur „Duarf“ nennen.

2. MÄRZ

Neue Löhne in der Tiroler Maschinenindustrie

Die Lohnverhandlungen der paritätischen Lohnkommission haben, wie die „V. Z.“ berichtet, am 27. v. Mts. zu einer endgültigen Lohnregulierung in der Tiroler Maschinenindustrie geführt. Die Steigerung der Indexziffern wurde mit 11 Prozent festgesetzt, die Teuerungszulage (bisher 890 Prozent) um 110 Prozent, im ganzen also auf 1000 Prozent erhöht. Für Familienerhalter beträgt die gleitende Teuerungszulage 1000 Prozent, für männliche Arbeiter, die das 22. Lebensjahr vollendet haben und keine Familienerhalter sind, 997 Prozent, für männliche Arbeiter, die das 22. Lebensjahr noch nicht vollendet haben, sowie alle weiblichen Arbeiter, die nicht Familienerhalter sind, 992 Prozent. [...] IN, Nr. 51, S. 3.

6. MÄRZ

Kurse über Obst- und Gartenbau im Lechtale

Die landwirtschaftliche Landeslehranstalt in Imst veranstaltete durch ihre Fachorgane am 19., 20. und 21. April in Lech-Aschau einen dreitägigen theoretisch-praktischen Obstbaukurs. In Vorderhornbach findet der gleiche Kurs am 24. und 25. April statt. Für den Kurs in Lech-Aschau werden die Obstbauvereine des unteren, für den Kurs in Vorderhornbach die Vereine des oberen Lechtales zur Teilnahme eingeladen werden. Im Bedarfsfalle sind Vorträge und Demonstrationen über Obst- und Gartenbau auch in anderen Orten des Lechtales über Wunsch der Bevölkerung geplant. IN, Nr. 54, S. 4.

8. MÄRZ

Die Stubaitalbahn und ihr Kontrollor

Man schreibt uns: Trug sich da kürzlich auf dieser Bahn folgendes nettes Geschichtchen zu: Der Herr Kontrollor, ein gar gestrenger Herr, kam bei der Kartenrevision auch zu einem alten Bauern, der selten auf der Bahn fährt, und verlangte seine Karte; vor ein paar Minuten hatte er sie vom Kondukteur durchlochen lassen, aber augenblicklich findet er sie nicht. Er sucht und sucht, doch der Kontrollor kennt da kein Erbarmen und keine Rücksicht auf einen Fahrgast; er läßt ihm zum Suchen nur wenig Zeit. Obgleich der Bauer und das Kontrollorgan

Die Stubaitalbahn in Fahrtrichtung Brenner. Im Vordergrund links das Areal des Westbahnhofes sowie östlich davon sechs Militärbaracken. Im Hintergrund die Wiltener Basilika.

der Bahn bis zur Endstation fahren, muß der Fahrgast trotz der Beteuerung zweier Augenzeugen und des Kondukteurs eine neue Karte lösen. Nun, es vergeht kaum eine Minute, so findet der Mann seine erste Karte. Natürlich gibt es von seiten der Bahn kein Zurückzahlen mehr. Der herbeigerufene Kontrollor triumphiert über seine „genaue" Pflichterfüllung. [...] Eine derartige Behandlung, die nicht etwa ausnahmsweise, sondern fast auf jeder Fahrt vorkommt, muß man sich trotz des horrenden Fahrpreises auf dieser Schnackerlbahn ruhig gefallen lassen. « IN, Nr. 56, S. 3.

1. APRIL »

Die Zustände im Innsbrucker Gefangenhause

Die Mißhandlung des Sträflings Bock

Zu Beginn der gestrigen Verhandlung wurden zunächst die Einvernahmen über den Fall Bock, in dem der Gefangenhausaufseher Bertl am Vortage belastende Aussagen gegen den Oberaufseher Fabian gemacht hatte, fortgesetzt.

Zunächst wurde der Aufseher Höllwarth einvernommen, der in der Voruntersuchung angegeben hatte, daß er Augenzeuge war, wie Fabian auf der Kellerstiege dem Bock nicht nur einen Schupfer, sondern auch einen Fußtritt gegeben habe. In seiner gestrigen Aussage reduzierte er diese Angaben dahin, daß er lediglich den Schupfer bemerkt habe, während er sich an den Fußtritt nicht erinnern könne. Auch daß er Zeuge eines Schlages ins Gesicht Bocks gewesen sei, stellte er gestern in Abrede. In seinen weiteren Ausführungen verwies er dann darauf, daß die Aufseher schon wiederholt auf ihr Leben aufpassen mußten und daß sie sehr oft in die Notwendigkeit versetzt werden, sich zu verteidigen. [...] « IN, Nr. 77, S. 4.

28. APRIL

»» Ein trauriges Zeichen der Zeit

Am Dienstag, vormittags 9 Uhr, wurden in einer belebten Straße Innsbrucks zwei Mädchen im Alter von ungefähr 16 bis 18 Jahren beobachtet, die volltrunken die Straße einhertaumelten. Eines der Mädchen hatte derart des Guten zuviel getan, daß es sich auf offener Straße erbrach. Der Vorfall erregte allgemein öffentliches Aergernis und charakterisiert unsere heutigen Zeitverhältnisse. «

IN, Nr. 99, S. 4.

4. MAI

»» Neues Pradler Geläute

Es wird uns geschrieben: Die Pradler haben nun Aussicht, schneller als sie dachten, zu neuen Glocken zu kommen, da sich ihnen unerwartete Gelegenheit zu einem recht günstigen Kaufabschluß von Glockspeise böte, vorausgesetzt natürlich, daß das nötige Geld so oder so raschestens aufgebracht wird. Die Entscheidung drängt und es muß unverzüglich an die Zusammenstellung eines großen Glockenkomitees, das möglichst Vertreter aller Kreise Pradls umfaßt, geschritten werden, zu welchem Zwecke das bisherige provisorische Komitee mit dem Herrn Pfarrer Vinatzer an der Spitze, auf Freitag, den 5. Mai, abends 8 Uhr, eine allgemeine Versammlung im Gasthause Auckenthaler einberuft und die gesamte Bevölkerung Pradls ohne Unterschied, besonders aber alle Vereine von Pradl, höflichst einladet, an derselben teilzunehmen. « IN, Nr. 103, S. 4.

4. MAI

»» Feierliche Enthüllung des Kriegerdenkmales in Aurach

Am Sonntag, den 7. Mai, findet in Aurach bei Kitzbühel die kirchliche Weihe und feierliche Enthüllung des Kriegerdenkmales statt, das die Gemeinde ihren dem Weltkriege zum Opfer gefallenen Heldensöhnen errichtet hat. Am Sonntag halb 11 Uhr vormittags wird am Kirchplatz nach einer Feldmesse die Weihe und Enthüllung des Denkmales erfolgen, an die sich die Festrede, die Kranzniederlegung und die Defilierung der Kriegervereine vor dem Denkmale schließen wird. Nach der Einweihungsfeier wird der festliche Nachmittag durch Konzerte der verschiedenen Musikkapellen belebt werden. « IN, Nr. 103, S. 4.

4. MAI

»» Demonstrationsstreik in der Bundesbahndirektion Innsbruck

Gestern früh 8 Uhr ist das Personal der Bundesbahndirektion Innsbruck in einen 24stündigen Demonstrationsstreik getreten, seit heute früh 8 Uhr ist die Arbeit wieder in vollem Umfange aufgenommen worden. [...] « IN, Nr. 103, S. 5.

16. MAI »

Die ersten Kirschen am Innsbrucker Markt

Zu der niederschmetternden Entwertung der Krone, die der gestrige Börsen-Hausserummel gebracht hat, kam als ähnliche Bescherung der Preis der ersten Kirschen am Marktplatz. Für ¼ Kilo Kirschen wurden nämlich 1000 K (tausend Kronen) verlangt. Wer sich da noch den Genuß einer Kirsche erlauben kann, bleibe dahingestellt. Jedenfalls werden wir den russischen Markt bald überflügelt haben, mit dem einen Unterschied, daß die Russen die Tausender für die täglichen Lebensmittel auf den Märkten wenigstens noch aufbringen, während bei uns auch die entwerteten Tausender in Millionen und Milliarden für Zwecke hinausfliegen, die uns weder eine Krume Brot, noch viel weniger eine Kirsche bringen. « IN, Nr. 113, S. 3.

18. MAI »

Eine Delogierung während der Trauung

... des Wohnungsinhabers versuchte, wie der „A. T. A." berichtet, das städtische Wohnungsamt am Dienstag im Hause Kapuzinergasse Nr. 8. Dort wohnte seit Sommer 1921 im Sekretariat der christlichen Gewerkschaften in zwei kleinen Zimmern der Sekretär Mayer, der am gleichen Tage in der Stadtpfarrkirche am Traualtare stand. Während die Partei in der Kirche war, fand sich die Kommission des Wohnungsamtes in der Wohnung ein und ordnete an, daß die Wohnung und das Sekretariat um 12 Uhr mittags geräumt sein müsse. Durch Intervention der Abgeordneten Steinegger und Loreck wurde ein Aufschub der Delogierung erreicht. « IN, Nr. 115, S. 3.

Die Kapuzinergasse mit marschierenden Soldaten an der Kreuzung zur Kaiserjägerstraße (Saggengasse); links die Kaserne der Landesschützen um 1910.

Als die Höttinger Au noch aus Wiesen und Feldern bestand ...

24. MAI

Die Höhenstraße auf die Hungerburg

Die Höttinger Höhenstraße, die schon in den Jahren vor dem Kriege oft besprochen worden ist, soll anscheinend noch immer nicht gebaut werden. Während das Tiroler Straßenbauprogramm in den letzten Jahren immer gleichmäßig erweitert und durchgeführt worden ist, hat man auf die wichtige Straße, die das entwicklungsreiche Hungerburgplateau mit der Stadt Innsbruck verbinden soll, anscheinend ganz vergessen. Ende der letzten Woche fand nunmehr über mehrfache Intervention des Landeshauptmannstellvertreters Dr. Gruener, der sich auch im Landtage schon immer für den Bau der Höttinger Höhenstraße eingesetzt hat, in Innsbruck eine Konferenz der Interessenten statt, zu der das Ministerium für Handel, Gewerbe und Bauten als Referenten den Oberbaurat Gold entsendet hatte. Außerdem nahmen an ihr Vertreter der Landesregierung, der Stadt Innsbruck und der Gemeinde Hötting mit großem Interesse teil. [...] IN, Nr. 120, S. 2.

8. JUNI

Eine häßliche Szene

... gab es am Sonntag nachts in der Höttingerau. Drei Rohlinge mißhandelten dort eine hochschwangere Frau, stießen sie nieder, ließen dann die Bewußtlose liegen und gingen davon. Polizei und Rettungsabteilung mußten einschreiten. IN, Nr. 131, S. 5.

10. JUNI

Der Verein der Vogel-, Aquarien- und Terrarienfreunde Innsbrucks

... veranstaltet, wie er uns mitteilt, am 16., 17. und 18. Juni im Gasthaus „Delevo" in Innsbruck eine große Ausstellung. Vorläufig sind angemeldet verschiedene in- und ausländische Vögel, sowie eine große Anzahl einheimischer und fremder Schlangen, darunter einige Giftschlangen, deren Biß unbedingt in einigen Minuten den Tod herbeiführt. Weiters befinden sich in der Ausstellung lebende junge Füchse, ein Prachtexemplar von einem Steinadler, dessen Schwingen ein Maß von 2,80 Meter haben. Auch giftige lebende Hornvipern aus Kärnten kann der Besucher in Augenschein nehmen; ebenso sind außer vielen Gattungen von Vögeln, Kreuzottern, Fische und Gebirgsmolche zu sehen. Nach dem vorhandenen und zu erwartenden Material ist eine gute Beschickung der Ausstellung zu erwarten. [...] « IN, Nr. 133, S. 4.

Der Inn beim Löwenhaus. Das Löwenhaus selbst ist durch ein Wirtschaftsgebäude mit der Aufschrift „Bootshaus" verdeckt. Rechts die Pappeln des Rennwegs. Um 1930.

10. JUNI »

Großes Gartenfest im Löwenhaus

Wie schon berichtet, veranstaltet die Deutsche Turnerschaft Innsbruck morgen Sonntag, 3 Uhr nachmittags im Löwenhaus ein Gartenfest mit Konzert, ausgeführt von der beliebten Speckbacher-Kapelle aus Hall. Bei turnerischen Vorführungen und Volksbelustigungen aller Art werden allen Besuchern einige genußreiche Stunden zugesichert. Der Eintritt beträgt 300 K. Die Speckbacher in ihrer schmucken Nationaltracht, sowie die Turner und Teilnehmer versammeln sich um halb 3 Uhr bei der Triumphpforte zum gemeinsamen Abmarsch. « IN, Nr. 133, S. 4.

12. JUNI »

Kritische Situation des Innsbrucker Krankenhauses

Die Landhauskorrespondenz teilt mit: Die Situation im allgemeinen städtischen Krankenhause in Innsbruck ist in den letzten Wochen abermals kritisch geworden. Trotz aller Interventionen bei den beteiligten Zentralstellen und aller über diesen Gegenstand abgehaltenen Konferenzen ist es bis heute noch immer nicht gelungen, regelmäßige und ausreichende Vorschußzahlungen der als beitragspflichtigen Faktoren in Betracht kommenden Zentralstellen des Bundes zu erlangen. Derzeit bestehen wieder erhebliche Rückstände in diesen Zahlungen, selbst dann, wenn man ihr Ausmaß nur nach dem seinerzeit genehmigten Voranschlage annimmt. [...] « IN, Nr. 134, S. 5.

20. JUNI »

Sozialdemokratische Versammlung im Stadtsaale

Gestern abends veranstaltete die sozialdemokratische Partei im großen Stadtsaale eine Versammlung, zu der die Arbeiterschaft in geschlossenen Gruppen aus den einzelnen Betrieben anrückte. Aber auch aus anderen Kreisen der Bevölkerung war die Versammlung stark besucht, da die Tagesordnung – Stellungnahme zur Teuerung, zur Währungsreform und zur Anschlußfrage – für die Allgemeinheit Interesse hatte. Nach den Begrüßungsworten des Vorsitzenden Winkler ergriff Nationalrat Scheibein zu längeren Ausführungen das Wort. Er schilderte die Entwicklung der Lage des Staates seit dem Tage, da seine Partei im Jahre 1920 aus der Regierung ausgetreten sei und die Weiterentwicklung unter der Regentschaft der christlichsozialen Partei. Das immer mehr drohende Chaos habe die Sozialdemokraten veranlaßt, in letzter Stunde einzuschreiten und eigentlich ihrem Anstoße sei die Gründung der neuen Notenbank zu danken. [...] « IN, Nr. 140, S. 4.

Blick von links auf die alte Chirurgische Klinik um 1914.

20. JUNI »

Heimatwehr-Abend in Innsbruck

Gestern abends wurde im Großgasthofe „Maria Theresia" der erste Kameradschaftsherrenabend des Tiroler Selbstschutzverbandes unter zahlreicher Beteiligung der Wehrmänner abgehalten; der geräumige Maria-Theresia-Saal war bis auf das letzte Plätzchen gefüllt und viele mußten wegen Platzmangel wieder nach Hause gehen. Die Veranstaltung erhielt durch die im Verlaufe des Abends von dem Führer der Tiroler Heimatwehren Doktor Steidle und dem Rektor der Innsbrucker Universität Dr. Schullern gehaltenen Reden, eine weit über den Rahmen einer geselligen Abendversammlung ragende Bedeutung; die Veranstaltung war aber auch ein erfreuliches Zeichen des festen Zusammenhaltens der ordnungsliebenden Elemente in unserer Stadt. « IN, Nr. 140, S. 4.

27. JUNI »

Zur Sexualpädagogik

... sprach am 22. ds. Dr. med. Joh. Dück, Professor der Handelsakademie und praktischer Arzt in Innsbruck, in einem interessanten Einführungsvortrag für Lehrerkreise, der vom Innsbrucker Lehrerverein veranstaltet war. Prof. Dück, der als Arzt und ausübende Lehrperson seine tiefgründige, wissenschaftliche Arbeit stets mit seinen reichen Erfahrungen und Beobachtungen aus der lebendigen Praxis verbindet, begegnete bei der Innsbrucker Lehrerschaft dem größten Interesse für diese wichtige, ja grundlegende Erziehungsfrage. Alles Glück und Unglück der Menschen liegt in der Lösung dieser Frage. [...] « IN, Nr. 146, S. 4.

27. JUNI »

Bevorstehende Milchpreiserhöhung

Wie wir erfahren, hat der Meiereiverband gestern an den Innsbrucker Stadtmagistrat die Forderung nach einer 100prozentigen Erhöhung des Milchpreises ab 1. Juli l. Js. gerichtet. Die Verhandlungen mit den Milchlieferanten über dieses Ansuchen müssen rasch durchgeführt werden, um die Milchlieferung für das Stadtgebiet ab 1. Juli sicherzustellen. [...] « IN, Nr. 146, S. 5.

4. JULI »

Unpassendes vom Paßamt

Es wird uns geschrieben: Der permanente Todeskampf Deutsch-Oesterreichs bietet dem beteiligten Diagnostiker das Schauspiel einer neuen, noch nicht dagewesenen Art von Todeszuckung. Den bereits mehr oder weniger von der Agonie ergriffenen Aemtern, Anstalten und Behörden hat sich nun auch das Paßamt zugesellt. Mit 1. Juli wurden alle alten Pässe für ungültig erklärt und eingezogen. Der brave Staatsbürger – trotz einschneidender Maßregeln der Regierung ist dieses hoffnungslose Geschlecht noch immer nicht ausgetilgt – brachte dann seinen Paß mit allen erforderlichen Beweisen ununterbrochenen Daseins und mustergültiger Lebensführung ins Amt, beseelt vom ganz kindlichen Glauben, des verheiße-

Die Postkarte zeigt links den im Februar 1913 eröffneten „Donauhof“ (Marktgraben 29), dessen Vorbauten nach dem Zweiten Weltkrieg im Zuge der allgemeinen Abtragung von Boutiquen am Marktgraben und zum Teil am Burggraben wieder entfernt worden sind.

nen neuen Passes teilhaftig zu werden. Paß, Papier und Gebühren verließen den lächerlichen Staatsbürger, um jenseits des Schalters der weiteren Amtshandlung unterzogen zu werden. Hiefür wurde ihm ein Stück Pappendeckel mit Nummern in die Hand gedrückt, mit dem Bedeuten, im Verlauf der nächsten Woche einmal nachzusehen, da die neuen Pässe aus der Staatsdruckerei noch nicht eingetroffen seien. [...] « IN, Nr. 151, S. 3.

10. JULI »

Das neue Heim der Innsbrucker Polizei

Die Sicherheitswache der Landeshauptstadt Innsbruck hat nun in dem alten Gebäude der Innsbrucker Hauptwache, dem historischen „K. k. Kriegskanzleigebäude“ am Burggraben ein neues Heim gefunden. Längst schon machte sich im Rathause in der Maria Theresienstraße empfindlicher Raummangel fühlbar, die neue Institution des Stadtrates, der nach der neuen Geschäftsordnung erweiterte Wirkungskreis der beiden Vizebürgermeister erheischte neue Amtsräume für die emsige Tätigkeit der neuen Gemeindefunktionäre und so mußte auf irgend eine Weise für diese dringenden Bedürfnisse Platz geschaffen werden.

Vor Jahresfrist erwarb nun die Stadtgemeinde Innsbruck im Tauschwege vom Militärärar das Haus Burggraben Nr. 3, das sogenannte „K. k. Kriegskanzleigebäude“. Sie kam damit in den Besitz eines wertvollen und baugeschichtlich interessanten Objektes, das sich durch seine zentrale Lage ganz hervorragend für Kanzleizwecke eignet. [...] « IN, Nr. 156, S. 5.

20. JULI »

Eröffnung einer Bar im Hotel „Sonne“

Innsbruck hat in den letzten Tagen eine neue Vergnügungsstätte erhalten: der Speisesaal des Hotels „Sonne“ am Bahnhofplatz, sowie dessen angrenzende Räume wurden neu ausgestattet und anschließend an ihn wurde ein Barraum gebaut. Nach den Plänen des Architekten Dr. Clemens Holzmeister ist ein Raum entstanden, der in seiner Wirkung äußerst vornehm ist. Mit feinstem Geschmack ist schon der Vorraum ausgestattet. Wir finden in ihm eine ganze Reihe eigenartiger schöner Schöpfungen aus dem reichen Formenschatze des bekannten Architekten: einen reizvollen Luster, aparte Lampenarme an den Wänden, einen hübschen loggia-artig angebauten Gastraum usw. Der Speisesaal – der nun am Abend auch als eleganter Tanzsaal dient – war ja schon vorhanden. Mit einigen wenigen, aber geschmackvollen Mitteln wurde seine Wirkung noch gehoben. Anschließend daran finden wir die ganz neugebaute Bar. Und in ihr sehen wir auch am reinsten das typische Gepräge der Holzmeisterschen Raumarchitektur, die unserem modernen Formen- und Farbenempfinden so sehr Rechnung trägt, daß wir gerade diese so feine, moderne Raumkunst an dem sonst mehr durch seine interessanten Entwürfe für monumentale Bauten bekannt gewordenen Architekten besonders schätzen müssen. « IN, Nr. 165, S. 3.

Eine Panoramaansicht von Mötz im Oberinntal um 1914.

14. AUGUST »

Eine mächtige Kundgebung des Tiroler Volkes

Das Volksfest des Andreas Hofer-Bundes am Locherboden

Das so stille, traute Oberinntaler Dörfchen Mötz, das sonst nur von den Locherbodenpilgern oder von bergfreudigen Touristen, die in die Mieminger Berge ziehen, durchwandert wird, war gestern durch das große Tiroler Volksfest, das der Andreas Hofer-Bund anläßlich der Gründung der Ortsgruppe Mötz veranstaltet hatte, aus der gewöhnlichen Alltagsruhe herausgerissen. Schon am Vortage waren fleißige Hände am Werke, um alle Vorbereitungen zu treffen und als am Tage des Festes von allen Seiten, mit Bahn und mit Wagen aus Innsbruck und aus dem Oberinntale die Festgäste nach Mötz kamen, war das Dorf und der Festplatz bei der schmucken, auf freier Bergeshöhe aufragenden gotischen Wallfahrtskirche Locherboden reich geschmückt und auch der Herrgott ließ nach trüben Regentagen, zum Zeichen seines Wohlgefallens an diesem echten und schönen Tiroler Feste, die Sonne über die kühnen Zackenmauern der „Mieminger" strahlen. [...] « IN, Nr. 186, S. 2.

24. AUGUST

Amerikanische Ausspeisung in den Gemeinschaftsküchen

Die amerikanische Aktion für die Gemeinschaftsküchen wurde verlängert. Bewerber, die auf eine Gastkarte zum halben Tagesmenüpreis reflektieren, wollen ihr Ansuchen mündlich beim Landeskommissär der A. R. A. in Innsbruck, Hofburg, 3. Stock, Tür Nr. 11, bis Montag den 28. ds. von 9 bis 12 Uhr vormittags und von 2 bis 5 Uhr nachmittags vorbringen. Mit Gastkarten werden nur Personen des notleidenden Mittelstandes – geistige Arbeiter –, dann Erwerbsunfähige, wie Altenpensionisten, Witwen und Waisen, beteilt. Zur Verfügung stehen für die Zeit vom 1. bis einschließlich 30. September im ganzen 550 Gastkarten. IN, Nr. 194, S. 4.

28. AUGUST

Die Sozialdemokraten gegen den Fremdenverkehr

Aus dem Leserkreise wird uns geschrieben: Die Auflehnung der Bevölkerung gegen den Fremdenverkehr – insoferne sie dadurch zu Schaden kommt – ist sehr begreiflich. In einem so wirtschaftsarmen Lande wie Tirol muß jede Ueberbevölkerung sofort eine bedeutende Teuerung und Mangel an Lebensmitteln hervorrufen. Das sind die Nachteile des Fremdenverkehrs, die durch geeignete Maßregeln, die teilweise ja schon ergriffen wurden, gemindert werden können. Der Fremdenverkehr hat aber auch seine großen Vorteile, weshalb sich die Landesregierung, besonders auf energisches Verlangen der Sozialdemokratie, für den Fremdenverkehr entschieden hat. In der 79. Landtagssitzung vom 2. März 1921 äußerte sich Dr. Gruener über den Fremdenverkehr wie folgt: „Es hat sich als richtig erwiesen, daß der Touristen- und Fremdenverkehr wieder unterstützt und gepflegt werden muß, daß man den Reisenden wieder, wie ehedem entgegenkommen muß, weil wir den Fremdenverkehr im Lande notwendig brauchen. [...]" [...] IN, Nr. 197, S. 4.

28. AUGUST

Eine Mahnung an die Fremden in Kitzbühel

Der Gemeinderat von Kitzbühel hat in seiner Sitzung vom 19. August beschlossen, mit Rücksicht auf die schwierige Ernährungslage an die verehrlichen Sommergäste das höfliche Ersuchen zu richten, ihre Abreise von Kitzbühel nach Tunlichkeit in der ersten Septemberhälfte einzurichten. IN, Nr. 197, S. 4.

1. SEPTEMBER

Die nationalistischen Forderungen der Faschisten in Südtirol

Zu dem gestern gemeldeten Zugeständnis des Gemeinderates Meran auf ein Ultimatum der Faschisten wegen Durchführung verschiedener nationaler Forderungen bringt die „Südtiroler Landeszeitung" einen Kommentar, aus dem der Wunsch zu einer friedlichen Austragung nationaler Differenzen offensichtlich zu erkennen ist. [...] IN, Nr. 201, S. 5.

19. SEPTEMBER »

Autoverbot auf der Ellbögnerhochstraße

Die Bezirkshauptmannschaft Innsbruck teilt mit: Es mehren sich die Fälle, daß Kraftfahrzeuge die alte Römerstraße in Hall über Ellbögen nach Matrei, bezw. umgekehrt, befahren, obwohl diese Straße in ihrer ganzen Länge für den Verkehr mit Kraftfahrzeugen gesperrt ist. Diesbezügliche Verbotstafeln sind an der Straße angebracht. Es wird aufmerksam gemacht, daß Zuwiderhandelnde strenge bestraft werden. « IN, Nr. 204, S. 4.

19. SEPTEMBER »

Tabak-Trafik-Ausschreibungen

Der Landesverband der Kriegsinvaliden teilt mit, daß die Tabaktrafiken in Innsbruck, Innstraße Nr. 42 und Anichstraße Nr. 45, sowie die Tabaktrafik in der Höttingerau Nr. 50 und die Tabaktrafik in Elbigenalp zur Ausschreibung gelangen. Gesuche der Mitglieder sind für die Trafiken in Innsbruck bis längstens 30. September und für die Trafik in Elbigenalp bis längstens 9. Oktober durch die zuständige Ortsgruppe, adressiert an die Finanzlandesdirektion, dem Landesverband einzusenden. « IN, Nr. 204, S. 4.

Gasthaus Mühltal in Mühltal, einem Ortsteil von Ellbögen um 1925.

30. SEPTEMBER »

Wann rückt das Rettungsauto auch nach auswärts aus?

Nur wenn eine klare und verläßliche Meldung erstattet wird, aus der in der Rettungsstation der Diensthabende erkennen kann, ob die Fahrt unbedingt notwendig ist. Die Innsbrucker Rettungsabteilung möchte auch fernerhin erste Hilfe bei Unfällen unentgeltlich leisten, da sie aber wegen Geldmangels schon wieder vor der drohenden Einstellung des Autobetriebes steht, muß sie sehr darauf bedacht sein, keine unnötigen Fahrten, weder im Stadtbereich noch in die Umgebung zu machen. Es genügen also nicht einige hastig ins Telephon gerufene Worte; der Meldende, der selbst genau vom Unfall unterrichtet sein muß, soll am Telephon bleiben und geduldig alle Fragen beantworten, die an ihn gestellt werden. Er muß dem Diensthabenden Zeit zur Ueberlegung lassen und warten, bis er auch die Zusage für die verlangte Fahrt bekommt. « IN, Nr. 214, S. 4.

11. OKTOBER »

Steigende Zahl der Arbeitslosen in Innsbruck

Das öffentliche Arbeitsnachweisamt Innsbruck teilt im Nachhang zu seinem Septemberbericht mit: Die Zahl der Arbeitslosen ist mit abgelaufenem Monat gestiegen, und zwar war es besonders der Arbeitsmangel im Graphischen Gewerbe und bei freien Berufen, so daß Ende September 127 Arbeitslose im Genusse der Unterstützung standen. Gesucht werden derzeit nur Bauschlosser und Zimmerleute, während Nachfrage in allen Branchen ist. Bei weiblichem Personal ist stets Nachfrage für Privathäuser, während Stellensuchende für das Gastgewerbe aller Art vorgemerkt sind. [...] « IN, Nr. 223, S. 4.

14. OKTOBER »

Esperanto-Unterrichtskurs

Der Innsbrucker Esperantoklub veranstaltet vom 20. Oktober an einen halbjährigen Unterrichtskurs für Esperanto im Gesellenvereinshaus, Dreiheiligenstraße 9, mit wöchentlich einer Stunde an Freitagen von 8¼ bis 9 Uhr abends. Anmeldungen werden im Herrenmodegeschäft M. Makowitzka, Landhausstraße 7, entgegengenommen oder auch noch bei Kursbeginn im Unterrichtslokal. « IN, Nr. 226, S. 3.

16. OKTOBER »

Großdeutsche Parteiversammlung in Jenbach

Aus Jenbach wird uns berichtet: Die Ortsgruppe Jenbach der Großdeutschen Volkspartei hielt am 14. ds. unter dem Vorsitze des Herrn Postmeisters Prantl eine Mitgliederversammlung ab, um zu den bevorstehenden Gemeinderatswahlen Stellung zu nehmen. Die von der Ortsgruppenverwaltung aufgestellten Grundsätze wurden einmütig gebilligt und der Ausschuß ermächtigt, die aufgenommenen Arbeiten weiterzuführen. [...] « IN, Nr. 227, S. 4.

Ein Blick auf Jenbach, wohl aus der Zeit um 1930.

17. OKTOBER »

Die Bekämpfung des Mädchenhandels

Heute um 8 Uhr abends findet im Musikvereinssaale ein öffentlicher Vortrag über den Mädchenhandel und seine Bekämpfung statt. Herr Georg Stoeckl vom internationalen Sittlichkeitsbund wird über das Thema sprechen. Photographien der Mädchenhändler werden am Schluß gezeigt. Der Eintritt ist frei. Näheres im Inserat. « IN, Nr. 228, S. 8.

21. OKTOBER »

Die Kanarienzucht in Tirol

Es wird uns geschrieben: Nach den Beobachtungen, die man in der letzten Zeit zu machen Gelegenheit hatte, muß man sagen, daß die Kanarienzucht in Tirol wieder eine Entwicklung nimmt, die besonders aus wirtschaftlichen Gründen zu begrüßen ist. Erst vor kurzem konnten wir berichten, daß sich in Imst, dem alten Handelsplatz auf diesem Gebiete, ein Kanarienzuchtverein gegründet hat und heute können wir mitteilen, daß der „Landesverband der Tiroler Kanarienzüchtervereine“ gebildet wurde und daß er seine Tätigkeit aufgenommen hat. Dem Vernehmen nach gehören dem Landesverbande der 1921 gegründete „Tiroler Kanarienzuchtverein Edelroller“ in Innsbruck und der „Imster Kanarienzuchtverein“ in Imst an, deren Mitglieder es mit der Zucht dieses beliebten Vogels ernst und ehrlich meinen und der Gesangsausbildung ein besonderes Augenmerk zuwenden. [...] « IN, Nr. 232, S. 5.

26. OKTOBER »

Ausstellung gegen den Alkoholismus

Die deutsche Gemeinschaft für alkoholfreie Kultur in Innsbruck veranstaltet im Parissaale des Landhauses eine Ausstellung gegen den Alkoholismus, die vom 27. Oktober bis zum 4. November dem öffentlichen Besuche zugänglich ist. Die feierliche Eröffnung der Ausstellung erfolgt am 27. d. M. um 3 Uhr nachmittags durch den Landeshauptmann Dr. Stumpf. Die Ausstellung ist täglich geöffnet von 8 Uhr früh bis 7 Uhr abends. [...] « IN, Nr. 236, S. 4.

2. NOVEMBER

Sozialdemokratische Versammlung in Wörgl

Aus Wörgl wird uns berichtet: Am Sonntag, den 29. ds. fand im großen Astnersaal eine sozialdemokratische Parteiversammlung statt, in der Dr. Ellenbogen über das Genfer Abkommen sprechen sollte. Er kam aber nicht. Für ihn sprach Nationalrat Scheibein. Er fand am Vertrag alles schlecht und unheilvoll und malte tausend Teufel an die Wand. Er vergaß aber zu berichten, daß der bisher bekannt gemachte Entwurf eben ein Entwurf ist und manche Aenderung erfahren wird, umsomehr, als ja aus den beiden Regierungsparteien heraus Abänderungen verlangt werden. Erträglich wird das Abkommen für alle Fälle werden müssen, denn sonst ist es ja keine Rettungsaktion. Daß die bürgerlichen Parteien dabei die Möglichkeit des Fortbestandes von Bevölkerungsschichten bezw. Erwerbszweige, die bisher den zuverlässigsten Block für Wirtschaft und Ordnung im Staat abgaben, im Auge behalten, ist doch selbstverständlich. [...] IN, Nr. 241, S. 5.

2. NOVEMBER

Der Faschistenrummel in Nauders

Aus Nauders, 30. v. M. wird uns berichtet: Schon seit längerer Zeit schwirrten hier Gerüchte um, daß die Faschisten einen Vorstoß von Reschen her über die Grenze planen, um von hier aus nach Innsbruck vorzudringen. Die Verstärkung des hiesigen Gendarmeriepostens bewies, daß man auch an maßgebenden Stellen diesen Gerüchten Beachtung schenkte. Am 28. v. M. erfuhr man hier, daß eine größere, wohl bewaffnete Faschistenabteilung, man sprach von über 100 Mann, in Graun und Reschen angelangt sind, mit der ausgesprochenen Absicht, den Durchbruch zu bewerkstelligen. Die Grenze beim Fuhrmannsloch wurde nun stärker besetzt und weitere Mannschaft von dem Zollwachposten, Martinsbruck, Schalklhof und Pfunds herangezogen. Am 28. v. M. rückten die Faschisten, zirka ein halbes Hundert, knapp an die Grenze und lagerten dort, zogen sich aber am 29. v. M., ohne einen Durchbruch versucht zu haben, wieder zurück. [...] IN, Nr. 241, S. 5.

4. NOVEMBER »

Heiteres vom Tauferer-Bähnle

Aus Uttenheim berichtet der Tiroler: Ein Vorfall, der seinesgleichen sucht, ereignete sich kürzlich bei unserem Bähnle auf der Fahrt von Bruneck nach Sand. Als unser Zügle die Station Gais erreichte, gab es dort einen längeren Aufenthalt. Auf Anfragen der Passagiere, was wohl das zu bedeuten habe, kam von Seite des Bahnpersonals die zögernde Antwort: „Den Kondukteur haben wir in St. Georgen vergessen!" Was nun machen? Ein Ersatz wäre nicht gleich aufzutreiben gewesen. Zurückfahren, um den Vermißten zu suchen oder aber warten, bis er nachkäme? Man entschied sich doch für letzteres; soll nur der Zurückgebliebene das Versäumte nachholen. Und richtig, nach Verlauf von ungefähr 20 Minuten kam der Ersehnte in Schweiß gebadet angestürmt und die Fahrt konnte wieder fortgesetzt werden. Es geht halt doch nichts über die Gemütlichkeit einer Lokalbahn. «

IN, Nr. 248, S. 5.

4. NOVEMBER »

Abenteuerliche Faltbootfahrten Meran–Venedig und Bozen–Rom

Mittwoch, den 8., und Donnerstag, den 9. November, finden im Rahmen der Urania-Veranstaltungen im kleinen Stadtsaal, jedesmal um 8 Uhr, zwei sehr interessante Sportvorträge statt. Herr Emerich Rath, der in Deutschland, Schweden und Oesterreich bei zahlreichen sportlichen Veranstaltungen erste Preise davongetragen hat, wird an diesen beiden Abenden über seine abenteuerlichen Faltbootfahrten von Meran nach Venedig (367 Kilometer) und Bozen–Rom (483 Kilometer) sprechen. In zahlreichen Lichtbildern und einem Film wird Herr Rath auch seine Faltbootfahrten auf der Donau, seine Etschfahrt, seine Faltbootfahrten auf der Isar und dergleichen zeigen. Zu den Vorträgen, die besonders in Sportkreisen regem Interesse begegnen dürften, sind Karten zum Preise von 2000 K und 1500 K in der Uraniakanzlei bereits zu haben. « IN, Nr. 248, S. 5.

Langsam geht es wieder bergauf ...